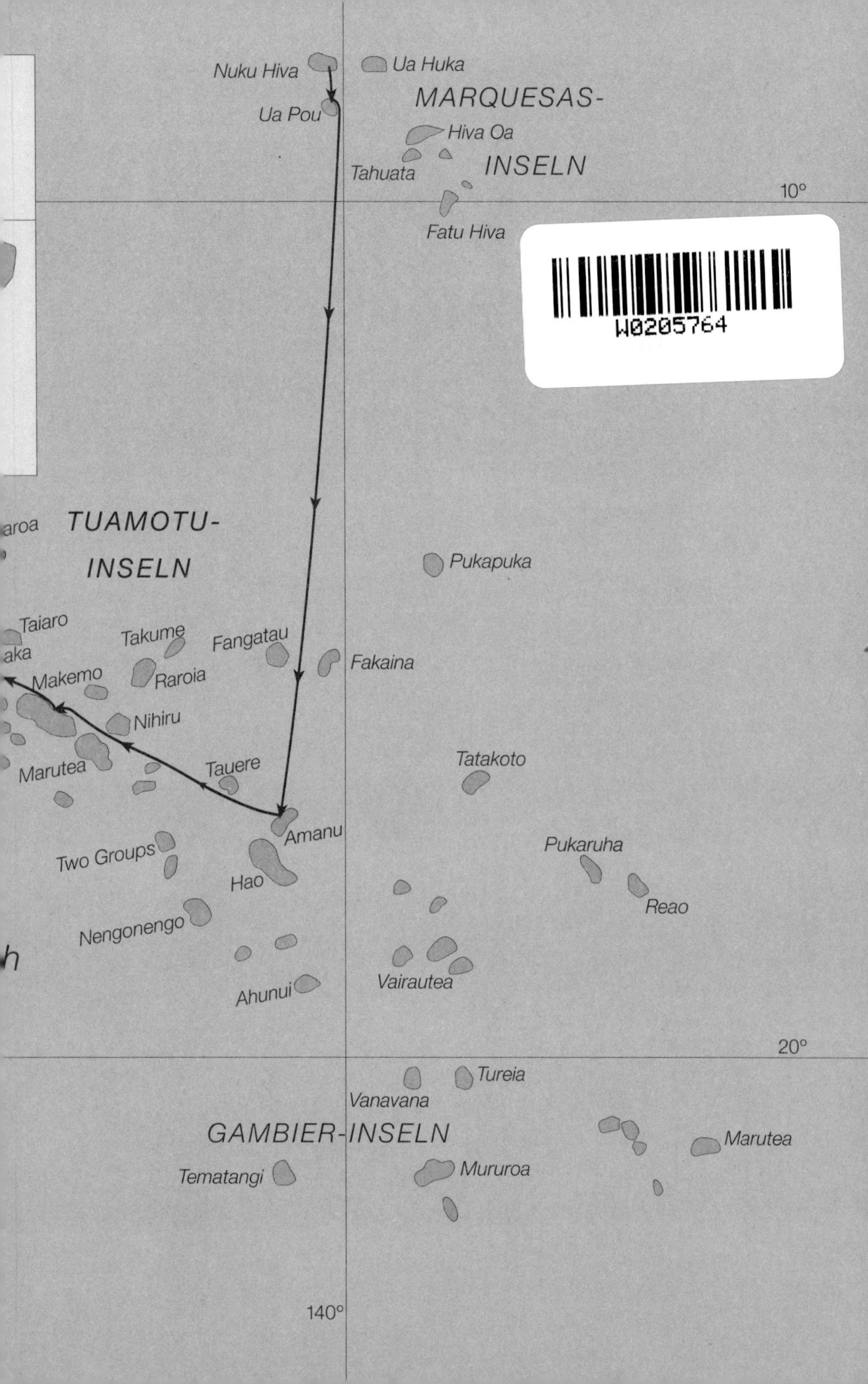
Nuku Hiva
Ua Huka
Ua Pou
MARQUESAS-
INSELN
Hiva Oa
Tahuata
Fatu Hiva
10°
aroa
TUAMOTU-
INSELN
Pukapuka
Taiaro
aka
Takume
Fangatau
Fakaina
Makemo
Raroia
Nihiru
Marutea
Tauere
Tatakoto
Amanu
Two Groups
Hao
Pukaruha
Reao
Nengonengo
h
Ahunui
Vairautea
20°
Tureia
Vanavana
GAMBIER-INSELN
Marutea
Tematangi
Mururoa
140°

Bobby Schenk

SÜDSEETRÄUME

Delius Klasing Verlag

Die Deutsche Bibliothek – CIP-Einheitsaufnahme

Schenk, Bobby
Südseeträume/Bobby Schenk. – 1. Aufl. – Bielefeld:
Delius Klasing, 1998
ISBN 3-7688-1074-7

1. Auflage
ISBN 3-7688-1074-7

Siekerwall 21, 33602 Bielefeld

Fotos: Carla Schenk und Bobby Schenk
Schutzumschlaggestaltung: Ekkehard Schonart
Gesamtherstellung: Graphischer Großbetrieb Pößneck GmbH
Printed in Germany 1998

In Dankbarkeit Christel und Kurt Ecker gewidmet,
ohne deren Unternehmungsgeist und Weitsicht Carla und ich
die Südsee nicht von dieser Seite kennengelernt hätten.

Inhalt

Was ist eine Kuhwende?

Es war naßkalt. Vielleicht war es besser, sich gleich einen zweiten Pullover unter dem Ölzeug anzuziehen. So zwängte ich mich in die kleine Kajüte, auf dem riesigen Schiff vorne an Backbord, und wühlte zwischen Lifebelts, Bettzeug, Reisetaschen, Laptopcomputer und Fotoapparaten nach dem dicken Burberry, mit dessen Lederstücken auf den Schultern jeder Segler aussieht wie ein englischer U-Boot-Maat. Ausgerechnet mit Christoph Schumann, Freund und Redakteur bei der Segelzeitschrift YACHT, mußte ich dieses enge Verlies teilen. Gegen den nimmermüden Redeschwall, der Christoph immerhin zum Sprecher vor einem Millionenpublikum beim Hamburger Hafenfest gemacht hatte, würde es ein Rezept geben: nach ihm ins Bett zu gehen. Aber Christophs Statur war in letzter Zeit so stattlich geworden, daß an ihm vorbei kein Weg zur Toilette geführt hätte.

Der Regen trommelte an die schmalen Kajütfenster, was meine Stimmung nicht gerade hob. Wie schön wäre es jetzt gewesen, einen Hafentag mit Lesen, Fernsehen, Kartenspielen und Klönen zu erleben. Aber nein, in ein paar Minuten würden wir ablegen. Oben auf dem Deck trampelten die acht Segler umher wie eine Herde wütender Nilpferde. Jedenfalls klang dies unter dem Teakdeck so. Dabei hatte Atze Lehmann nur das Kommando „Klar zum Auslaufen“ gegeben. Aber, logisch, alle wollten beweisen, daß sie auf Zack waren. Christoph zog aus seiner Ölzeugtasche ein Diktaphon und flüsterte ein paar Bemerkungen drauf. „Wir segeln nach Dänemark“, hatte er mir angesagt.

An Deck hatte nun Atze Lehmann die acht Segler um sich versammelt und machte eine Art Noteinweisung. Mit viel Metall in der

Stimme bestimmte er Christoph als Skipper für den Fall, daß er, Atze, über Bord gehen würde. Mein Gott, war das ernst! Dabei war, so weit man vor den Hafen blicken konnte, das Wasser glatt, wenn man mal von den Regentropfen absah. Jetzt ergriff Christoph das Wort und erklärte der Crew, daß Atze sozusagen der Supercargo oder ein Admiral, vielleicht auch Reeder oder so etwas Ähnliches und jeder von den acht abwechselnd der Skipper sei. Wir, Atze, Christoph und ich, seien nur Zuschauer und im übrigen das Schiedsgericht.

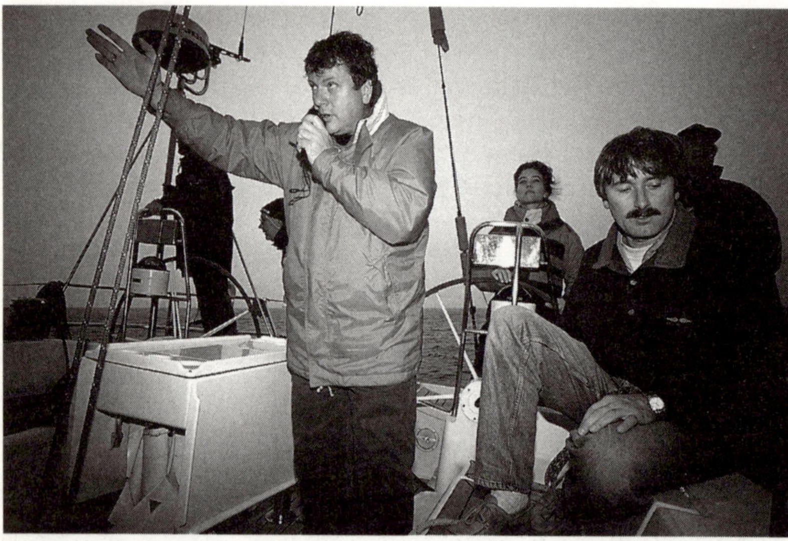

Christoph Schumann (YACHT) verteilt eine neue Prüfungsaufgabe für den „Skipper des Jahres"

Alle nickten. Ich überlegte, was in den bleichen Ölzeugträgern jetzt vorgehen würde, wie ich an ihrer Stelle handeln würde. Und tatsächlich, alle versuchten, irgendwie an uns vorbeizuschauen, möglichst nicht aufzufallen, damit der andere als Skipper den Anfang machen müßte. Aber nichts da, ich bestimmte einen der Ölzeugträger, Marian, als ersten Skipper über diese nagelneue, wunderschöne zwanzig Meter lange Superyacht HOLNIS. Eine fast unlösbare Aufgabe, hatte doch niemand von denen jemals ein so großes Schiff gesegelt, geskippert sowieso nicht!

Draußen wurden die Segel hochgezogen. Der wenige Wind reichte doch aus, die HOLNIS, eine rassige X-Yacht, mit fünf Knoten durchs glatte Wasser zu schieben.

Das Wetter – na ja, „grau in grau“ war geschönt! Segeln kann auch deprimierend sein. Nicht für die acht Siegertypen, die sich darin überboten, uns einen möglichst maritimen Eindruck zu vermitteln. Allerdings, die Kommandos der jeweiligen Skipper oder der beiden Skipperinnen klangen nicht gerade nach Selbstbewußtsein. Kein Wunder, mit einer solchen Aufgabe wäre ich vielleicht auch überfordert gewesen. Vollends herrschte Konfusion, als aus der Kajüte totaler Stromausfall und damit der Zusammenbruch aller Instrumente gemeldet wurde.

Christoph hatte die Idee gehabt, von der YACHT den „Skipper des Jahres“ suchen zu lassen, und die acht, die nun auf Kosten der YACHT in Deutschlands berühmteste (und beste) Yachtschule in Glücksburg gereist waren, waren dem Ziel schon ziemlich nahe. Aus fast fünftausend Bewerbungen hatten sie sich über mehrere knifflige Preisausschreiben qualifiziert. Hatten Fragen nach Motorstörungen, der Mißweisung in den Tuamotus oder gar, was man gegen

Die Schulyacht HOLNIS *in ihrem Revier vor der Yachtschule Glücksburg*

Gasgeruch aus der Bilge unternimmt, beantwortet. Gerade letztere Frage hatte Marian akribisch untersucht, war von der Feuerwehr an die Abteilung „Propangas" weiterverwiesen worden und hatte dennoch nur auf Grund seines gesunden Menschenverstandes die richtige Antwort gefunden. Jedenfalls das, was ich für die Musterlösung gehalten hatte. Solche Fragen zu verfassen, war gar nicht so leicht, wie ich erfahren mußte. Denn meine harmlose Frage nach der „Kuhwende" löste heiße Diskussionen und erregte Briefwechsel aus, was Christoph schließlich so verunsichert hatte, daß er einen alten Rahseglerkapitän, Baujahr Jahrhundertwende, ausfindig machte, der die Antwort noch wußte.

Atze Lehmann, Leiter der Yachtschule Glücksburg, sehe ich als eine Art „Gralshüter der Seemannschaft" in Deutschland an, und dementsprechend perfekt sind auch seine Vorstellungen von einem reibungslosen Schiffsbetrieb. Häufig hatte er eine leicht abweichende Vorstellung von den Segelmanövern unserer Preisrätselgewinner, und so passierte es gelegentlich, daß der gute Atze nur schwer an sich halten konnte und „helfend" eingriff.

Einer ließ sich davon nicht durcheinanderbringen, das war Ulli. Seine Nerven waren mit anderen Themen ausgelastet, die wahrlich wichtiger waren. So war seine Frau Sonja zu Hause dabei, das gemeinsame dritte Kind auf die Welt zu bringen. Trotzdem hatte sie Ulli auf die Ostsee geschickt. Ulli stand also über den Problemen mit der Schiffsführung auf der HOLNIS, jedenfalls so lange, bis mal wieder sein Handy klingelte. Und so einem wollte also Atze ins Manöver fahren. „Wenn ich ein Manöver fahre, dann fahre ich es so, wie ich es mir vorstelle", antwortete Ulli in ruhigem Ton. Atze zuckte, knurrte und schwieg, während Christoph und ich einander zunickten: Das war die Autorität eines Skippers!

Und so durfte ich nach drei Ostsee-Segeltagen im Salon der HOLNIS das Ergebnis des YACHT-Wettbewerbs offiziell verkünden: „Skipper des Jahres" wurde Ulli, und er hatte gewonnen: einen Segeltörn durch die Südsee mit Bobby Schenk für sich und Sonja (die inzwischen Nico geboren hatte).

Das große grüne Schweigen

„Jesus-Christ-Schrappschrapp", so hatten die Menschen von den Neuen Hebriden in ihrem lustigen „Pidgin"-Englisch einen Hubschrauber genannt. Daran mußten wir jetzt denken, als Carla und ich uns in den engen Hubschrauber zwängten.

Auf den Neuen Hebriden hatte man uns sogar eine Zeitschrift in dieser lustigen Sprache, die wohl höchstens als Dialekt anzusehen ist, gezeigt. Aber das war ziemlich genau ein Vierteljahrhundert her, als wir mit unserer kleinen Kunststoff-Yacht THALASSA in diesem Inselreich, heute Vanuatu genannt, angekommen waren.

Der Pilot startete die Maschine, und tatsächlich hörten wir die Rotoren des Hubschraubers das typische Schrappschrapp plustern. Die Kabine zitterte, bebte, und wir fühlten, daß der Hubschrauber abheben wollte. Seit der Zeit, als unsere THALASSA damals in Vila eingelaufen war, war viel Aufregendes geschehen. Wir hatten unsere Weltumseglung pünktlich beendet. So eben, wie ein erfolgreicher, also ereignisloser Törn verlaufen soll – ohne Schäden an Schiff und Mannschaft. Vier Jahre hatten wir in unserer kleinen Yacht auf dem Wasser zugebracht, bis ich in einem Büro einem sehr hohen Ministerialbeamten gegenübersaß, der mich wieder in den Justizdienst, als Staatsanwalt, zuließ. Der Wechsel ins Zivilleben, besser gesagt ins zivile Leben, verlief ohne Zwischenfälle, wenn man einmal davon absah, daß meine Zimmerkollegin mich gerade vor dem Gang in die Gerichtsverhandlung darüber informieren konnte, daß der Gesetzgeber während meiner Abwesenheit die Zuchthausstrafe abgeschafft hatte.

Während der Rotor in meinen Ohren dröhnte – der Pilot hatte es nicht für nötig gehalten, Kopfhörer auszuteilen –, dachte ich zurück an unsere schönste Ankunft in einem „Hafen" auf der anderen Seite eines Ozeans. Es ist ziemlich verrückt, aber jeder Langfahrtsegler bestätigt sicher, daß das Schönste am Segeln das Ankommen ist. Wir und ebenso meine Segelfreunde lieben die Segelei über (fast) alles, aber kaum ist man ein paar Tage auf See, zählt man die Tage, bis der Anker wieder auf Grund fällt. Schon die Römer kannten den Grund hierfür: „variatio delectat" oder: Nach ein paar Stunden, gar Tagen wird fast alles langweilig. So bleiben in der Erinnerung einer Weltumseglung nicht die Eindrücke von Stürmen haften (höchstens vom Sturm des Lebens), sondern vor allem vom Einlaufen in einen Hafen oder auf einen Ankerplatz. Nie wieder, auch später nicht, hatten wir nach 3200 Seemeilen eine so herrliche Ankunft wie am 30. Mai 1972, als uns das „Große Grüne Schweigen", wie Moitessier schreibt, in Empfang nahm.

Und schon damals, vor mehr als 25 Jahren, waren wir nicht in der Lage, die gewaltige Schönheit der Marquesas-Inseln zu beschreiben. Wir brauchten Hilfe, um uns auszudrücken, und so erinnere ich mich gut, wie ich den abgegriffenen, salzwassergetränkten Band von Moitessier „Kap Horn – der logische Weg" in die Hand nahm und Carla vorlas:

„Endlich kommt die Morgendämmerung, wir laufen an Hiva Oa entlang, die Segel Schmetterling vor einer nachlassenden Brise. Alle unsere Müdigkeit verflüchtigt sich mit einem Schlage vor der atemberaubenden Größe dieser Landschaft.

Man könnte meinen, ganze Gebirge hätten sich in das Meer gestürzt, wie gigantische Katarakte von Stein. Hier und da eine Schlucht, wie ein gewaltiger Axthieb. Kein Laut, keine Grille zirpt, kein Vogel singt. Wir haben den Eindruck, wir könnten die Stille förmlich hören, gebannt von der erschreckenden Schönheit dieser Küste, unter der wir so dicht entlang fahren, daß wir sie fast berühren können.

Eine genaue Beschreibung, selbst eine Fotografie könnten nicht zum Ausdruck bringen, was wir sehen. Das Wesentliche würde fehlen: Eine Art von magnetischer Ausstrahlung, die in Wellen von dieser durch die Macht ihres Zaubers etwas unheimlichen Masse ausgeht. Vielleicht könnte ein bedeutender Maler diese Botschaft der Marque-

sas an solche begnadete Seelen übermitteln, welche fähig sind, eine Dimension geistigen Fluidums zu empfinden, die sich der Darstellung in Wort und Bild entzieht. Denn keine Worte und keine Bilder vermögen dieses gewaltige, grüne Schweigen der Vegetation, dieses Weißgrau der Felsen der Marquesas wiederzugeben. Für den gewöhnlichen Sterblichen aber gibt es nur eine Lösung: Hingehen und ansehen. Das ist eine Reise wert."

Und jetzt hüpften wir in einem kleinen Hubschrauber zwischen den Zinnen dieser Kathedralen durch. Der Pilot machte sich einen Spaß daraus, gelegentlich dem Felsmassiv zu folgen und vor einer Mauer aus Granit noch schnell hochzuziehen. Auf der ganzen Welt gibt es keine vergleichbare Felsarchitektur. Die Niagarafälle? Nichts da, ein Wasserfall, der hier von einem Felsschlot herunterstürzt, ist achtmal so hoch wie die Niagarafälle.

Nur noch ein paar Wände waren zwischen uns und dem Punkt, wo sich die Bucht von Nuku Hiva unseren Blicken öffnen sollte und uns die Sicht auf die SARITA freigeben würde. So hofften wir jedenfalls. Wo die SARITA genau liegen würde, wußten wir nicht. Daß sie angekommen war, wurde uns durchtelefoniert. In welchem Zustand sie sich befand, war ebenfalls unklar.

Mit der SARITA waren wir, Carla und ich und noch weitere uns bis dahin unbekannte Segler, schon von den Kanarischen Inseln nach Barbados gesegelt. Eine Atlantiküberquerung wäre heute kaum der Erwähnung wert, denn Hunderte von Yachten ziehen im Herbst auf der Passatroute über den großen Teich. Als Carla und ich zu unserer Weltumseglung losgesegelt waren, da hatte sich im Handelshafen von Las Palmas, eine Marina gab es noch nicht, gerade mal eine Handvoll Yachten für den großen Atlantikschlag versammelt. Alle waren Einzelgänger, denn nach wenigen Stunden auf See hatte man sich aus den Augen verloren, und per Funk, damals selten an Bord, war bei 50 Seemeilen Reichweite schon nach zwei Tagen der Kontakt abgebrochen.

Nach unserer Weltumseglung, vier Jahre später bei unserer nächsten Weltreise mit der 15 Meter langen THALASSA II, warteten in der Marina von Pasito Blanco bereits ein paar Dutzend Yachten, viel größer als die früheren Acht-Meter-Bötchen, auf die Atlantiküberquerung. Es war aus dem Abenteuer fast schon Routine geworden. Aber unsere Reise mit der SARITA, 15 Jahre später, war doch etwas Besonderes, denn wir segelten zielgenau in den Hafen von Barbados, ohne auch nur die einfachsten Navigationsinstrumente an Bord zu haben. Kompaß, Seekarten, GPS sowieso, Speedometer, Radio, Sender, ja nicht einmal eine Uhr hatten wir dabei, um nach rund 5000 Kilometern den Hafen zu finden. Die Sonne, die Sterne und ein paar Holzbrettchen aus Bordbeständen ermöglichten es uns, auf ungefähr 15 Meilen, also knapp 30 Kilometer genau zu navigieren. Und weil doch einige meinem Wort nicht geglaubt hatten, sei es an dieser Stelle wiederholt: Wir hatten, auch nicht „zur Sicherheit", kein versiegeltes GPS-Gerät, keinen Sender oder ähnliches dabei.

Kurt Ecker, ein Charterunternehmer aus Österreich, vor allem aber ein begeisterter Segler, hatte mir damals die SARITA, eine 56-Fuß-Yacht nach Rissen der früheren Designer-Stars Sparkman und Stephens, geliehen. Einfach so – ohne jede Gegenleistung, weil ihm die Idee von der „Kolumbusfahrt" gefiel. Sicher, Kurt wäre kein Geschäftsmann, wenn er sich davon nicht PR versprochen hätte, die wiederum für sein gediegenes Charterunternehmen ECKER INTERNATIONAL einen Umsatzschub bedeutete.

Ganz schön großzügig war das von Kurt, denn schließlich hätte die ganze Sache in einer dunklen Nacht auf dem Riff vor Barbados enden können, wie es tatsächlich einer holländischen Yacht exakt zur gleichen Zeit wiederfuhr. Höchst verwunderlich, denn die hatten im Gegensatz zu uns jeglichen Navigationsschnickschnack an Bord, nur eben keine so wachsame Mannschaft wie auf der SARITA. Aber selbst wenn die Versicherung trotz der Merkwürdigkeiten dieser Kolumbusfahrt Kurt ausgezahlt hätte, war sein finanzieller Einsatz beachtlich. Schließlich mußte er die SARITA erst auf die Kanaren schaffen, sie aus dem eigenen Charterbetrieb herausnehmen und aus Westindien wieder nach Europa segeln lassen. Vom kostenaufwendigen Umbau oder besser gesagt „Ausschlachten" sämtlicher Instrumente ganz zu schweigen.

Jetzt also näherte sich der Hubschrauber der SARITA, die hier am Ankerplatz herumschwojen sollte. Ich war mir sicher, daß sie unruhig am Anker herumzerren würde, denn die Marquesas-Inseln sind berüchtigt für ihre rolligen Ankerplätze. Aber die Yacht war nicht zu sehen. Der Pilot flog unerlaubt durch Wolkenfetzen, hatte also keine Sicht nach unten. Ich konnte nur hoffen, daß er hier schon lange Dienst tat und genau wußte, daß hinter der milchigen Wolkenwand kein „Cumulus Granitus“ lauerte. Wäre nicht schön, das Leben ausgerechnet in den Bergen von Nuku Hiva zu verlieren.

Die SARITA war nun mindestens zehntausend Meilen Luftlinie vom heimatlichen Ried (im Innkreis, nahe Braunau) entfernt, dort, wo die Firma Ecker International im tiefsten Binnenland ihren Sitz hatte. Und das war das größte Problem bei diesem Törn durch die Südsee. Denn ich wiederum hatte Kurt Ecker gefragt, ob er mir die SARITA für einen Südseetörn leihen wolle. Ich war mir sicher, daß der gute Kurt in diesem Moment gar nicht überblickte, was seine Zusage bedeutete. Die eine Sache ist, eine Yacht zu den Kanaren zu schicken, die andere, die SARITA auf die gegenüberliegende Seite der Erdkugel, eben zu den Marquesas, dem Tor zur Südsee, zu segeln.

Wenn Weltumsegler ihren großen Törn planen, dann brauchen sie meist ein Jahr bis zu den Marquesas und weitere zwei Jahre wieder nach Europa. Darauf also hatte sich Kurt eingelassen! Es verstand sich von selbst, daß er die SARITA nicht so einfach drei oder vier Jahre aus dem Chartergeschäft herausnehmen konnte. Schließlich muß eine Yacht, die gewerbsmäßig Geld einfahren soll, auch bewegt werden. Und zwar in Revieren, wo Urlaubsgäste gerne hinfahren, wo sie gerne die kostbarste Zeit des Jahres verbringen. Hinzu kommt, daß man aus der Südsee eine Yacht nicht so einfach wieder nach Osten heimsegeln kann, da sind die Passatwinde davor. Dies ist auch der Grund, warum Weltumseglungen auf den „normalen“ Routen immer von Ost nach West durchgeführt werden. Um das zu verstehen, besser gesagt richtig nachzuempfinden, müßte man einmal im Passat gesegelt sein. Passatsegeln ist die schönste Art, vom Wind über weite Entfernungen geblasen zu werden, doch nur dann, wenn die Richtung stimmt. Es hat schon zahlreiche Versuche gegeben, wo Uneinsichtige es unbedingt wissen wollten, ob der Passat nicht doch von der „falschen“ Seite her zu bezwingen sei. Meistens sind die Versuche schon nach ein paar Stunden aufgegeben worden, gelegentlich dauerte es Wochen, bis der Passat gesiegt hatte.

Es ist gar nicht so leicht einzusehen, warum unsere heutigen modernen Yachten, die meist über exzellente Am-Wind-Eigenschaften verfügen, nicht gegen diese lächerlichen drei, höchstens sechs Windstärken gegenangehen können. Schließlich haben wir alle in der Schule gelernt, daß Wasserwellen nichts anderes sind als die gleichmäßige Auf- und Ab-Bewegung von Wasserteilchen, keinesfalls, wie dies optisch erscheint, eine Vorwärtsbewegung des Meeres.

Unter uns war das Wasser glatt, jedenfalls erschien es aus zweihundert Metern Höhe so, als der Hubschrauber von den Felszinnen ins Tal hinabstieg und wir den Ankerplatz vor uns erblickten. Einige Yachten lagen hier. Das war einer der Momente, auf die ich schon in Europa mit Spannung gewartet hatte. Denn immer wieder hatte ich Leute sagen gehört, daß die schönsten Segelreviere der Welt, insbesondere also die Südsee, überlaufen seien.

Ich war mir ziemlich sicher, daß „die Südsee" noch immer nicht überfüllt war. Denn schließlich handelt es sich da um ein riesiges Gebiet, das noch dazu von den segelbegeisterten Ländern sehr weit entfernt ist. Die Karte von Französisch-Polynesien, auf eine Landkarte von Europa gelegt, reicht vom Atlantik bis fast nach Asien. Und Polynesien ist nicht die „ganze" Südsee, wenn auch der schönste, der romantischste Teil. Trotzdem war die Belegung des Ankerplatzes in Nuku Hiva von größtem Interesse, denn alle klassischen Weltumseglungen führen durch die Inselwelt der Marquesas-Inseln. Und fast alle diese Yachten laufen entweder die Schwesterinsel Hiva Oa oder eben Nuku Hiva zum Einklarieren an.

Unser Heli raste zu schnell über den Ankerplatz, um einen Überblick zu bekommen oder gar die Sarita auszumachen. Aber eines konnte ich schon erkennen: Der Ankerplatz wirkte leer und verlassen. Vielleicht war die Sarita gar nicht da? Das wäre eine schöne Bescherung. Denn die Marquesas-Inseln liegen verkehrsmäßig ziemlich abseits – so weit draußen, daß Carla vorsichtshalber schon ein Jahr zuvor die Flugtickets bestellt hatte. Schließlich waren wir „gebrannte Kinder", hatten 1980 böse Erfahrungen gemacht, als wir mit unserer Thalassa II auf die Marquesas gekommen waren.

Wir hatten damals zwei zahlende Gäste an Bord. Schon sechs Wochen waren wir zusammen auf unserer 15 Meter langen Stahlyacht gesegelt. Von Panama kommend, waren wir über die Galapagos schließlich in Hiva Oa angelangt. Nach einer so langen Zeit auf See hatten unsere Gäste nur einen Wunsch: vom Schiff runter und nach Hause fliegen! Auch Herbert, mit dem wir uns recht gut verstanden hatten, wollte nach Hause. Der andere Mitsegler hatte offensichtlich die lange Segelei nervlich nicht verkraftet und schon Tage vor der Ankunft großspurig angekündigt, er würde sofort ins Hotel ziehen, bis ihn ein paar Tage später ein Flugzeug nach Tahiti und damit zurück nach Europa bringen würde. Seine Enttäuschung war groß, denn auf Hiva Oa gab es kein Hotel, so daß er notgedrungen und unzufrieden auf der Yacht bleiben mußte. Das Ganze endete fast in einem Nervenkrieg, als sich herausstellte, daß alle Flüge für die nächsten zwei Monate ausgebucht waren. Herbert wurde noch eher mit dieser unguten Situation fertig, obwohl er als Geschäftsmann dringend nach Hause gemußt hätte.

Tag um Tag versuchten die beiden verzweifelt, an leere Plätze in einem Flugzeug heranzukommen. Als der französische Verteidigungsminister zu einer militärischen Feier auf die Insel kam, machten sich auch andere Segelfreunde an den Begleittroß der Politiker heran, um denen einen Platz im Flugzeug abzuschwatzen. Es entbehrte nicht einer gewissen Komik, wie Anne, Skipperin auf der ALGOL, dem Chefpiloten des Ministers heftig ins Ohr flüsterte, genau in dem Moment, als der Minister mit der trikolorefarbenen Schärpe mit berufsmäßig ernster Miene einen Kranz am Grab des Unbekannten Soldaten niederlegte. Alles umsonst. Erst nach ein paar Wochen und langwierigen Verhandlungen war es unseren Gästen dann gelungen, in Richtung Tahiti aus dem Paradies zu flüchten.

Vor ähnlichen Erfahrungen hatten wir Angst gehabt, so daß wir erleichtert waren, als wir die Tickets für den Flug von Tahiti auf die Marquesas-Inseln in der Hand hatten. Wann auch immer ich an die Marquesas zurückgedacht hatte, war mir die Beschreibung von Moitessier vom großen grünen Schweigen in Erinnerung geblieben. Trotzdem hatten wir uns bei unserer Ankunft auf dem Flughafen von Nuku Hiva – nichts anderes als eine Bitumenpiste mit einer Hütte – für den Hubschrauber entschieden und nicht ein Taxi genommen, ein Pferd schon gar nicht. Es ist ein Unterschied, ob der letzte Teil einer über 24stündigen Reise noch zusätzliche vier Stunden dauert, oder ob man nach zehn Minuten auf dem kreisförmigen Landeplatz einer kleineren Anhöhe neben der Ankerbucht landet. Ein großartiges Erlebnis war es außerdem.

Das schwächste Glied ist die Ankerkette

Zehn Minuten später schlängelte sich der kleine Jeep des Marquesaners, der uns einen Lift zur Pier angeboten hatte, den schmalen Weg hinunter zu den Blechhütten, in denen ein paar Fischer ihre Netze knüpften. Noch bevor wir das Ufer erreicht hatten, war uns schon Gerhard entgegengekommen. Gerhard, Angestellter der Firma Ecker, hatte die SARITA den weiten Weg von der Türkei in die Südsee geskippert. Als ich in das Gummibeiboot hineinkletterte, machte ich mir Gedanken, ob es nicht zu wackelig sei. Als Carla und ich noch auf dem Schiff lebten – insgesamt hatten wir acht Jahre auf dem Wasser zugebracht –, mußten wir täglich ein Dingi benutzen, um von der Yacht ans Land zu kommen. Das ist etwas, was viele Träumer von der großen Freiheit auf dem Meer nicht richtig realisieren: daß sie nicht nur in entscheidenden Dingen ihr Leben umstellen müssen, wenn sie aufs Wasser ziehen, sondern daß sich der ganze Lebensstil ändern wird. So wie wir zu Hause täglich ins Auto steigen, so wird unterwegs das Beiboot benutzt. Denn fast immer liegt die Yacht, die das Zuhause der Weltumsegler darstellt, vor Anker, manchmal einen Kilometer vom Ufer entfernt.

Vorbei sind die Zeiten, als es für unseemännisch angesehen wurde, sein Beiboot mit einem knatternden Außenborder zu bewegen. Heute rudert kaum noch jemand, ist es doch auch eine Frage der Sicherheit, einen Außenborder am Holzheck seines Beibootes zu haben. Denn die Ankerplätze werden dann nicht mehr nach ihrer Nähe zum Land, sondern nach dem Haltegrund und genügend Tiefe für das zuverlässige Ankern ausgesucht. Schließlich hängt an der

Ankerkette mit 10 oder 12 Millimetern Durchmesser das eigene Zuhause, oft das ganze Vermögen.

Als wir unsere Seesäcke ins Beiboot gewuchtet hatten, sprang ich ins Dingi und wunderte mich, wie sicher ich mich in dem kleinen Bötchen bewegte – gelernt war gelernt. Ich dachte aber auch an den alten Fischer Lex vom Chiemsee, der mir die ersten Schritte auf einem Segelboot gezeigt hatte. „Niemals auf einem Boot die Knie durchdrücken!“ war sein Rat, der sich für uns nicht nur auf den kleinen Jollen an den bayerischen Seen bewährt hatte, sondern gleichermaßen Carla und mich in rollenden Ozeanseen, sogar in den Riesenwellen vor Kap Hoorn, sicher über die Planken unserer Yachten hat wandeln lassen. Ein schönes Gefühl kam auf: Die See hatte uns wieder, wenigstens für die nächsten paar Monate.

Die Dünung war kaum zu spüren. Wir hatten offensichtlich einen besonders schönen Tag für den Anfang erwischt: kein Regen, kein Schwell am Ankerplatz! Gerhard und seine Freundin Birgit halfen uns mit dem Gepäck an Deck. Das letzte Mal hatte ich die SARITA in Westindien betreten. Dazwischen hatte sie viel erlebt, war mit Chartergästen in den Kapverden, in der Türkei gewesen, war durch den Panama-Kanal zur Osterinsel geskippert worden. Ich erinnerte mich an unseren allerersten Törn im Mittelmeer. 1965 war es so eine Art „Weltreise“, von Nizza nach Sevilla zu segeln. Dementsprechend nervös waren wir gewesen, als wir aus Nizza ausliefen. Roger, der Bootsmann auf der KILENA, 20 Jahre jung und voller Kraft – im „Zivilleben“ war er Taucher und Motorradrennfahrer –, hatte uns eingewiesen. Nach dem Ankeraufgehen hatte er erzählt, daß die KILENA über den Winter „beinahe“ eine Charter nach Westindien bekommen hätte. „Westindien“, das klang nach der ganz großen weiten Welt. Ehrfurchtsvoll hatte ich jedes der Worte Rogers eingesogen, doch außer einem respektvollen „aha“ nichts geantwortet, denn ich wußte nicht, wo Westindien lag.

Viel Zeit war seit damals vergangen, viel war passiert. Carla und ich waren seither fünfmal – oder waren es achtmal? – in Westindien gewesen, und Roger, der Taucher und Rennfahrer mit der Body-Building-Figur, war bei der ersten Atlantiküberquerung der KILENA leider über Bord gegangen. Wahrscheinlich! Denn an Bord hatte er plötzlich gefehlt.

Bald hatte Gerhard uns seine Geschichte erzählt. Sie ähnelte den vielen Stories, die wir von Charteryachten zur Genüge kennen. Das immer gleiche Lied von Gästen, die sich untereinander nicht verstehen. Meist beginnen solche Törns in großer Harmonie und Begeisterung. Dann aber obsiegt die Enge einer Yacht, und es kommt zu Auseinandersetzungen, für deren Anlässe sich die Beteiligten hinterher häufig schämen. Gerhard konnte mit einer neuen Nuance dieser ewig gleichen Geschichte aufwarten. Seine letzten Gäste brachten es (angeblich) fertig, die Aschenbecher auf der Yacht nur immer soweit zu reinigen, als es sich um eigene Kippen handelte. Die letzten Zentimeter von Gerhards Zigaretten ließen sie ihm auf dem Kajüttisch zurück.

Einer der Gründe für die Streitigkeiten war sicher der Umstand gewesen, daß sich der Törn zur Osterinsel in Gegenden abspielte, die schon der Psyche von „typischen" Chartergästen eine gewisse Härte abverlangen. Wie gesagt, das Ankommen ist bei jedem Törn am schönsten. Ein solcher Augenblick in unserem Fahrtenseglerleben war, als wir nach einer harten Ozeanüberquerung in Madagaskar ankamen, die Yacht sicher vertäut war und wir dann gleich ein Restaurant fanden, das uns frisches Baguette, Butter, Käse und Rotwein servierte. Das „Mittagessen" mit Blick auf die Bucht und unsere THALASSA dauerte von 12 Uhr bis spät abends.

Das konnten die Gäste Gerhards auf der Osterinsel nicht erleben. Die Ankerplätze waren – nachzulesen in jedem Handbuch – rollig gewesen, ja, manche konnten gar nicht angelaufen werden. Auch der Besuch der Insel Pitcairn scheiterte. Die Meuterer von der BOUNTY hatten schon gewußt, warum sie sich diese kleine Insel am Übergang der „Südsee" zu den Brüllenden Vierzigern als letzten Fluchtort ausgesucht hatten. Es sollte dort so schlecht zum Ankern oder gar zum Anlegen sein, daß keiner von den englischen Rächern vermuten konnte, daß sich die Meuterer ausgerechnet an einen so ungünstigen Ort zurückgezogen hatten. Das war auch für Gerhard Grund genug gewesen, dem Wunsch seiner Chartergäste nach einem Besuch von Pitcairn nicht nachzugeben.

Also waren die Geschichten, die Gerhard uns erzählte, nicht überraschend. Etwas anderes schon: Die Nirosta-Ankerkette, die Kurt Ecker, großzügig wie immer, wenn es um die Ausrüstung seiner

Schiffe ging, der SARITA verpaßt hatte, lag in mehreren Teilen in der Backskiste. Sie soll sich bei einem Ankermanöver in drei Teile zerlegt haben. Das überraschte mich. Denn jeder kennt wohl das Naturgesetz vom *dem* „schwächsten Glied", und nicht von schwächsten Gliedern. Daß eine Kette bricht, kann passieren. Aber gleich in mehrere Teile? Gerhard zeigt mir ein paar Glieder. Die sahen allerdings grausam aus. Die Schweißnaht ähnelte mehr einer schlechten Klebestelle. Zu einem solchen Material konnte man kein Vertrauen haben. Ich ärgerte mich. Denn ich hatte diese Ketten im Mittelmeer erlebt und war so begeistert über ihre Fähigkeit, sich selbst zu verstauen, daß ich meine Meinung hierzu gleich veröffentlicht hatte. Das erinnerte mich an erfahrene Fahrtensegler, die vor ein paar Jahrzehnten beim Aufkommen von „Nirosta" vor diesem Material gewarnt hatten: Es neige gelegentlich zum Kristallisieren. Genau das war mit den Niro-Gliedern passiert. Ich war während meines Lebens auf Yachten diesem Material gegenüber nicht so mißtrauisch, werde aber jetzt sehr nachdenklich. Wenn Chromstahl – laienhaft ausgedrückt: „Nirosta" – nicht ständig mit Seewasser Kontakt hat, ist sicher kein Mißtrauen gerechtfertigt. Es gibt also keinen Grund, etwa Niro-Schäkel, -Wanten, -Püttingeisen und so fort zu meiden. Vorsicht aber bei Metallteilen, die sich unter Wasser befinden, also in erster Linie bei Ankerketten! Der wohl erfahrenste Fahrtensegler der Welt, der bald 90jährige Franzose Marcel Bardiaux, hat sich seine Yacht selbst in Nirosta gebaut (sinnigerweise heißt sie INOX) und weiß von dieser Fehlentscheidung nur Horrorstories zu berichten.

Also, die Nirokette war nicht mehr zu gebrauchen, schon wegen der Länge, und außerdem hätte ich kein Vertrauen mehr in sie gehabt. Viel schlimmer aber war der Verlust des Ankers. Denn der war in den Tiefen irgendwo in der Gegend der Osterinsel geblieben. Das war ein ernstes Problem. Als Segler in Ost- oder Nordsee, auch im Mittelmeer, kann man sich kaum vorstellen, welche Bedeutung ein gutes Ankergeschirr für den Blauwassersegler hat. Denn in 99 Prozent aller Fälle liegt man nicht gut vertäut an einer Pier, sondern praktisch immer vor Anker. Es gibt auch keine Ausweichmöglichkeiten, denn an den Ankerplätzen gibt es keine Piers und Marinas, jedenfalls in den Gebieten, wo wir die nächsten Wochen verbringen wollten. Das bedeutete, daß wir praktisch jede Nacht unser Schiff und damit unsere Sicherheit einem Ankergeschirr anzuvertrauen hatten, das bei weitem nicht die Reviererfordernisse erfüllte.

Im Moment lagen wir noch vor einem Zweitanker, einem besseren Badeanker, und behelfsmäßig an einer Trosse. Wir wollten aber in die Tuamotus segeln, und diese riesige Inselgruppe zählt zum schwierigsten Ankergebiet auf der ganzen Welt – wie alle Korallengewässer. Dort würden wir ohne gutes Ankergeschirr echte Probleme bekommen.

Der Segler an unseren heimatlichen Küsten kann sich den Ernst der Situation gar nicht richtig vorstellen. Denn er ist gewohnt, jeden Abend in einem kleinen Hafen zu liegen, vielleicht etwas unbequem im Päckchen, jedenfalls aber sicher. In einer Gegend wie den Tuamotus gibt es keine Häfen. Das ist wörtlich gemeint. Der „Hafen" ist nur ein offener Ankerplatz, gegen Wind völlig ungeschützt, und den Seegang hält das Riff ab.

Bevor ich mit der Blauwassersegelei angefangen habe, konnte ich mir das gar nicht so richtig vorstellen. Der Anker lag nicht etwa an Deck unserer 10 Meter langen THALASSA, sondern in der Backskiste. Wollte man in einer kleinen Bucht schwimmen, dann holte man halt den Anker aus dem Cockpit nach vorne, schleppte noch die „Vielzweck-Trosse" dazu, verband das Ganze mit einem doppelten Schotstek, und – schwupp – flog das Eisen mit Knäuel drumherum ins Wasser. Beim „Ankeraufgehen", so nannten wir das, wenn wir das Trossenbündel an Bord nahmen, ärgerte man sich höchstens über den Dreck, den man mit dem Schlammhaken an Bord brachte.

Während unserer Weltreisen lernten wir, daß es sich beim Ankern um ein so alltägliches Manöver handelte wie Halsen oder Wenden. Der Unterschied war nur, daß man sich schon ein verunglücktes Segelmanöver leisten darf, daß aber der Anker, der in der Tiefe, unsichtbar für dich, über einen Stein rutscht und deshalb ausbricht, Schiff und Mannschaft in Gefahr bringt – und meist, das liegt in der Natur der Sache, in dunkler Nacht. Wenn es einen Segler-Alptraum gibt, dann ist es nicht der Mastbruch vor achterlichem Wind im Sturm, sondern das ankerlose Herumtreiben in stürmischer und stockfinsterer Nacht zwischen Korallenköpfen. Und das Ganze in einsamster Gegend, 500 Meilen von der nächsten Stadt entfernt.

Und jetzt saßen wir auf dieser wunderschönen Yacht SARITA, die uns bereits unter abenteuerlichen Umständen über den Atlantik gebracht hatte, und hatten das Gefühl, daß dieses Schiff in diesem Zustand völlig ungeeignet war, mit uns weiterzusegeln. Wie Gerhard uns erklärte, war es ihm bei seinem wochenlangen Aufenthalt auf den Marquesas nicht möglich gewesen, ein anständiges Ankergeschirr aufzutreiben. Die Marquesas-Inseln liegen zwar abseits von der großen Welt, die nächste größere Stadt ist Papeete in einer Entfernung von runden 1000 Kilometern, doch gibt es immerhin eine tägliche Flugverbindung. Freilich wäre so ein Transport einer schweren Ankerkette nebst Anker schon teuer, doch mit der SARITA ohne anständiges Ankergeschirr durch eine wegen der zahlreichen Strandungen berüchtigtsten Gegenden der Welt, nämlich die Tuamotus, zu segeln, könnte noch teurer werden.

Ich hatte das Gefühl, daß Gerhard dieses Problem gar nicht so richtig erfaßte. Na ja, wenn man diese Inselgruppe gar nicht kannte, konnte man sich die Gefahr auch nicht vorstellen. Andererseits wird aber in jedem Segelbuch, das die Tuamotus erwähnt, auf deren Gefährlichkeit plastisch hingewiesen. Mir gefiel die Sache nicht, und vom Standpunkt der Sicherheit hätte es eigentlich heißen müssen: „No go!"

Freilich – Trossen oder sehr starkes Tauwerk hatten wir genügend an Bord. Doch für eine einzige Koralle wäre es eine Frage von wenigen Minuten gewesen, auch ein 22 Millimeter dickes Tau zu zersägen, wenn auf der einen Seite der Anker hält und auf der anderen Seite die viele Tonnen schwere SARITA zerrt. Wir brauchten Anker und Kette, da gab es keine andere Lösung.

Mit dem Beiboot motorten Gerhard und ich zu einem dunklen Stahlschiff auf dem Ankerplatz, das deshalb besonders stark in der Dünung rollte, weil es keinen Mast mehr hatte. Mit dem Jungen an Bord konnten wir uns mangels Französischkenntnissen kaum verständigen, bekamen aber immerhin soviel heraus, daß er nicht der Skipper, sondern lediglich der Mann der Skipperin war, die sich gerade nicht an Bord befand. Die Yacht sei entmastet worden, so daß die beiden jetzt keine Chance hätten, von den Marquesas wegzukommen. Die Ausrüstung sei einzeln, stückweise zu kaufen. Zu Deutsch: Die beiden waren dabei, das Schiff auszuweiden. Traurig, doch wir wollten den schweren Navy-Anker, der im Vorschiff lag. Nachdem wir ihn vom Gewicht her mit den Ankermodellen in einem amerikanischen Bootszubehör-Katalog verglichen hatten, kaufte ihn Gerhard für eine horrende Summe.

Aus den drei Teilen der kaputten Niro-Kette wurden Kettenvorläufer gebastelt, indem die Kettenglieder mit einer durchgeflochtenen Trosse verstärkt wurden. Eine komische Konstruktion, aber ist es nicht ohnehin absurd, wenn Tauwerk zur Verstärkung von Metall verwendet wird? Der kurze Rest einer alten Ankerkette war ein zweiter Kettenvorläufer. Keine gute Ankerausrüstung für die Tuamotus! Doch was hätten wir tun sollen? Von den Marquesas nach Tahiti durchsegeln, um in Papeete einen neuen Anker mit Kette zu kaufen? Das war nicht der Sinn des Unternehmens. Unser Traum war es doch, speziell in die Tuamotus zu segeln. Denn nach meiner Meinung ist diese Inselgruppe das wahre Segelparadies auf Erden. Die meisten Weltumsegler können daran nur schnuppern, denn sie haben meist einen festen Fahrplan, der, abhängig von der „Hurrikan-Saison", einen längeren Aufenthalt in den Tuamotus, einen Umweg dorthin schon gar nicht zuläßt. Also durch die Tuamotus nonstop wie der Fliegende Holländer durchzusegeln, das kam für uns nicht in Frage. Außerdem hatten wir ja die Verpflichtung übernommen, Ulli und Sonja ein paar Wochen durch die Tuamotus zu segeln.

Brotfrüchte und Konservendosen

Am nächsten Tag standen sie an der Pier: der Entwicklungsingenieur Ulli – zuständig bei Mercedes für die Funktionssicherheit von Airbags – und seine Frau Sonja, noch mit bleicher Haut. Von Ulli und Sonja sollte unsere Reiseroute durch die Südsee insofern maßgeblich beeinflußt werden, weil wir sie ja nicht an irgendeiner Insel absetzen konnten, so nach dem Motto: „Schaut mal, wie ihr weiterkommt!" In der „Südsee" ist es nämlich nicht ohne weiteres möglich, nach Fahrplan zu reisen. 90 Prozent der Inseln haben keinen Flugplatz und keinen regelmäßigen Schiffsverkehr. Es kann einem Robinson auch heute passieren, daß er einen Monat lang auf einer Trauminsel sitzt, ohne ein anderes Schiff zu sehen, also keine Chance hat, von der Insel herunterzukommen. Und darüber, daß bei Mercedes in Stuttgart der Urlaub abgelaufen ist, macht sich niemand Sorgen. Also war mein einziges Zugeständnis bei der Reiseplanung wegen des Unternehmens „Skipper des Jahres": Start in Nuku Hiva und Stop nach vierzehn Tagen auf Makemo, einer Insel mit Flugplatz. Damit hatte ich auch etwas an den Abenteurergeist der Gäste appelliert, denn von Deutschland aus ist so etwas nicht leicht zu organisieren.

Zunächst ging es, wie vor jedem Törn, ans Einkaufen. Das wäre weiter nicht erwähnenswert, wenn wir uns nicht gleich für ein paar Monate hätten verproviantieren müssen und die Preise nicht exorbitant gewesen wären. Denn auf unseren Traumzielen in den Tuamotus, diese Informationen hat dort jeder, ist es so gut wie unmöglich, einzukaufen. Das heißt, es gibt sicher auf manch kleiner Insel einen Chinesen, der ein Mini-Geschäft betreibt, doch das Warenangebot ist äußerst beschränkt. Man bekommt eher tolle Fischhaken als ein paar Eier oder gar eine Zitrone. Außerdem würden wir den Einheimischen die Waren wegkaufen, und das war das letzte, was wir wünschten. Schließlich wollten wir unsere späteren Gastgeber erfreuen und nicht wie die Leute von James Cook unangenehm auffallen. Cook war vor 200 Jahren in die Südsee gekommen und mit einer zuvor nie erlebten Begeisterung und Gastfreundschaft aufgenommen worden. Nach ein paar Wochen jedoch ebbte langsam aber sicher die Freude über die Besucher ab, als die Insulaner auch auf den Marquesas-Inseln merkten, daß ihre Vorräte einfach nicht ausreichten, zusätzlich eine große Horde hungriger Seeleute zu ernähren. Das war der Moment, als James Cook, kurz zuvor noch als Halbgott verehrt, erleben mußte, daß auch die Polynesier mürrisch werden konnten und ihn schließlich sogar aufforderten, endlich weiterzufahren.

Wie hatten sich die Zeiten geändert! Während sich bei unseren ersten Besuchen auf den Marquesas-Inseln die Auswahl in den Geschäften auf einige Corned-Beef-Dosen, Coca Cola und Hinano-Bier in Flaschen beschränkte, gab es jetzt einfach alles. Zumindest

In der Südsee gibt es kein Anlegen an der Pier. Auch Sprit muß mit dem Beiboot gebracht werden

schien das so. Denn wenn wir etwas Spezielles suchten, bekamen wir als Antwort häufig nur ein Achselzucken. So hatten wir uns den Transport von schweren Schwimmflossen ersparen wollen, weil wir sicher angenommen hatten, daß Tauchzubehör leicht erhältlich sei an einem Ort, wo praktisch die ganze Bevölkerung halb unter Wasser lebt. Fehlanzeige: Zwar lagen einige Flossen im stickig-heißen Chinesen-Laden herum, doch in meiner Größe, 44, war nichts da. Kein Wunder, ich hätte es noch wissen müssen: Unter den Polynesiern und erst recht unter den kleinen Chinesen lebte keiner auf so großem Fuß.

Bei den Grundnahrungsmitteln gab es keine Engpässe. Carla fand sogar Schlagsahne in der Dose. Nicht daß wir Kaffee und Kuchen mit „Schlagobers“ (österreichischer Ausdruck für Schlagsahne, schließlich war die SARITA ein österreichisches Schiff) für ein „Muß“ hielten, doch freuten wir uns schon auf den Gag, im Passat ein Kaffee-Kränzchen zu feiern.

Wenn man vom Einkaufen in den Marquesas spricht, darf man die Preise nicht vergessen. Gilt Tahiti schon als einer der teuersten Plätze der Welt, so setzen die Marquesas noch eine Nummer drauf. Denn schließlich muß ja alles über Tahiti noch weitere 1000 Kilometer transportiert werden, was die Preise am Ende in lächerliche Höhen treibt. Sollte man meinen!

In Wirklichkeit waren die Preise annehmbar. Gut, die Dose Bier näherte sich schon der Vier-Mark-Grenze, aber man ist ja selber schuld, wenn man darauf nicht verzichten will. Erdnußbutter fürs Frühstück, 15 Mark die Dose, muß auch nicht sein. Der Preis fürs Brot, knuspriges Baguette, ist vorgeschrieben und deshalb etwas niedriger als bei uns in München. Was wirklich ins Geld ging, war das Wasser. Aus unerfindlichen Gründen kauften wir Trinkwasser in Flaschen in ungeheuren Mengen, Gerhard hatte das so gewünscht. Als ich all die Plastikflaschen sah, die das gesamte Cockpit ausfüllten, dachte ich daran, daß ich zum ersten Mal auf einem Schiff war, wo mehr Wasserflaschen als Bierdosen herumlagen. Nicht daß kein Bier an Bord war, doch hatten wir fürs Wasser erheblich mehr, nämlich eintausendfünfhundert Mark, ausgegeben. Ich wollte keine Diskussionen um solche Kleinigkeiten, aber ich wunderte mich: Da segeln wir doch alle, weil wir in die Natur erleben wollen. Und tatsächlich können wir beim Blauwassersegeln noch die Spuren eines ursprünglicheren Lebens kennenlernen. Die Nahrung gibt es aus dem Wasser – garantiert nicht genmanipuliert, karotingefüttert oder sonstwie behandelt – , den Strom schickt uns die Sonne über Solarzellen, und das Wasser fällt vom Himmel. In den Marquesas sogar ziemlich viel, denn dort regnet es häufig, wo sonst hätten die Inseln ihr sattes Grün her.

Es kommt hinzu, daß es dort weit und breit keine Industrie gibt, die Gifte ins Abwasser einleitet, und die dünne Besiedelung kann den Bergquellen auch nichts anhaben. Ich wäre eine Wette eingegangen, daß das Wasser aus dem Hahn an der Pier von Nuku Hiva sauberer, reiner und gesünder gewesen ist als „l'eau plastique".

Darüber hinaus wäre es auf einer Segelyacht ein leichtes, ein Stück Segel so aufzuspannen, daß sauberes Regenwasser in die Trinkwasserkanister fließt. Es ist ein schönes Gefühl, von der Natur beschenkt zu werden. Klar, reines Regenwasser ist auf Dauer auch nicht das Gesündeste, denn Mineralsalze fehlen. Doch für ein paar Monate läßt sich der Mineralbedarf auch anders leicht decken. Was auf Yachten immer mehr in Mode kommt, ist ein „Watermaker", also eine Maschine, mit der aus Meereswasser Süßwasser produziert wird, oder böser formuliert, mit der aus Diesel Trinkwasser gemacht wird. Tatsächlich ist der Spritverbrauch für manche Entsalzungsanlagen so hoch, daß nicht einzusehen ist, warum soviel Tankraum für Diesel und nicht gleich für Trinkwasser eingerechnet wird. Es wundert mich, daß gerade auf Yachten das Trinkwasser aus Meerwasser maschinell mit fossilem Treibstoff, nämlich Diesel, hergestellt wird, wo doch das Wort „Umwelt" unentwegt im Munde geführt wird. Wer jemals versucht hat, mit der Petroleumflamme oder auch auf dem Gasherd aus Meerwasser ein paar Tropfen Süßwasser durch Verdampfen zu gewinnen, kann über diese Verschwendung wertvoller Energie nur noch den Kopf schütteln.

Ein Grund für die Beliebtheit dieser Trinkwassermaschinen ist sicherlich, daß man sich das mitunter mühselige Suchen nach dem Wasserschlauch an der Pier ersparen kann – meint der Eigner einer solchen Yacht mit angeblich „unendlichem" Wasservorrat. Tatsächlich kommt man auf den meisten Ankerplätzen in der Südsee nicht an den Schlauch, weil es halt keine Pier zum Anlegen gibt. Schuld daran ist nicht etwa die Bequemlichkeit der Einheimischen, die keine Piere oder Stege bauen, sondern, daß die meisten Buchten zwar wind-, aber nicht schwellgeschützt sind. Gäbe es dort eine Pier, könnte man gar nicht anlegen. Mit diesem Problem haben auch die Versorgungsschiffe zu kämpfen, die häufig nur monatlich die Südseeinseln besuchen und alles Lebensnotwendige über die Beiboote anlanden müssen. Wer einmal die Anlandung einer Kuh oder eines Jeeps mit Hilfe von Seilzügen, riesigen Gummibooten oder Lastkähnen miterlebt hat, weiß, wie abenteuerlich es dabei zugeht.

Schnaps war besonders teuer, die Flasche Whisky kostete fast siebzig Mark. Wir hatten uns schon vorher darauf eingestellt. Schließlich war Carla mit der SARITA auf ihrem Weg in die Südsee über den Atlantik gesegelt. Sie hatte die Gelegenheit genutzt, auf den Kanaren ein Schapp mit dort billigem Hochprozentigem zu füllen. Zu unserer großen Verwunderung hatte dieses Schapp einige Chartercrews überstanden, so daß wir mit Alkohol ganz gut eingedeckt waren.

Ein echtes Problem war die Versorgung mit Obst und Gemüse. Nicht daß es auf den Marquesas kein Grünzeug gegeben hätte, aber in den wenigen Geschäften war keines zu kaufen. Warum? Eigentlich ganz logisch. Mit Fremden, gar Touristen, rechnet man nicht, die Geschäfte sind nur auf Einheimische ausgerichtet, und die Polynesier haben alle eigene Gärten oder wohnen in Familieneinheiten, denen der Zutritt ins grüne Paradies offensteht. Hinter den Hütten befinden sich die Bananenstauden und Pampelmusenbäume. Sie biegen sich unter der Last. Unter den Bäumen liegen die Orangen herum und verfaulen. Brotfrüchte gibt es in Hülle und Fülle, Limonen, Sweet Potatoes, Taro, Yam-Wurzeln im Überfluß. Nur eben nicht zu kaufen! Denn die Geschäfte wären diese Ware nicht losgeworfen. So streiften wir durch die Straßen und bettelten förmlich nach Obst und Gemüse. Die Ausbeute war mager. Nicht daß die Insulaner unfreundlich gewesen wären, ganz im Gegenteil. Als wir müde über die staubige Straße schlenderten, hielt ein Taxi, es war das einzige in Nuku Hiva, und wollte uns mitnehmen, was wir wegen der hohen Preise dankend ablehnten. Aber der Fahrer entschuldigte sich fast, er habe selbstverständlich nicht nach Fahrgästen Ausschau gehalten, wir seien doch Yachties, da wisse er, daß er zu teuer sei, er möchte uns nur einen kostenlosen Lift geben. Aber Obst hatte er auch nicht. An der Pier haute uns eine schmierige Gestalt an. Er wolle uns Obst besorgen, wir bräuchten auch nicht zu bezahlen, wir könnten das Frischzeug gegen Rum eintauschen. Es war verlockend, doch fand dieses Gespräch ungefähr 20 Meter neben dem Zollhäuschen statt, so daß wir uns schon aus Vorsicht nicht auf den Deal einließen. Schnaps als Geschenk für die Einheimischen ja, aber nicht als Handelsware!

Kurzum: Trotz Heli-Service und Taxis war die Zeit auf den Marquesas stehengeblieben. Nur wenig hatte sich seit unserem letzten Besuch vor 15 Jahren, erst recht seit unserer ersten Ankunft vor 25 Jahren verändert. Ein Restaurant gab es, nannte sich „Hotel“, aber außer dieser Bezeichnung war daran nichts Neues. Die Hütte an der Hauptstraße hatte es immer schon gegeben, und die Gäste, unternehmungslustige Rucksacktouristen, die mit den monatlichen Kopra-Schonern ankamen, konnten dort schon immer übernachten. Nur zahlen mußten sie jetzt halt ein wenig. Für das Essen im „Restaurant“ ein bißchen mehr. Ein Salat aus Tomaten, die über Tahiti aus Neuseeland kommen, kostete immerhin 16 Mark.

Noch etwas hatte sich zum Guten geändert, wobei ich nicht weiß, ob das nur zufällig war oder ob die Nonofliegen sich nur während unseres Besuches versteckten. Die Marquesas-Inseln sind für diese Quälgeister berüchtigt. Eine der Schwesterinseln von Nuku Hiva, nämlich Fatu Hiva, auf der Thor Heyerdahl einige Zeit gelebt und darüber das gleichnamige Buch geschrieben hatte, gilt vor allem deshalb als ein Paradies, weil es so schön, schöner noch als die übrigen Inseln ist und keine (!) Nonofliegen kennt. Es gibt in der Segelliteratur keine Schilderung von den Marquesas-Inseln, die sich nicht auch intensiv mit dieser Plage beschäftigt. Als ich einst in Hiva Oa zum ersten Male auf meinem Handrücken eine winzige kleine Fliege sah, dachte ich mir noch, was es da für nette kleine Insekten gäbe. Meine Einfalt änderte sich schnell, als ich den Biß des Tierchens verspürte und sich seine Artgenossen über mich hermachten. Am gleichen Tag wollte Carla an einem der malerischsten Strände, die wir je erlebt hatten, an der Black Beach in Hiva Oa, ein Picknick veranstalten. Sie kam gar nicht dazu, das Besteck auszupacken, so schnell fielen die Nonofliegen über sie her und jagten sie davon. Das Schlimmste aber war an diesen Quälgeistern, daß ihre Bisse nach einem Tag anfingen zu eitern.

Für die Yachties am Ankerplatz war das Problem der Nonos nicht so dramatisch, weil letztere offensichtlich keine ausdauernden Flieger waren und die Yachten am Ankerplatz nicht erreichten. Die Bevölkerung allerdings mußte sich mit ihnen arrangieren. Pünktlich um vier Uhr nachmittags kreuzten die Nonos auf und verschwanden erst wieder während der Dämmerung. Der Lebensablauf der Marquesaner richtete sich nach den Fliegen. Wenn sie nachmittags einflogen, wurden zum Schutz vor ihnen ein Feuer mit Kokos-Fasern und Schalen angezündet. Jeden Tag, ein Leben lang. Die Nonofliegen gibt es in ganz Polynesien, auch in Tahiti. Doch nirgendwo sind sie so aggressiv und allgegenwärtig (außer in Fatu Hiva) wie auf den Marquesas-Inseln. Einst lebten in dieser Inselgruppe dreihunderttausend Menschen, um die Jahrhundertwende dagegen, das war die Zeit, als Paul Gauguin dort lebte, hurte und malte, gab es nur noch dreitausend Menschen. Viele Ursachen wurden für diesen Bevölkerungsrückgang verantwortlich gemacht, von der Syphilis (die auch der Trinker Gauguin mit seiner Vorliebe für 14jährige Mädchen hatte) bis hin zur Tuberkulose, die die Missionare begünstigt haben sollen, weil sie den neugewonnenen Christen in diesem regenreichen Klima züchtige Kleidung verordneten. Die Nonos wurden auch für dieses Unglück verantwortlich gemacht, was ganz naheliegend bei den von ihnen verursachten Entzündungen wäre. Und jetzt waren sie plötzlich verschwunden, nicht mehr da. Jedenfalls habe ich keine einzige Fliege in Nuku Hiva gesehen und wurde nicht ein einziges Mal gestochen.

Gestirne wiesen Yachties den Weg

Wir spazierten zum Ausklarieren in die Gendarmerie. Neu: Ein Gendarm war Marquesaner, früher undenkbar. Die Franzosen haben immer schon eine gute Überseepolitik gemacht. Falsch wäre es, von „Kolonialpolitik“ zu sprechen. Denn Polynesien ist für Frankreich keine Kolonie, sondern „Übersee-Frankreich“, und die Polynesier können deshalb auch (unter anderem) an der Wahl des französischen Staatspräsidenten teilnehmen. Polynesien wurde vom Mutterland immer schon verhätschelt. Die besten Gendarmen Frankreichs „mußten“ nicht, sondern „durften“ in den Pazifik. Ärzte konnten ihren Militärdienst – ohne Uniformzwang – in Polynesien ableisten, um eine gute ärztliche Versorgung sicherzustellen, und wenn die ärztliche Kunst an Ort und Stelle, zum Beispiel bei Herzoperationen, nicht ausreichte, wurde der Patient in eine Herzklinik nach Paris geflogen – auf Staatskosten, versteht sich. Wenn jetzt jemand Böses denkt und den Franzosen in erster Linie ein Interesse an den Atomversuchen in Mururoa als Motiv unterschiebt, dann liegt er einfach schief. Denn Polynesien genießt keine Sonderbehandlung; auf Neukaledonien, um nur ein Beispiel zu erwähnen, genießen die Einheimischen ebenfalls Sonderrechte.

Probleme gibt es jetzt mit dem Vereinigten Europa, mit der EU. Schützten die Franzosen „ihre Polynesier“ einst vor den Europäern, ja selbst vor den Landsleuten, so wird dies nun problematisch. Bis jetzt konnten die strengen Einreisebestimmungen gegenüber fremden Yachtleuten leicht mit dem Hinweis durchgesetzt werden, daß nicht einmal französische Yachten unbeschränkt nach Polynesien kommen und bleiben können, so gehen diese Argumente, zumindest gegenüber EU-Bürgern, nunmehr zusehends ins Leere. Eine der berüchtigtsten Einreisebeschränkungen war die Vorschrift über die Sicherheitsleistung von Fremden, die besonders hart die Yachtleute traf. Die Vorschrift war einfach: Jeder Neuankömmling muß ein Rückflugticket in die Heimat vorweisen oder den Flugpreis nach Hause in bar hinterlegen. Macht für eine deutsche Yacht runde viertausend Mark, pro Person!

Der freundliche braunhäutige Gendarm hatte schon bei der Einreise der SARITA erzählt, daß sie „das mit dem Bond“ in Tahiti regeln sollten, schließlich würde auch Österreich zur EU zählen. Das wäre noch vor kurzem undenkbar gewesen, denn keine Yacht hätte ohne Sicherheitsleistung nach Polynesien einreisen können. Die Einwanderungsbeamten hätten die Yacht unnachgiebig an Polynesien vorbei weitergeschickt, was immerhin einen Mehrweg von mindestens 2000 Seemeilen nach Samoa, Tonga oder den Cook-Inseln bedeutet hätte. Jetzt erklärte der Gendarm, mit Carla über die Seekarte gebeugt, daß es seit Beendigung der Atomversuche auf Mururoa kein militärisches Sperrgebiet mehr gäbe und wir hinsegeln könnten, wo wir hinwollten. Nur als Carla lachend fragte, ob wir auch zur Militärbasis Hao direkt segeln könnten, flackerte in seinem runden, gemütlichen Gesicht Mißtrauen auf: „Seid ihr von Greenpeace?“

Nein, wir wollten nur eine Route segeln, die „normale“ Weltumsegler gewöhnlich nicht einhalten können. Wer ein wenig in der Langfahrtsegelliteratur herumblättert, trifft immer wieder auf das „Problem“ Tuamotus. Das beginnt schon nach der Jahrhundertwende bei dem legendären Schriftsteller Jack London. Es wissen nur wenige, daß dieser mit seiner Segelyacht SNARK selbst in die Südsee gesegelt ist und er sein Wissen um die Tuamotus, das er in seine herrlichen Geschichten eingewoben hat, selbst erworben hat, ja, daß er Zeuge eines ungewöhnlich seltenen Hurrikans in den Tuamotus geworden war.

Viele Segler hätten, vor allem in der Zeit vor der Erfindung der Satellitennavigation, einen großen Bogen um die Tuamotus gemacht. Wenn dies so einfach gewesen wäre! Denn die über siebzig Inseln liegen wie ein breiter schützender Gürtel vor dem Ziel aller Inselträumer, nämlich Tahiti. Das Ehepaar Koch, Deutschlands erstes Weltumseglerpaar, segelte schweren Herzens an ein paar Motus

(= Inseln) vorbei, weil es nicht den richtigen Zeitpunkt für die Einfahrt durch den Paß erwischt hatte und, das war möglicherweise der tiefere Grund, weil es schwach motorisiert war. Beste Seemannschaft ist, vorher zu sagen: „No go!"

Moitessier lief Takaroa an; unvergessen seine Beschreibung, wie er zusammen mit seiner Frau Françoise unter Segeln die Ketsch JOSHUA durch den Paß segelte. Aber ein Motu reichte ihm. Die Zeit und die Sehnsucht trieben ihn, wie fast alle Blauwassersegler im Pazifik, nach Tahiti. Doch die Tuamotus ließen Moitessier nicht mehr los. Es ist Segelgeschichte: Zwar wollte er damals so schnell wie möglich nach Europa zurück, und so segelte er seine JOSHUA – nonstop – von Tahiti ums Kap Hoorn herum nach Alicante. Dann aber folgte eine der berühmtesten Reisen der Welt. Bei einem Preisausschreiben für die erste Nonstop-Weltumseglung segelte Moitessier tatsächlich als erster Mensch nonstop einhand um die Welt. Statt sich aber den Preis in London abzuholen, entschied er für sich ganz allein, daß seine Seele verloren sein würde, wenn er ins kaputte Europa zurückkehren würde. Und so segelte er weiter, noch einmal um das Kap der Stürme, nämlich das Kap der Guten Hoffnung, herum, erneut durch den Indischen Ozean in den brüllenden Vierzigern, um dann schließlich nach Tahiti zurückzukehren. Dort, an der Wasserfront, vertäute er seine JOSHUA mehr recht als schlecht, verkroch sich viele Monate, ja Jahre in den schwarzen Rumpf seiner Stahlyacht und schrieb das Buch über die lange Reise: „Der verschenkte Sieg".

Dann aber holte ihn die Sehnsucht ein. Seglerisch hatte er alles geleistet, was man sich in der Fantasie für einen Fahrtensegler ausmalen könnte. Wir haben ihn damals in Tahiti an der Wasserfront kennengelernt, er half mir bei einigen Arbeiten an der THALASSA. Aber aus seinen leise und geheimnisvoll geraunten Worten sprach auch eine gewisse Leere, Ziellosigkeit. Und so wunderte es mich nicht, als ich hörte, daß er sich wiederum von der Zivilisation abgesetzt hatte, oder sollte man besser sagen „geflüchtet" war. Mit seiner JOSHUA war er still und leise zurück in die Tuamotus gesegelt, nach Ahe. Eigentlich ein idealer Platz, um als Yachty dort zu leben. Die paar Dutzend Menschen auf Ahe gelten als die größten Freunde von Yachtleuten überhaupt. Sagenhaft sind Mama Fane, eine mütterliche Polynesierin, die die besuchenden Segler umsorgt wie eine Mutter und der Bürgermeister von Ahe, Papa Toa. Wenn Weltumsegler ein Atoll anlaufen, dann ist es zu achtzig Prozent Ahe. Weil es auf dem Weg liegt und der gastfreundlichen Leute wegen. Dort hätte Moitessier bei guten Menschen und nicht zu weit weg von europäischen Yachtleuten leben können, auch wenn diese nur auf der Durchfahrt wären.

Aber Moitessier hielt es in seiner Hütte auf Ahe nicht sehr lange aus. Enttäuscht war er von den „lieben“ Menschen auf Ahe, weil diese seine weltverbessernden Ideen nicht angenommen hatten. Gegen die Rattenplage auf Ahe, eingeschleppt wie auf allen Südseeinseln von den frühen Handelssegelschiffen, hatte er seine JOSHUA vollgepackt mit einer Horde Katzen. Lange konnten die Katzen gegen die Rattenplage auf Ahe nicht ankämpfen. Sie büßten selbst ihr Leben ein und endeten im Kochtopf. Polynesier sind die liebenswürdigsten Menschen auf der Welt, doch einige Dinge konnte auch ein eloquenter Moitessier nicht aus ihren Köpfen austreiben. Kurze Zeit nachdem also Bernard nach Tahiti weitergesegelt war, trafen wir damals mit unserer THALASSA II in Ahe ein. Zum ersten Mal hatten wir uns eine Ratte eingefangen, nämlich wenige Tage zuvor an der Pier von Takaroa. Wir waren ziemlich verzweifelt, denn eine Ratte an Bord ist so ziemlich das Schlimmste, was einem Yachtmann passieren kann. Ratten zerfressen alles, auch Segel, Kabel, und sind mit Bordmitteln kaum zu besiegen. Wer dieses Gefühl der Hilflosigkeit einmal erlebt hat, der weiß, daß eine Rattenfalle zur elementaren Ausrüstung einer Segelyacht in der Südsee gehört. Wir fragten die guten Leute von Ahe um Rat, und die verwiesen uns nur auf die Hütte, in der Moitessier gelebt hatte. Doch die einzige Rattenfalle, die am Boden herumlag, war so verrostet, daß sie nicht mehr funktionierte. Wir erlegten die Ratte schließlich mit Hilfe der Elektronik. Aber das ist eine andere Geschichte.

Enttäuscht also war Bernard nach Tahiti heimgekehrt, wo er wiederum an der Wasserfront herumlag, bis er schließlich eines Tages – Geldsorgen plagten ihn – Segel setzte, um in Nordamerika Lichtbildervorträge zu halten. Später, in einer stürmischen Nacht, strandete er mit seiner JOSHUA. Er hatte, wie schon ein paar Mal zuvor, sein Schiff verloren. Das Ende der JOSHUA, sicher eine der berühmtesten Yachten aus der Geschichte des Fahrtensegelns, sei kurz erwähnt: Sie wurde viel später von einem Verehrerkreis um Moitessier vollkommen restauriert und nach Frankreich heimgesegelt. Dort steht sie in La Rochelle auf der Pier als Museum.

Auf unserer ersten Weltumseglung, 25 Jahre zuvor, hatten wir in Manihi, der Schwesterinsel von Ahe, Station gemacht. Das war schlechthin ein Highlight unserer vierjährigen Reise. Heute steht ein Hotel auf Manihi und wird in Reiseprospekten weltweit als die „Perle der Südsee“ angepriesen. Weitere Inseln getrauten wir uns damals nicht anzulaufen, vor allem der Navigation wegen. Denn wir waren schon froh, eine Insel getroffen und richtig identifiziert zu haben.

Heute, mit dem GPS in der Navigationsecke, kann man sich gar nicht mehr vorstellen, wie schwierig es gewesen ist, zwischen Inseln, die kaum fünf Meter hoch waren, herumzunavigieren. Denn immerhin braucht man zu einem Schiffsort zwei Standlinien, also eigentlich zwei Gestirne, deren Winkel zum Horizont mit dem Sextanten gemessen wurde. Auch beim besten Messen, also bei ruhiger See und mit erstklassigem Sextanten, konnte man sich nie darauf verlassen, eine bessere Genauigkeit als zwei bis drei Seemeilen zu erzielen. Die Hauptschwierigkeit aber lag darin, daß die Sonne eben nur eine Standlinie ergab und ein zweites Gestirn nur selten zur Verfügung stand. Die Sonne konnte man am Tage ohnehin nur mit dem Mond oder, ganz selten, mit der Venus – man sieht sie im Fernrohr des Sextanten auch am Tage, wenn man sie vorausberechnet hat und sie nicht zu nahe an der Sonne steht – so messen, daß sie einen guten Schnittpunkt und damit einen genauen Schiffsort ergab. Nun ist der Mond allenfalls in der Halbmondphase brauchbar. Bei Vollmond ist er vor allem nachts und damit nicht gleichzeitig mit der Sonne zu verwenden. Bei Neumond ist er gar nicht da.

In diesen Fällen hilft sich der Navigator, indem er die Sonne einmal mißt und wartet, bis sich der Stand der Sonne so verändert hat, daß sie praktisch wie ein zweites Gestirn verwendet werden kann. Daß sich die Position der Yacht zwischen den beiden Messungen verändert hat, muß selbstverständlich in die Rechnung eingebracht werden – mit allen Unwägbarkeiten, vor allem der Strömung. Strom kann man nicht messen, der Geschwindigkeitsmesser

(Speedometer) zeigt immer nur die Geschwindigkeit des Schiffes durch das Wasser, nicht über Grund an. Strom gibt es zwischen den Koralleninseln im Pazifik, die sich dem vieltausend Meter tiefen Meer wie ein Unterwasserhindernis entgegenstemmen, genügend. Doch man weiß nur ungefähr, nach welchen Regeln der Strom fließt und welchen Einfluß der Mond dort auf die Gezeiten hat. Kann man also nur mit der Sonne arbeiten, ist der Schiffsort selten genauer als fünf Meilen. Das ist viel zu ungenau, um ohne besondere Vorsichtsmaßregeln einfach auf die Tuamotus zuzulaufen.

An und für sich wären die Sterne für die Navigation gut zu benutzen. Es stehen unendlich viele gleichzeitig zur Verfügung, so daß man, jedenfalls in sternklarer Nacht, fortlaufend seinen Standort auch ohne Satelliten bekommen könnte. Wenn, ja wenn, man sie messen könnte. Gemessen wird immer der Winkel zwischen einem Gestirn und dem Horizont, den der Seemann die „Kimm" nennt. Vielen, die sich über diese Probleme noch keine tieferen Gedanken gemacht haben, wird noch nie aufgefallen sein, daß der Horizont nachts niemals so hell ist, daß man ihn zum Messen verwenden könnte. Somit lassen sich in der Nacht weder die Sterne noch die Planeten zur Navigation verwenden. Nur in der Dämmerung, die in den Tropen verdammt kurz ist, können Sterne genau genug gemessen werden, wenn diese also schon und die Kimm eben noch oder umgekehrt zu sehen sind. Zwölf Stunden dazwischen ist es – navigatorisch gesehen – „zappenduster".

Moitessier hat, wieder einmal, viel Unruhe in die Welt der Weltumsegler gebracht, als er frech behauptete, er könne auch nachts Sterne messen und so jederzeit in die Tuamotus einfahren. Man müsse nur am Sextanten das Fernrohr entfernen und beim Messen beide Augen offenhalten. Ich habe mit zahlreichen Blauwasserseglern darüber gesprochen und habe keinen einzigen, aber auch nicht einen getroffen, der das Moitessier hätte nachmachen können. Ich selbst habe es hunderte Male versucht, aber ich bin nur zu der Einsicht gekommen, daß dies nicht geht, jedenfalls nicht mit einer Genauigkeit, daß man von einer Messung und nicht von einer Schätzung hätte sprechen können. Da ist sicher (wieder einmal) die Phantasie mit Moitessier durchgegangen. Liest man seine Bücher, kannte man ihn persönlich, weiß man, daß Bernard am Überlisten scheinbarer Naturgesetze so viel Freude hatte, daß häufig der Wunsch Vater des Gedankens war.

Also – in den Tagen der Sextantennavigation warteten alle Weltumsegler in spe auf den Marquesas tage-, ja wochenlang auf den Moment, wo man eine Woche später, bei der Einfahrt in die Tuamotus, den Mond in der günstigen Halbmondphase hatte, um so einen genauen Standort, fast den ganzen Tag über, aus Sonne und Mond zu bekommen.

Daran mußte ich jetzt denken, als ich mich mit Carla über das erste Ziel in den Tuamotus unterhielt. Wir konnten, wann immer wir Lust hatten, lossegeln, denn mit dem GPS hatten wir immer einen exakten Standort, auf dreihundert Meter genau. Auf der SARITA gab es zwei GPS-Empfänger, einen dritten hatte ich mir aus Deutschland mitgebracht. Dieser Hand-GPS war eigentlich für die Flieger gebaut, doch sollte er sich als besonders wertvoll erweisen. Am Ankerplatz in Nuku Hiva schaltete ich ihn ein, und schon nach kurzer Zeit hatte er den genauen Schiffsort gefunden, obwohl ich ihn beim letzten Mal anläßlich eines Fluges in die Türkei ausgeschaltet hatte. Noch verblüffender: Ich drückte die Taste NEAREST.

Ein Pilot würde das tun, wenn er den zu seiner Position nächstgelegenen Flugplatz wissen möchte – im Notfall eine große Hilfe. Nach wenigen Augenblicken zeigte der kleine schwarze Kasten Kurs und Entfernung nach Ua Pou, der Schwesterinsel von Nuku Hiva an, zufällig unser erstes Nahziel. In diesem Moment ging mir auf, wie wertvoll dieser Piloten-GPS für uns sein würde. In ihm waren sämtliche Flugplätze und Flugfunkfeuer auf der ganzen Welt vorprogrammiert, so daß viele Positionen nicht mehr mühevoll und fehlerträchtig eingegeben werden mußten.

Wir wollten die Tuamotus möglichst komplett von Osten her aufrollen, das heißt, wir müßten versuchen, gegen den vorherrschenden Südost-Passat möglichst viel Höhe zu laufen, um dann gemächlich vor dem Wind durch die Tuamotus zu wandern. Aber zunächst sollte es zur Schwesterinsel Ua Pou gehen.

Wenn ich ein Weltumseglerbuch aufschlage, dann kann ich die meisten Fotos sofort irgendwie zuordnen. Nicht daß die Welt so klein wäre, daß ich alle „guten“ Plätze kennen würde – nein, die Weltumseglerrouten ähneln einander sehr. Denn die Meereswanderer segeln doch zu 99 Prozent mit Hilfe des Passats, also an den Tropen entlang. Nachdem alle Yachties auf gelegentliche gute Versorgungsstellen, also Städte, angewiesen sind, entfernen sich ihre Routen nicht allzuweit von Plätzen wie Panama, Tahiti, Samoa, Nord-Neuseeland, Bali, Kapstadt und so fort. Hinzu kommt, daß Segler untereinander ein hervorragendes Informationssystem haben, und deshalb „Geheimtips“ längst keine echten Geheimnisse mehr sind. Letztlich, an einen meist engen Terminplan gebunden – drei Jahre für eine Weltumseglung sind die Norm –, laufen sie auch immer die gleichen Plätze an. Was nicht nachteilig ist, denn – mögen die Daheimgebliebenen wie die Füchse mit den zu hohen Trauben noch so oft über die überlaufenen Blauwasserplätze meckern –, es gibt immer noch nicht so viele Weltumsegler, daß sich deren Zahl irgendwo nachteilig bemerkbar machen würde. Nur eine Landschaftskulisse in den alten Büchern des „Vaters“ aller Weltumsegler, nämlich des Engländers Eric Hiscock, hat mich immer elektrisiert, auch deshalb, weil ich selbst noch nie da gewesen war: Das waren die Felskathedralen auf Ua Pou.

Von unserem Ankerplatz in Nuku Hiva konnte man die Felszakken ganz gut erkennen. Besonders wenn beim Sundowner im Cockpit der SARITA die Sonne schon etwas niedriger stand, hoben sie sich gut gegen den bläulichgrünen Himmel ab. Dieser Blick, der Name Ua Pou überhaupt, zwang mich förmlich, diesen malerischen Platz als erstes Ziel festzulegen.

Können Diesel seekrank werden?

Immer wenn der Anker aufgeholt wird, bin ich nervös. Ich glaube, das wird sich nie legen. Dabei hatten wir nur die paar Stunden nach Ua Pou vor uns. Das Wetter war bestens, so daß ich mich ausnahmsweise nicht mit Gedanken an die Seekrankheit quälte. Ich mache gar kein Geheimnis daraus, daß „Seekrankheit" bei mir immer ein Thema ist. Ich habe zwar noch nie auf einem Segeltörn kotzen müssen, doch allein der Gedanke daran läßt bei mir ein flaues Gefühl im Magen aufkommen. Denn häufig war ich kurz davor. Deshalb scheue ich mich nicht, wenn auch heimlich, rechtzeitig eine Tablette gegen Seekrankheit zu nehmen. Meines Erachtens gibt es kaum jemanden, der in dieser Hinsicht völlig unempfindlich ist. Und wenn ja, dann ist er entweder uralt oder noch ein Säugling. Das Gleichgewichtsorgan, das für diese Krankheit zuständig ist, ist bei Babys noch nicht ausgebildet und bei alten Menschen schon wieder verkümmert. Alle, die dazwischen liegen, sind mehr oder weniger empfindlich gegen die Seekrankheit.

Meine Beobachtungen beweisen dies. Ich hatte schon ein halbes Dutzend Mitsegler, die zu Törnbeginn forsch meinten: „Ich werde nicht seekrank!" Dann haben sie später doch gereihert. Ich bin auch unempfindlich gegen die Seekrankheit, aber nur, wenn ich schon eine Woche unterwegs bin, der Körper also Zeit gehabt hat, sich an das Schwanken des Schiffs zu gewöhnen. Ein paar Tage an Land – und das Problem beginnt von neuem. „Gut" zur Gewöhnung an die Schiffsbewegungen sind auch die Tage vor Anker auf einem rolligen Ankerplatz. Am besten aber ist das Lossegeln ohne Streß in richtig gutes Wetter. Es gilt, den Anfang zu machen – ohne seekrank zu werden. Ist das Wetter aber schlecht, dann halte ich spezielle Tabletten gegen die See- oder Reisekrankheit – keine Schlaf- oder Beruhigungstabletten – für das Wirksamste. Zugegeben, auch die Seekrankheit hat eine psychische Komponente, doch schätze ich die, bei mir jedenfalls, nicht höher ein als etwa 20 Prozent. Trotzdem gilt: Das beste Mittel gegen die Seekrankheit ist jenes, an das man glaubt.

Also heute ausnahmsweise ohne Tabletten: Die SARITA bewegte sich im Schleichgang zur Pier, wir wollten nochmals tanken. Ich war gespannt, wie sich Ulli, der „Skipper des Jahres", bei Manövern verhalten würde. Schließlich hatte ich ihn auf einer Yacht erst einmal erlebt. Aber das war an Bord der Schulyacht HOLNIS auf der Ostsee unter den äußerst kritischen Augen eines Schiedsgerichts. Nachdem ich Ulli mit der Achterleine an Land springen sah, wußte ich, daß wir mit ihm kein Problem haben würden.

Vorsichtig brachte ich die SARITA längsseits an die Pier. Lange Leinen hatte ich schon bereitlegen lassen, denn mit Schwell war in derartig offenen Buchten immer zu rechnen. Das Hinterhältige ist, daß man den Schwell auf dem Ankerplatz kaum spürt, solange die Yacht, wenn auch nur zufällig, in der Schwellrichtung liegt. Das mußte bei uns so gewesen sein, denn tatsächlich hatte die SARITA ruhig gelegen. Jetzt aber hob und senkte sie sich an der hohen Piermauer, als ob sie wegen der Aufregung über die beginnende Reise tief und hektisch atmen würde. Obwohl wir auch die Springs in ihrer Länge ganz großzügig bemessen hatten, spannten sie sich wie Geigensaiten, wenn immer die SARITA vom Schwell abgesenkt wurde. Schlagartig wurde mir klar, daß die SARITA hier keine Sekunde länger bleiben durfte, wenn wir nicht schwere Schäden riskieren wollten. Heutzutage sind Festmacherleinen meist so stark, daß man Angst um die Belegklampen bekommt. Und außerdem schwojte der Bug unserer Yacht an den langen Trossen so stark, daß ich jederzeit mit einem lauten Knall in die Mauer rechnete. Auf mein Kommando „Alle Leinen sofort los" trieben wir auch schon weg und nahmen mit der Maschine Fahrt auf.

Ruhig schnurrte der solide Yanmar-Diesel über die Reede. Der Bug der SARITA dreht auf Ua Pou am Horizont. Ich schob den Gashebel nach vorne, so auf 2000 Umdrehungen. Das hörte sich harmonisch an. Plötzlich ging die Drehzahl zügig zurück, und der Motor starb ab. Ich hatte noch nie erlebt, daß sich ein Dieselmotor auf diese Weise verabschiedete. Denn wenn Dreck im Treibstoff-Filter ist, dann läuft die Maschine zuerst unrund, und nur in ganz üblen Fällen würde sie absterben. Gleiches gilt für Wasser oder Luft im Treibstoff. Daß ein Diesel so mir nichts dir nichts abstirbt, passiert nicht einmal, wenn der Treibstoff zu Ende ist.

Mich verblüffte das, und ich starrte Gerhard an. Doch der war keineswegs überrascht, Birgit erst recht nicht, denn sie nahm den Gashebel zurück und drückte auf den Anlasser. Und siehe da: Der Motor sprang wieder an und lief rund. Gerhard erklärte mir, daß er auf der Osterinsel schmutzigen Diesel bekommen habe, und das sei offensichtlich immer noch die Ursache für die heutigen Störungen, obwohl er schon häufig die Filter gereinigt habe. Damit gab ich mich zufrieden, obwohl dies – rückblickend – reichlich dumm war. Ich hätte wissen müssen, daß dies nicht die Ursache sein konnte. Aber wie so oft, wenn einem eine Möglichkeit gefällt, gibt man sich mit halben Erklärungen zufrieden, statt der Sache auf den Grund zu gehen. Der Mensch ist schwach und akzeptiert gerne bequeme Lösungen.

Auf dem ruhigen Wasser Richtung Ua Pou testeten wir die Maschine. Immer wenn der Drehzahlmesser die 1800-RPM-Marke überschritt, wurde die Maschine innerhalb von drei Sekunden langsamer und starb ab. Zuverlässig startete sie nach ein paar Sekunden wieder und lief wie ein Uhrwerk, solange man sie nicht auf 1800 Touren brachte. Na ja, in Ua Pou würden wir das Problem gelöst haben, denn es war klar, daß man mit so einer Maschine nicht in den Tuamotus herumfahren konnte.

Inzwischen hatte ein Lüftchen die See gekräuselt. Der Wind reichte aus, um der SARITA ein paar Knoten zu verleihen. Ulli stand am Ruder, also gerade der richtige Moment, um ein „Mann-über-Bord-Manöver" zu fahren. Puristen gefällt dieser Ausdruck nicht, denn tatsächlich wird ja nur ein Fender über Bord geworfen, der den im Wasser treibenden Mann darstellen soll. Ulli ließ sich durch die Meldung „Fender-über-Bord" nicht besonders nervös machen, sondern gab ruhig und besonnen seine Kommandos. Doch der Wind war zu schwach, um den „Mann" im Wasser so anzufahren, daß er gleich beim ersten Mal an der Spitze des Bootshakens hing. Doch beim zweiten Mal klappte es.

Ich nahm das gleich zum Anlaß, solche Manöver zu verbieten, wenn ich der Mann im Wasser sein würde. Denn in einem echten Notfall ist eine Segelyacht mit Maschine und niedergeholten Segeln viel besser und schneller zu manövrieren als unter Segel. Ich jedenfalls möchte im Ernstfall so schnell wie möglich aus dem Wasser gefischt werden und nicht zusehen müssen, wie die Crew einer Segelyacht um mich herum ihre Aufschießer versucht. Zahlreiche Unfallberichte enthalten die Formulierung „Der erste Aufschießer geriet zu kurz. Als endlich die Maschine gestartet wurde ..." Unverständlich, warum auf den Schulen nicht immer wieder eindringlich darauf hingewiesen wird, daß Maschinenmanöver in jedem Fall zuverlässiger sind. Trotzdem, Ulli legte ein sauberes, wenn auch langes „Fender-über-Bord-Manöver" hin, damit war auch der Haftungsproblematik Genüge getan. Denn garantiert würde einem Skipper, dem unglücklicherweise auf hoher See ein Mann über Bord geht, die Frage gestellt, wie er seine Crew in Notfälle eingewiesen habe und ob er auch entsprechende Manöver bei Törnbeginn gefahren sei.

Es gibt wohl kein Thema, das in der Segelliteratur soviel diskutiert wurde wie das richtige Rausfischen eines Mannes aus der See. Was mir bei diesen Überlegungen immer ein wenig fehlt, ist der sehr deutliche Hinweis, daß es zu einer Mann-über-Bord-Situation auf keinen Fall kommen darf. Bergsteiger unterhalten sich ja auch nicht darüber, was nach einem Absturz zu machen sei, sondern wie es dazu gar nicht erst kommt. Dabei ist es an Bord eines Segelschiffes so leicht, den „Absturz" ins Wasser zu vermeiden. Auf jeder Hochseeyacht ist das Hilfsmittel hierfür an Bord, gehört es zur Grundausrüstung wie der Sicherheitsgurt im Auto. Er heißt auch so im Deutschen, meistens wird er aber als „Lifebelt" bezeichnet. Leider ist es eine banale Tatsache, daß es trotzdem immer wieder zu tödlichen Unfällen kommt. Die Ursache ist nicht, daß jemand über Bord gegangen ist, sondern, ganz banal und bestürzend, daß der Sicherheitsgurt nicht getragen wurde. Ein paar prominente Beispiele gefällig? Beim ersten Whitbread Race gingen gleich drei junge Männer über Bord und ertranken, weil man sie – natürlich – in der kochenden

See nicht mehr aufnehmen konnte. Der äußerst erfahrene Ehemann von Dame Naomie James, erste Einhand-Weltumseglerin, ging verloren, weil die Besatzung seiner Yacht nicht in der Lage war, ihn wieder an Bord zu holen. Unser Freund Karl Vettermann, von dem hier noch öfter die Rede ist, fiel über Bord und ertrank vor den Augen seiner Mitsegler.

Und vor allem der jüngste Schock: Eric Tabarly, einer der erfahrensten Hochseesegler überhaupt, ging beim Reffen über Bord und wurde von seinen Mitseglern nicht mehr gefunden. Die Presse wies darauf hin, daß er keine Rettungsweste getragen habe. Das aber hatte nur eine untergeordnete Rolle gespielt. Denn alle genannten Fälle ereigneten sich nur (!) deshalb, weil die Verunglückten nicht durch den Sicherheitsgurt fest mit der Yacht verbunden waren, also abgestürzt sind.

Eine Parallele mit dem Gurt im Auto ist aus folgendem Grund interessant: Bevor das Anschnallen im Auto in Deutschland zur gesetzlichen Pflicht gemacht wurde, gab es in der (damaligen) Bundesrepublik pro Jahr nahezu zwanzigtausend Verkehrstote. Die Gurtpflicht halbierte diese schreckliche Zahl, heute liegt sie bei unter neuntausend!

Ich mache gar kein Hehl daraus, daß es mir widerstrebt, ich mir fast lächerlich vorkomme, bei bestem Wetter, gar bei Flaute auf meiner Yacht angegurtet zu sein. Aber legen wir nicht auch den Gurt im Auto an, wenn wir nur ein paar Meter weit auf einem Dorfweg fahren? Haben wir uns nicht an den Anblick im Fernsehen gewöhnt, wenn Politiker beim Besuch einer Fabrik einen Schutzhelm tragen, wie alle anderen Arbeitnehmer dort auch, obwohl weit und breit nichts zu sehen ist, was denen auf den Kopf fallen könnte?

Solche Vorsicht müßte uns Yachtleuten zu denken geben. Denn all die erwähnten tödlichen Unfälle sind deshalb passiert, weil die Verunglückten es nicht für notwendig gehalten haben, sich anzuleinen. Das einzige, was gegen diesen Leichtsinn hilft, ist, sich persönlich sture Limits aufzuerlegen, wann unbedingt der Lifebelt zu benutzen ist: so bei Arbeiten außerhalb des Cockpits, bei über 20 Knoten Wind oder bei Wassertemperaturen unter 18 Grad.

Selbstverständlich sicherte sich niemand von uns auf der Überfahrt nach Ua Pou mit dem Sicherheitsgurt. Sie verlief ereignislos, was häufig nicht so ist, denn eine Segelyacht ist ein kompliziertes Gebilde mit viel eigenwilligem Innenleben. Probleme mit der Seekrankheit gab es nicht, denn das Meer blieb friedlich, die Sonne bestrahlte das tiefblaue Wasser, und sowohl achteraus als auch vorne wurde die Kimm von Felszacken, bis zur Spitze mit Palmen bewachsen, unterbrochen. Wer bei dieser Südseekulisse auch nur an Seekrankheit denken würde, wäre wahrscheinlich ein hoffnungsloser Pessimist.

Ich war gespannt, wieviele Yachtleute in Ua Pou sein würden. „Die Südsee" soll ja angeblich aus allen Nähten platzen, da müßten alle Ankerplätze voll von Weltumseglern sein. „Die Südsee ist auch schon überlaufen", geben diejenigen Segler als Losung aus, die ihren Lebenstraum, nämlich einmal in die Südsee zu segeln, niemals erfüllen können. Sie können, so meinen sie, es sich nicht leisten, für ein paar Jahre zu Hause eine Schaffenspause einzulegen. Da ist es einfacher, anderen ihr Traumziel zu vermiesen. Gleiches gilt für das Weltumsegeln. Warum sind bestimmte Segler nicht so ehrlich, einfach zu sagen, daß sie nicht die finanziellen Mittel dafür haben, daß ihnen die Familie (noch) vorgeht, daß sie es als wichtiger ansehen, sich um die Firma zu kümmern, oder daß sie es sich einfach nicht zutrauen, den ganz großen Törn zu segeln? Statt dessen spielen sie zwar immer wieder mit dem Gedanken, bewundern auch mal Weltumsegler, vergessen aber nie, darauf hinzuweisen, daß heute ja schon „Hinz und Kunz" um die Welt segeln. Mein Weltumseglerkollege Claess erzählte hierzu immer folgende Geschichte: Eines Tages kam auf einer Bootsausstellung ein Segler mit einem Stoß Prospekten von den neuesten Yachten auf ihn zu und fragte den berühmten Segler Claess zögerlich, was er davon hielte, wenn er, der schon seit vielen Jahren auf der Suche nach der idealen Langfahrtyacht sei und alle Bücher von den Weltumseglern gelesen hatte, um die Welt segeln würde. Claess musterte ihn von oben bis unten, dachte lange nach, kam schließlich zu dem Schluß, daß er dem Mann keinen Gefallen täte, würde er ihn anlügen, und meinte dann: „Viele Tausende träumen davon, Hunderte kaufen sich eine Yacht, ein Dutzend fährt schließlich los, und einer kommt an!" Als ihn der Möchtegernsegler daraufhin mit offenem Mund anstarrte und ein entsprechendes Kompliment erwartete, setzte Claess boshaft noch eins drauf: „Nicht Sie!"

Als wir den langen Wellenbrecher von Ua Pou entlangmotorten, sahen wir schon die Masten der Segelyachten, und als wir um die Ecke lugten, lagen tatsächlich fast zwei Dutzend Yachten vor Anker, zwanzig genau. Der Hafen war ziemlich überfüllt. Wie üblich auf den Marquesas, war es wegen des Schwells unmöglich, an die Pier zu gehen. Wir mußten mitten unter den anderen Yachten ankern. Alle hatten einen Heckanker ausgebracht, um das Schiff in den Schwell zu stellen. Trotzdem wirkte der Ankerplatz nicht ungemütlich. Mit einem Blick war zu sehen, daß es sich hier um lauter Weltumsegleryachten handelte. Fast alle hatten eine Staude Bananen im Rigg hängen, auch das ein Markenzeichen für Langfahrtsegler. Was mich aber am meisten verblüffte, war die Anzahl der Yachten. Denn jede Weltumsegleryacht, die auf dem bequemen, schönen und auch ungefährlichen Weg durch die Passatgebiete über die Weltmeere zieht, und das sind sicher neunzig Prozent aller Weltumsegler, muß durch die Inselwelt der Marquesas hindurch. Nachem es in dieser Inselgruppe nur drei oder vier offizielle Ankerplätze gibt, also Nuku Hiva, Hiva Oa und Ua Pou, müßten die insgesamt dort liegenden Yachten weitgehend repräsentativ sein für die Anzahl der Weltumsegleryachten. In Nuku Hiva haben wir keine 20 gezählt, hier nochmals rund zwanzig und die gleiche Anzahl in Hiva Oa, wie andere Yachtleute berichtet haben, so daß sicher derzeit, zur Hauptreisezeit, keine 100 Langfahrtyachten in diesem Gebiet unterwegs sind. Das sind nicht viel mehr als vor 15 Jahren, als Carla und ich hier mit der THALASSA II durchzogen. Deutsche Yachten sahen wir gar keine. Also, stellte ich mit Genugtuung fest, hatten sich die Verhältnisse nicht viel verändert, von „überlaufen" konnte nicht die Rede sein. Zehntausende Yachten hätten hier Platz.

Somit kann ich jedem nur raten, sich vom Gerede wegen der viel zu vielen Weltumsegler nicht von seinen Plänen abbringen zu lassen. Als Carla und ich vor einem Vierteljahrhundert von einem Leben auf dem Wasser träumten, gab es auch solche Miesmacher. Gut, daß wir nicht auf sie gehört hatten. Und in dreißig Jahren wird sicher immer noch gewarnt, und die Südsee ist immer noch nicht überlaufen.

Woran erkennt man Weltumsegleryachten? Als erstes an der Selbststeueranlage. Das sind diese komischen Apparate mit meterlangen Windfahnen am Yachtheck. Das Hauptproblem beim Langfahrtsegeln ist die Stromversorgung. Wer in unseren Gewässern jeden Abend in der Marina liegt und am Landstrom hängt, merkt häufig gar nicht, wie ungeheuer aufwendig es ist, den von einer Yacht benötigten Strom zu produzieren. Die Batterie wird über die Steckdose „aufgetankt“ und am nächsten Tag leergefahren. Ohne Landstrom aber sieht es trübe auf einer Yacht aus, denn dann kommt der Strom, wie beim Auto, aus der Lichtmaschine – natürlich nur so lange, wie die Maschine läuft. Manchmal übernehmen Solarzellen oder Windgeneratoren die Stromproduktion, aber nur solange die Sonne scheint oder der Wind am Ankerplatz den Windgenerator dreht. Verglichen mit dem Landstrom sind alle diese Alternativen erbärmlich leistungsschwach.

Einer der hungrigsten Stromverbraucher ist die elektrische Selbststeueranlage, die ja immerhin das Steuer für zehn Tonnen Schiff fortwährend bewegen muß, auf einer Langfahrt 24 Stunden am Tag. Dem Urlaubssegler, der zu seinem Vergnügen einen Wochentörn segelt, macht es nichts aus, ein paar Stunden am Ruder der Yacht zu sitzen. Anders sieht es aber auf einer Yacht mit kleiner Mannschaft mitten im Pazifik aus. Da wird das Rudergehen zu einer recht stupiden Angelegenheit. Schließlich sieht das Auge nur die Zahlen am Kompaß und den Strich des Horizonts. Jeder, der schon einmal am Ruder einer Yacht gesessen hat, weiß, daß bei festgestellter Pinne oder Rad jede, aber auch wirklich jede Yacht – wie ein Auto – nach kurzer Zeit aus dem Ruder läuft, daß also Ruderausschläge nötig sind, um die Yacht auf dem gewünschten Kurs zu halten. Dies hat zur Erfindung der elektrischen Steuerautomaten geführt. Leider verbrauchen diese soviel Strom, daß man zu ihrer Stromversorgung die Maschine viele Stunden am Tag mitlaufen lassen müßte. Da liegt die Frage nahe, warum man segelt und nicht gleich mit einem Motorboot mit Maschine fährt.

Vor dreißig Jahren wurde dann die Windsteueranlage erfunden, die das Blauwassersegeln revolutioniert hat. Denn es war nicht mehr notwendig, ununterbrochen am Ruder zu sitzen. Mit kleiner Mannschaft, gar allein, konnte man die längsten Strecken sozusagen

„im Schlaf" zurücklegen. So gibt es kaum eine Langfahrtyacht, die großen mit bezahlter Mannschaft ausgenommen, die nicht so eine häßliche Metallkonstruktion am Heck herumschleppt. Und das Tollste daran ist, daß sie auch nicht ein Milliampere Strom aus der Batterie zieht.

Fast alle Yachten auf der Ankerreede von Ua Pou hatten so eine Anlage, die SARITA ausgenommen. Denn unser Schiff war ja als Charteryacht zahlenmäßig immer gut besetzt, und für den Notfall war ein elektrischer Steuerautomat vorhanden. Das gab unserer Yacht ein viel eleganteres Aussehen als den anderen auf dem Ankerplatz. Aber man sollte Langfahrtyachten nie belächeln, auch wenn sie häufig mehr an einen Wohnwagen auf dem Wasser als an eine rassige Segelyacht erinnern. Über viele tausend Seemeilen hinweg haben ihre Skipper, meist ein Pärchen, das Schiff immer praktischer ein- und ausgerüstet. So hängt im Rigg häufig ein Draht herum, der irgendwie als Fremdkörper wirkt, tatsächlich aber eine Amateurfunkantenne ist, die immerhin Sprechverbindungen über viele tausend Meilen, manchmal in andere Kontinente, zuläßt. Der kleine Sender, mit den 12 Volt aus der Bordbatterie betrieben, ist damit viel wirkungsvoller als die sündteuren speziellen Schiffssender, die den Yachtkäufern in der Werft aufgeschwatzt werden. Eine weitere Leine, quer vor dem Rigg gespannt, läßt sich unschwer als Wäscheleine erkennen, auf der die wenigen Kleidungsstücke, die man in den Tropen benötigt, zum Trocknen hängen. Häßlich, aber was soll man denn mit der feuchten Wäsche sonst auf einer Yacht anstellen? Auf dem Vorschiff hängt meistens ein Stück Segelstoff herum, eindeutig keine Wäsche, sondern eine schlauchartige Konstruktion, die die Aufgabe hat, den Wind am Ankerplatz durch das Vorluk ins Schiffsinnere umzuleiten, um in diesem feuchttropischen Klima die Luft unten einigermaßen abzukühlen. Die Amerikaner haben dafür übrigens einen treffenden Namen, nämlich „Ghost", weil sie tatsächlich geisterhaft wirken, wenn man nachts im Beiboot heimrudert und im Mondlicht die Windsäcke scheinbar geisterhaft auf den Vorschiffen herumtanzen. Noch ein Kennzeichen haben viele langgereiste Yachten, sogenannte „Tausendfüßler": Das sind wuschelige Seilkonstruktionen an den Wanten und Stagen, die verhindern sollen, und dies auch vorzüglich tun, daß sich Segel, die an den Drähten tage- und wochenlang anliegen, durchscheuern. All dies zusammen läßt eine weitgereiste Yacht auf den ersten Blick erkennen.

Also lächele man nicht über Langfahrtyachten, sie sind meistens technisch viel besser ausgerüstet als die Luxusyachten, die auf Bootsausstellungen unser Auge blenden, und in die wir uns gelegentlich verlieben. Die elegante SARITA jedenfalls wurde auf diesem Ankerplatz etwas zum Gespött der anderen Yachten. Denn alle 15 Minuten löste sich das Schlauchboot von der Bordwand. Gerhard fuhr mit einem gelben Kanister die hundert Meter zur Pier und entleerte diesen dort in ein schwarzes Metallfaß. Zu Beginn schien diese Arbeit ein lockerer Zeitvertreib zu werden. Den Sprit, in dem Gerhard Dreck vermutete und den er für unsere Maschinenprobleme verantwortlich machte, wollten wir zur Gänze entsorgen, Nägel mit Köpfen machen. Wir legten eine Schlauchleitung aus dem Tank in der Kajüte und dann über Deck, um den vermeintlich verschmutzten Diesel in die Kanister im Dingi zu pumpen – das schien uns eine einfache Sache zu sein. Doch wie so häufig bei „Patentlösungen“ auf einem Schiff, scheiterte es an der Tücke des Objekts. Jedenfalls blieb Gerhard am Ende nichts anderes übrig, als, auf dem Salonboden liegend, den Diesel per Hand mit einer abgeschnittenen Plastikflasche in Kanister zu schöpfen. Keine schöne Arbeit, in der tropischen Hitze den ganzen Tag lang stinkenden Diesel zu schöpfen. Na ja, der Humor verging Gerhard nicht, zumindest sah es so aus, denn zum Schutz gegen die Sonne trug er eine Mütze mit der Werbeaufschrift „Diesel“, wobei freilich nicht der Treibstoff, sondern eine Modemarke gemeint war.

Aber es half nichts, halbe Sachen sind auf einem Schiff nichts wert. Bevor wir in die Tuamotus einliefen, mußten wir auf Nummer Sicher gehen, denn es wäre ein Alptraum, mit einer so großen Yacht bei unberechenbaren Strömungen zwischen engen Korallenköpfen ohne starke und zuverlässige Maschine herumzutreiben. Der Diesel der SARITA fand übrigens an Land einen Abnehmer. Ein Angestellter des örtlichen „Kraftwerks“, nichts anderes als ein Dieselmotor mit Generator unter einem Blechdach, nahm dankend den geschöpften Diesel, schüttete ihn in seine Tanks und verkaufte uns dafür neuen Diesel, der mit dem Versorgungsschiff faßweise von

Tahiti zu den Marquesas geliefert wurde. Ich dachte darüber nach, warum unser angeblich verschmutzter Diesel ein paar hundert Meter weiter an Land einen anderen Motor ganz offensichtlich betreiben konnte, während er an Bord der SARITA anscheinend ungeeignet war. Sollte etwa der Treibstoff gar nicht die Ursache dafür sein, daß unser als überaus zuverlässig geltender Yanmar bei 1800 Drehzahlen einfach seinen Dienst quittierte? Gelegentlich findet sich in Weltumseglergeschichten schon die Formulierung „... hatten wir auf der XY-Insel nur verschmutzten Diesel bekommen", aber uns war das noch nie passiert. Meistens hat bei diesen Problemen die Crew halt den Tank vergammeln lassen und sich lange nicht mehr um den schwer erreichbaren Sumpf im Tank gekümmert.

Die anderen Yachties hatten uns erzählt, daß es hier eine Möglichkeit gäbe, zum Essen zu gehen. Aber am Ufer sahen wir keinen Hinweis auf ein „Restaurant" oder so etwas ähnliches. Eine freundliche Insulanerin packte uns auf die Ladefläche ihres Jeeps, und schon ein paar Minuten später, ein Stück den Berg hinauf, standen wir vor einem Haus mit dem handgeschriebenen Schild „Restaurant". Aber es brannte kein Licht, und das Ganze machte einen recht unbewohnten Eindruck. Wir gingen ums Haus herum und sahen eine Dame in einem Pool plätschern. Zwar hatte der Pool nur ein paar Quadratmeter Größe, doch der Ausblick hatte es in sich. Wenn die Schwimmerin über die Kante sah, dann fiel ihr Blick unmittelbar aufs Meer ein paar hundert Meter weiter unten, wo die Yachten vor sich hin dümpelten. Nachdem wir uns dezent bemerkbar gemacht hatten, warf sie sich ein Badetuch über die Schulter und erklärte das Restaurant für eröffnet.

Kurze Zeit später saßen wir schon am reichgedeckten Tisch und aßen uns an Langusten satt. Für sechs Personen wurden wir 240 Dollar los, was für die Insel sicher ein reeller Preis ist. Französischer Wein und Heineken-Bier gehen nun mal ins Geld. Zum Abschied wurden wir mit Säcken voller Orangen, Mangos und Brotfrüchten beschenkt. Bananenstauden und Pampelmusen nahmen wir unter den Arm. Diese fußballgroßen Früchte sollte man nicht mit Grapefruits verwechseln. Sie sind eine ausgesprochene Südseespezialität, saftig und zuckersüß. Sie haben vor allem einen großen Vorteil für Yachtleute: Im Vorschiff trocken gelagert, halten sie viele Wochen.

Als Carla und ich von Tahiti ums Kap Hoorn nach Mar del Plata gesegelt waren, konnten wir in Argentinien noch Dutzende von Pampelmusen essen. Vor allem jetzt waren wir aber froh über unsere Obstvorräte, denn auf den Tuamotus würden sie Raritäten sein, und wir könnten dort mit unseren Riesen-Pampelmusen als Gastgeschenke sicher viel Freude machen.

Am nächsten Morgen legten wir ab. Nicht zu früh, denn ich hasse es, in Eile loszusegeln. Es fördert die Seekrankheit, wenn man hektisch den Hafen verläßt. Anders ist es, wenn es gilt, noch bei Tageslicht den nächsten Hafen zu erreichen. Aber bei einem halben Tausend Seemeilen vor dem Bug ist es gleichgültig, wann es losgeht. In die Nacht hineinsegeln mag ich auch nicht. Das ist ebenfalls Streß und erschwert die Gewöhnung an die See. Auch wenn man noch so viele Seemeilen gesegelt ist, wird der Start zu einer langen Seestrecke niemals zur Routine, bleibt immer aufregend. Zuviel Ungewissenheit erwartet einen da draußen, wenn die Küstensilhouette zurückbleibt und die Yachtwelt nur noch aus einer von der Kimm begrenzten Scheibe mit dem Schiff im Mittelpunkt besteht.

Wir sammelten unsere Anker ein, was einfach war, da wir wegen des Schwells vor Bug- und Heckanker gelegen hatten. Das hat immer den Vorteil, daß die Yacht nicht herumschwojt, die Ankerketten und -trossen sich nicht vertörnen können und man – meistens – auch dem Grundgeschirr anderer Schiffe nicht ins Gehege kommt. Die Kette rutschte immer wieder über die Nuß unserer elektrischen Winde, weil es sich nach dem Versagen der Nirosta-Kette um einen Notersatz handelte, wahrscheinlich waren die einzelnen Glieder nicht kalibriert.

Ich mußte zurückdenken an die Zeit, als Carla und ich die beiden ersten Male aus den Marquesas losgesegelt waren. Wir hatten damals nicht nur die Mondphasen abgewartet, sondern auch mit der Uhrzeit kalkuliert. Denn es galt, nach fünfhundert Seemeilen im Morgengrauen vor den nördlichen Tuamotus zu stehen, um dann mit Hilfe der Sterne in der ersten Dämmerung einen Schiffsort zu bekommen, der – hoffentlich – in respektvoller Entfernung zu den ersten Inseln liegen würde. Denn nur mit einem sicheren Schiffsort wäre auch eine sichere Einfahrt in das Inselgewirr mit den tödlichen Gefahren von Korallenriffen möglich. Aber das war noch nicht alles gewesen. Solange eine Yacht nicht in die Lagune eines Motus gelangt, kann sie nirgendwo ankern, bleibt fliegender Holländer. Und der Weg in die Lagune führt nur durch den Paß. Manchen Yachten ist es auch – unfreiwillig – gelungen, nicht durch den Paß, sondern über das Riff in die Lagune zu gelangen. Sie waren gestrandet und sind dann von der Brandung die paar hundert Meter über die Korallen in die Lagune geschoben oder geworfen worden. Überlebt hat das kein Schiff.

All diese Probleme sorgten uns nicht, als wir aus dem Hafen von Ua Pou motorten. Das GPS würde uns sicher zu den Trauminseln der Tuamotus führen. Und der Strom im Paß von Makemo, Amanu, im ungünstigen Fall von Takaroa, bei welcher Tide würden wir ankommen? Würden sich die Strömungen an die Gezeiten halten, oder würde sich die Lagune durch den Paß leeren, wenn zuviel Wasser über das Luvriff gedrückt worden war – unabhängig von den Gezeiten? Na ja, wir würden sehen, wenn wir vor dem Motu stünden!

Jetzt waren wir auf unseren Motor gespannt. Denn im Tank befand sich der neu gekaufte Diesel. Nur eine leichte Brise wehte. Mit

Der legendäre Kopraschoner TAPORO *– einzige Versorgungsmöglichkeit für die Marquesas-Inseln*

1500 Umdrehungen, also wenig über der Leerlaufdrehzahl von so sechs- bis achthundert, schlichen wir aus dem Hafen hinaus und versuchten, etwas Abstand zur felsigen Küste zu gewinnen. Denn es wäre kein schönes Gefühl, bei ganz leichten Winden im Schwell nahe der gigantischen Felszacken im Wasser herumzudümpeln. Nach ein paar Minuten schob ich den Gashebel gaaanz langsam nach vorne: 1600, 1700, 1800 und ...

Der Motor starb ab. Das war kein Hüsteln und dann Stille, sondern all das klang sogar recht harmonisch, so, als ob es beabsichtigt sei, den Motor bei 1800 Umdrehungen auf Null runterzuregeln. Wir schauten uns fragend an. Gerhard meinte, der Sprit in Ua Pou sei wohl auch wieder verdreckt gewesen. Da platzte mir der Kragen, aber ich unterdrückte die Versuchung, hier loszupoltern. Ich war sauer: Denn es ist unmöglich, daß der Sprit auf der Osterinsel, auf Nuku Hiva und auf Ua Pou schmutzig gewesen war. Die Zeiten sind längst vorbei, daß Diesel jahrelang in Eisenfässern gelagert wird und die Fässer sich langsam von innen her in Rost auflösen. Nein, auf all den genannten Plätzen fahren heute Lastwagen, die Diesel benötigen, von den Stromgeneratoren ganz zu schweigen. Unser Motorproblem hatte sicher eine andere Ursache, doch welche?

Das war jetzt eine ernste Frage. Denn wenn uns in den Tuamotus nicht die ganze Motorleistung zur Verfügung stehen würde, dann wären manche Einfahrten zu riskant, um reinzufahren. Viele Pässe liegen in Windrichtung, sind viel zu schmal zum Kreuzen. Bei den dort herrschenden Strömungen sind die 1700 Umdrehungen, die den 20 Tonnen der SARITA höchstens langsame Fahrt verleihen, viel zuwenig, ja gefährlich, denn eine Maschine, die jederzeit absterben kann, ist schlechter als keine. Wenn du nur unter Segel unterwegs bist, dann kannst du dich darauf einrichten. Wir gingen alle Möglichkeiten von Störfaktoren für einen Diesel durch, kamen aber auf keine eindeutige Lösung. Die Treibstoffpumpe konnte es nicht sein, sonst würde der Motor vor dem Absterben zunächst stottern. Gleiches galt für verschmutzte Filter. Der Rauch war hellgrau, nicht auffällig genug für eine Diagnose. Ich mußte an das Preisausschreiben in der YACHT für den „Skipper des Jahres“ denken, das unser Ulli gewonnen hatte. Dort hatte ich den Lesern die Frage gestellt:

„… Bei starker Lage läuft die Maschine plötzlich unrund, ohne daß sich in der nächsten Viertelstunde ein gleichmäßiger Lauf einstellt. Ursache?“

Als Antworten habe ich einen verdreckten Diesel-Filter, Ölmangel wegen der Krängung, Luft in der Treibstoffleitung und Dieselmangel angeboten. Die richtige Lösung war der verschmutzte Treibstoff-Filter gewesen, weil bei den anderen Möglichkeiten die Maschine hätte absterben müssen. Eine durchaus praxisnahe Frage, denn andere Probleme sollten auf einer Yacht gar nicht vorkommen. Wenn man an die Zuverlässigkeit der Millionen Lastwagen denkt, die jahrelang die Straßen ohne Störung abfahren und die keine wesentlich anderen Maschinen als Yachten benutzen, war es ohnehin merkwürdig, daß wir Probleme hatten. Oder hat einer der Leser schon mal erlebt, daß er mit einem Diesel auf der Straße wegen Motorproblemen liegengeblieben ist, Spritmangel einmal ausgenommen?

Nach nochmaligem Überprüfen der Treibstoff-Filter mit gleichem Ergebnis – Absterben bei 1800 Umdrehungen – fiel uns als einzige Lösung ein: die Einspritzpumpe. Gleichzeitig erinnerte ich mich meiner C-Schein-Prüfung, obwohl diese schon einige Jahrzehnte zurücklag: „Was machen Sie auf hoher See, wenn die Einspritzpumpe versagt?“ Die Musterantwort: „Nichts, bloß nicht daran rühren!“

Na ja, im Moment brauchte keine Entscheidung getroffen zu werden, denn ob wir unter Aufgabe unseres Traumziels, den Tuamotus, direkt nach Tahiti durchlaufen oder doch unseren ursprünglichen Plan weiterverfolgen würden, änderte jetzt nichts an unserem Kurs. Ich entschied mich, erst einmal so wie geplant weiterzusegeln. Obwohl ich doch sehr enttäuscht war. Mit einer defekten Maschine ohne vernünftiges Ankergeschirr in die Tuamotus zu segeln, kam einem Alptraum gleich.

Abschied von den Felskathedralen

Zunächst segelten wir bei leichter Brise an der Nordküste von Ua Pou entlang, in respektvollem Abstand zur Felsküste. Nicht daß dort mit vorgelagerten Riffen zu rechnen gewesen wäre, doch ich mißtraute unserer Maschine. Das einzig Zuverlässige an ihr war das sichere Absterben bei 1800 Umdrehungen. Dann füllten sich die Segel, und wir spürten bald den Passatwind, unbeeinflußt von den Landmassen der Marquesas-Inseln. Jetzt war es Zeit, sich über die Wacheinteilung zu unterhalten. Schließlich würden wir in die Tuamotus bei gutem Wind fast eine Woche unterwegs sein. Wir einigten uns auf einen Wachwechsel alle drei Stunden. Es sollten jeweils zwei Personen im Cockpit sein, und wenn Segelmanöver notwendig würden, sollten sie jederzeit Verstärkung holen können. Das würde aber kaum passieren, denn die SARITA war bestens ausgestattet. Die große Genua war mittels Rollreff vom Cockpit aus leicht ein- oder auszurollen, und auch das Großsegel war mit einer Rollreffeinrichtung ausgestattet. Um aber die Fläche des Großsegels zu verändern, war es schon notwendig, zum Mast zu gehen, denn auf Grund des Drucks des Segels gegen die Mastnut mußte das Segel je nach Winddruck weitergeratscht werden. Wer noch nie auf einem offenen Ozean gesegelt ist, weiß nicht, daß auch auf Raumschotskursen, erst recht auf Vorwindkursen, das Großsegel wegen der Rollerei im Seegang immer für kurze Momente keinen Druck gegen den Mast ausübt und so sogar vor dem Wind mit Geduld, ohne das Tuch zu strapazieren, leicht eingerollt werden kann.

Jetzt waren wir voll in der Dünung des Pazifiks und rauschten mit über acht Knoten dahin. Der Passat zeigte sich von seiner besten

Seite, blies also mit guten fünf Windstärken aus der „richtigen“ Richtung. Die „Trade Winds“, wie die Engländer zum Passat sagen, zeichnen sich dadurch aus, daß sie sehr beständig in Richtung und Stärke wehen, selten Sturmstärke erreichen, aber genauso selten ganz wegbleiben. Es ist aber keineswegs gesagt, daß der Südost-Passat nun stur aus Südost weht. Solange keine Passatstörung vorliegt, pendelt er um ungefähr 135 Grad, er kommt halt aus dem östlichen Quadranten.

Für uns jedoch hingen die Reisepläne direkt von seiner genauen Richtung ab, nämlich davon, was wir gerade noch hoch am Wind anlegen konnten. Denn wir wollten möglichst weit nach Osten in die Tuamotus einlaufen, um dann später die Kette der Inseln vor dem Wind abzuwandern. Von daher war unser Traumziel Amanu, von dem wir nur wußten, daß es nahezu niemals von Yachten angelaufen wird und daß hier vor einigen Jahrzehnten einer der wenigen archäologischen Funde gemacht worden war – ein vergammeltes Kanonenrohr.

Wir gingen auf Kurs, und siehe da, wir konnten die Richtung nach Amanu ganz gut anliegen. Noch etwas mehr Höhe legten wir dann auf der elektrischen Selbststeueranlage fest, zur Reserve. Denn es war unwahrscheinlich, daß der Wind mehrere Tage aus einer so günstigen Richtung wehen würde. Und aufkreuzen wollten wir nicht, es war schon hart genug, hoch am Wind zu segeln.

Ganz leicht im Dunst und scheinbar unendlich weit weg konnten wir die Schwesterinseln Hiva Oa und Tahuata ausmachen. Auf einem Ankerplatz in Tahuata hatten wir schon einmal mehrere Monate mit fünf anderen Yachten zusammen gelegen. Niemand von uns hatte es eilig gehabt. Wir waren alle auf Weltumseglung, da sollten ein paar Monate keine Rolle spielen, man hatte nicht das Gefühl, Zeit zu verlieren. Der Grund für unseren Aufenthalt war einfach: Das Versorgungsschiff für die Marquesas-Inseln hatte in Tahiti ins Trokkendock gemußt, und so war die Versorgung ausgefallen. Was soll es? Auf den Marquesas, in dieser reichen Natur, gibt es kein Verhungern, Erfrieren schon gar nicht. Nur wir, die Yachties, hatten zu „leiden“. Diesel war ausgegangen und auch Benzin, wichtig für den Außenborder des Beiboots. Und so hatten wir eben gewartet, von Woche zu Woche – eine der schönsten Zeiten für mich als Fahrtensegler.

Über das Vorschiff kam jetzt Wasser, so daß wir alle Luken geschlossen halten mußten. Stickig heiß wurde es unten, denn Lüfter auf Yachten funktionieren sowieso nie, jedenfalls nicht so, daß sie für einen angenehmen Durchzug sorgen. Ich verstehe gar nicht, warum auf diese unnützen Dinger mit dem schönen Namen „Doradelüfter" nicht verzichtet wird? Wahrscheinlich, weil sie so schön schiffig aussehen, und weil am Stegliegeplatz etwas Luft reinkommt und das Holz im Salon bei langen Liegezeiten nicht vergammelt.

Wer noch nicht in der Dünung eines Ozeans gesegelt ist, kann sich nicht vorstellen, wie hart es ist, gegenan zu gehen. Die Yacht müht sich, auf der steilen Seite des Schwells zum Kamm zu steigen und fällt auf der anderen Seite ins Wellental. Liegt man in der Koje, wie meistens, wenn man nicht am Ruder stehen muß, fühlt man sich wie auf der Achterbahn. Den Kopf tief ins Kissen vergraben, erwartet man den Ruck, der jedesmal durchs Schiff läuft, wenn der Bug krachend ins Wellental einsetzt. Wird die Yacht dadurch fast bis zum Stillstand abgebremst, hört man das Wasser an der Schiffswand entlanggurgeln. Dann fühlt der Körper, wie die Segel vom Wind wieder zur Seite gepreßt werden, sich füllen und die Yacht mühselig wieder Fahrt aufnimmt, um dem nächsten Wellenberg entgegenzusteigen.

Wenn man dann das Ohr an die Kojenwand legt und förmlich jede Wasserblase hört, sich intensiv überlegt, daß das Meer nur ein paar Zentimeter entfernt ist, und daß man von einer Wassertiefe von mehreren tausend Metern nur durch 10 Millimeter Kunststoff getrennt ist, dann, ja dann kann der Magen schon mal signalisieren, daß die Seekrankheit so fern nicht ist. Schönes Segeln? Nur wenige sind so ehrlich, zuzugeben, daß dies nicht die begeisternde Seite des Segelsports ist. So wie beim Bergsteigen! Aus eigener Erfahrung weiß ich es nicht – ich hasse Bergsteigen, deshalb segle ich ja –, aber mir kann niemand erzählen, daß es schön ist, seinen Körper mühsam Tritt für Tritt mit Blasen an den Füßen über steilen Fels zu schleppen. Der Bergsteiger freut sich über den Ausblick, die herrlich frische Luft, oben auf dem Gipfel hat er das Gefühl, seinen wehleidigen Körper besiegt zu haben, oder, sicher das Wichtigste, eine besondere persönliche Leistung erbracht zu haben.

Beim Segeln ist es ähnlich. Die größte Befriedigung bezieht der

Ozeansegler daraus, ein Meer erfolgreich, also ohne Schäden an Mannschaft und Schiff, möglichst schnell und aus eigener Kraft bezwungen zu haben. Wenn auf einem typischen Langfahrtsegler-ankerplatz, sagen wir mal in der Carlisle Bay auf Barbados, eine Yacht einläuft, dann wird fast immer als erstes die Frage an den Neuankömmling hinübergerufen: „Wie lange habt ihr gebraucht?" Die Angelsachsen bringen die Schönheit des Blauwassersegelns auf den Punkt: „Das Schönste am Segeln ist der erste Drink auf der anderen Seite des Ozeans." Treffend, denn das Gefühl ist wirklich so, als ob man einen Lebensabschnitt erfolgreich abgeschlossen hat!

Selten, sehr selten sind auf dem offenen Ozean die Momente, in denen die Mannschaft im Cockpit sitzt, sich die Sonne ins Gesicht lachen läßt und gebannt lauscht, wie sich die Yacht, meist bei raumem Wind, rauschend den Weg über das Meer sucht. Die Seen, die nunmehr das Schiff begleiten, schieben, sind kein Hindernis mehr, sie verleihen dem Schiff Höchstgeschwindigkeit, und gelegentlich hat man am Speedometer sogar eine zweistellige Anzeige. Das Deck bleibt dabei trocken, und man nimmt deshalb gerne die Gelegenheit wahr, sich auf dem Vorschiff unter die Genua zu legen, um mit dem Ohr möglichst nahe an der Bugwelle zu sein, die die Yacht machtvoll vor sich herschiebt. Das sind die Augenblicke, in denen man das Rauschen der Seen übertönen möchte: „Segeln ist herrlich!"

Wir alle kommen – seglerisch – aus kleinen Verhältnissen, haben vielleicht an einem kleinen Binnensee unsere ersten Schläge unter Segel gemacht oder sind auf der Ostsee ein kleines Stück von der Küste weggesegelt. Dort ist eine vergleichsweise glatte See die Norm, und höchstens bei sehr viel Wind, weit weg vom Ufer, bildet sich schon einmal auf der Wasseroberfläche ein Wellenbild heraus, das man Seegang nennen könnte. Aber eine See, die nun eine 20 Tonnen schwere Yacht ein paar Meter hochreißen kann oder von achtern her mit einem Gischtteppich zudeckt, das kennen wir in heimatlichen Gewässern nicht. Meistens scheint die Yacht dort unter ihren weißen Schwingen über das Wasser zu gleiten, ja zu schweben. Dieses phantastische Segelgefühl verdirbt einen vielleicht leicht, denn wir wissen nicht, daß der Schluß falsch ist: Wenn schon das Segeln an der Küste so faszinierend ist, wie schön und aufregend muß es erst auf dem Ozean sein?

Elektrische Seemannschaft

Am 7. Juni hatten wir die nördlichsten Inseln der Tuamotus schon querab. In sehr sicherem Abstand an Steuerbord, mit GPS-Standort errechnet, lagen Inseln mit dem einladenden Namen Iles du Désappointement, was auch ohne Französischkenntnisse leicht zu übersetzen war. An Backbord lag ebenfalls, unsichtbar für uns, eine Insel, deren tahitianischen Namen wir aus der Karte mit Pukapuka, auch Puka Puka geschrieben, erfuhren. Ich bin nie dahintergekommen, warum gerade im Tahitianischen diese Wortwiederholungen so häufig sind. Ist es eine Form der Verstärkung? Eita Pea Pea (kein Problem) deutet darauf hin, aber doch nicht in der Geographie wie bei den Inseln Tahiti Iti (kleines Tahiti), den Motus Hereheretue, Nengo-Nengo, Vanavana oder Bora Bora?

Tahitianische Inselnamen scheinen für viele Segler zauberhaft zu klingen, wie sonst ist es zu erklären, daß zahlreiche Yachtnamen ihre Südseeherkunft nicht verleugnen können. Da gibt es die deutschen Yachten MOTU, BORABORA, die RAROIA, der wir noch begegnen sollten, die Yacht eines Freundes heißt MOOREA, und das deutsche Weltumseglerpaar Bufe nannte seine Yacht nach dem Motu HIKUERU. Ich bin mir sicher, daß schon bei der Schiffstaufe von der Südsee geträumt wurde.

Die SARITA suchte sich den Weg nach Süden. Der elektrische Selbststeuerautomat arbeitete genau und nicht zu hart, was man am sanften Einrucken unter dem Cockpit-Boden ganz gut hören konnte. Dann kam das Piepsen des Alarms. Die Selbststeueranlage war rausgeflogen. Ein Knopfdruck, und es ging weiter. Es ist doch merkwürdig, wie leicht sich der Mensch gerne selbst belügt. Hatte ich nicht in den acht Jahren, die ich ständig auf Yachten zugebracht hatte, immer wieder von neuem gelernt, daß auf einer Yacht (und natürlich auch im sonstigen Leben) nichts geschieht, ohne eine Ursache zu haben. So hätte ich eigentlich wissen können, was bald geschehen würde. Der Automat fing wieder zu piepsen an, das Spiel begann von vorne, bis es offensichtlich war, daß die Batterien keinen Strom mehr hatten, um das Ruder der SARITA zu bewegen. Das war nicht weiter schlimm, denn schließlich waren wir ja zu sechst an Bord, um uns hinter das große Rad zu setzen. Etwas anderes war bedenklich: Wir hatten die Tage zuvor die Maschine (wegen der Kühlanlage) jeden Tag mindestens zwei Stunden laufen lassen, so daß eigentlich die Batterien hätten randvoll sein müssen. Also, was war los?

Ich kannte die Antwort! Die Batterien waren schlicht verbraucht, alt, zum Wegwerfen. Schließlich hatte ich den Denkprozeß in meinem Fahrtenseglerleben schon einige Male durchgemacht. Zunächst denkt man an schlechte Kontakte, dann verdächtigt man die Lichtmaschine. Als nächstes ist der Regler dran, der zu wenig Leistung „durchläßt“. Meistens probiert man sogar diese Möglichkeiten durch, bis man dann endlich zur wahren und teuren Einsicht kommt, daß die Batterien am Ende sind. Warum weigert man sich zunächst, an diese Möglichkeit zu glauben? Weil wir es von unseren Autos gewohnt sind, mit der Batterie nicht konfrontiert zu werden. Höchstens im Winter mal machen sie bei einem ansonsten intakten Auto Schwierigkeiten. Aber sonst? Tatsache ist, daß Batterien in Autos kaum belastet werden. Sie müssen für ein paar Sekunden am Tag den Motor andrehen, aber im übrigen beziehen unsere Scheinwerfer ihren Strom in erster Linie über die Lichtmaschine, ebenso das Autoradio und die sonstige Elektrik im Wagen.

Anders bei einer Segelyacht. Solange die Maschine nicht mitläuft, wirkt jeder Stromverbraucher, jedes Lämpchen über der Koje oder am Kompaß direkt auf die Batterien, die ja letztlich nichts anderes als ein Stromtank sind. Wird Elektrizität nicht „nachgeschüttet“, ist der Tank irgendwann einmal leer. Je älter die Batterie und je schlechter sie behandelt worden ist, desto kleiner wird der Tank, bis schließlich kaum mehr etwas in ihm gestaut werden kann, obwohl die Lichtmaschine mit ihrer ganzen Kraft von 80 Pferdestärken in die altersschwache Batterie hineinlädt. Genau diese Situation hatten wir jetzt.

Die einzige Lösung für dieses Problem war, neue Batterien einzubauen. Wir würden solche in Tahiti kaufen können, aber in den Tuamotus bestimmt nicht, da gibt es im Umkreis von 1000 Kilometern nicht ein einziges Geschäft. Und hier draußen mußten wir mit dieser Situation einfach klarkommen. Was sollten wir schon tun? Das händische Rudergehen war nicht so schlimm, das Hauptproblem war nachts die Beleuchtung. Denn unter Segel müßte die Yacht vorne am Bug die beiden Navigationslichter rot und grün und am Heck die weiße Hecklaterne führen, drei sehr hungrige Verbraucher. Mit unseren großen, doch altersschwachen Batterien hätten wir die Lampen keine Stunde mehr füttern können.

Nun hätten wir uns damit beruhigen können, daß wir in einer der einsamsten Gegenden der Welt herumsegelten und schon kein anderes Schiff unseren Weg kreuzen würde. Bei den allgegenwärtigen Stromproblemen auf allen Segelyachten (auch mit neuen Batterien) ist die Versuchung tatsächlich groß, ohne Lichter durch die Gegend zu rauschen, gar noch mit schlafender Besatzung. Doch seemännisch ist dies nicht. Als Carla und ich einst von Argentinien ins Mittelmeer segelten, waren wir immerhin 72 volle Tage unterwegs, ohne ein einziges Schiff zu sichten. Andererseits sind schon Yachten von den Weltmeeren verschwunden, ohne eine Spur zu hinterlassen. Es ist viel wahrscheinlicher, daß diese von einem großen Schiff untergemangelt worden sind, als daß sie, aus welchen Gründen auch immer, auf Tiefe gegangen sind. Denn es fällt auf, daß unter den vermißten Yachten der Anteil von Einhandseglern besonders hoch ist. Kein Wunder – wie soll ein einziger Segler an Bord vierundzwanzig Stunden am Tag wachbleiben, gar Wache gehen? Werden diese Seehelden interviewt, dann faseln die meisten etwas von Weckerstellen, alle 10 Minuten Ausguck halten und so fort. Mir kann da keiner was erzählen, für mich pennen die genauso wie andere Segler zwischendurch und verlassen sich eben ein paar Stunden auf die Statistik, die da besagt, daß sich auf dem riesigen Ozean zwei Schiffe höchstwahrscheinlich nicht so nahe kommen, daß sie zusammenstoßen.

Wenn ich an alle meine Seemeilen auf den offenen Weltmeeren außerhalb der Schiffahrtslinien (die auf speziellen Karten eingezeichnet sind) zurückdenke, dann ist mir kein einziger Fall erinnerlich, wo ich mit einem anderen Schiff zusammengerumpelt wäre, hätte ich nicht rechtzeitig den Kurs geändert. Trotzdem: Segler, die ohne Wache ihre Selbststeueranlage arbeiten lassen, sind Blindgänger. Ganz komische Auswüchse gibt es hierzu neuerdings: Unbemannte Yachten sollen die Weltmeere überqueren, so will es ein Forschungsprojekt von Studenten und Professoren einer deutschen Fachhochschule. Mindestens indirekt fließen Steuergelder in diesen gefährlichen Krampf. Für mich ist unverständlich, daß in der Presse, auch in der Fachpresse, PR-Arbeit für dieses Projekt geleistet wird. Wie regen sich (mit Recht) die Medien auf, wenn mal ein betrunkener Kapitän am Ruder eines Schiffes steht! Und bei dieser nautischen Mißgeburt ist, schlimmer noch, überhaupt kein Skipper mehr am Ruder. Da kann man nur wünschen: Treibt solchen Unsinn am Computer, mißbraucht aber hierfür nicht die Natur. Denn daß solche Projekte nicht den geringsten Nutzwert gegenüber einer bemannten Yacht haben, liegt auf der Hand.

Man könnte einwenden, was es denn schon ausmache, wenn so

Mit der Morgendämmerung kommt ein Tölpel heraus und setzt sich, zunächst unbemerkt, aufs Bimini-Verdeck

1

2

3

1 Die Holnis der DHH-Yachtschule Glücksburg während der Endausscheidung für den „Skipper des Jahres“ auf der Ostsee

2 Die Bewerber um dcn Titel „Skipper des Jahres“ – zweiter von links: Ulli

3 Atze Lehmann (rechts) prüft die Knoten. Der Skipper des Jahres steht hinterm Rad

4 10 Minuten braucht der Heli vom Flugplatz ins Tal, mit dem Pferd dauert es vier Stunden

5 Sprit muß mit dem Beiboot geholt werden, der Schwell an der Pier ist zu stark

6 Reparaturmöglichkeiten gibt es kaum in den Marquesas

7 Obst ist hier für alle eine Kostbarkeit

5

6

7

8

9

8 Nuku Hiva achteraus

9 Nachfahren der Gauguin-Modelle

10

11

12

13

14

10 Ein Tölpel-Paar läßt sich auf der SARITA heimsegeln

11 Sonja und Ulli

12 Ein Atoll in den Tuamotus - erst aus der Nähe als „Land“ zu erkennen

13 Ankerplatz unter Felskathedralen in Ua Pou

14 In den felsigen Marquesas läßt sich leicht mit den Augen navigieren

15

16

15 Paß von Amanu – mit Strom über 10 Knoten ist das Einlaufen jetzt zu gefährlich

16 Wann beruhigt sich der Paß?

17 Amanu mit Kirche am Paß hat hundert Einwohner

18 Die weitgereiste SARITA in einer Tuamotu-Lagune

17

18

19

20

19 Unentbehrliches Hilfsmittel der Lagune: Banana-Boot

20 Freunde nach fünf Minuten: Leute von Amanu

21 Maria schenkt Ulli eine Muschelkette

21

ein Trimaran in Yachtgröße über die unendlichen Weiten der Meere fährt? Das stimmt schon, wenn man dieses einzelne Projekt betrachtet. Doch Torheiten haben immer noch zahlreiche Nachahmer gefunden, besonders dann, wenn sie unter dem Deckmäntelchen der Wissenschaft stattfinden. Als Vorwand für diese gefährliche Spielerei heißt es: „Mit diesem wissenschaftlichen Versuch soll bewiesen werden, daß Schiffe auf dem Meer auch ohne Besatzung fahren können“. Mein Gegenvorschlag: Ein Versuch zum Beweis dafür, daß Fachhochschulen auch ohne solche Professoren auskommen können. Soviel dazu.

Als es zu dämmern begann, einigten wir uns darauf, daß wir soviel Strom wie möglich sparen müßten. Wir würden also ohne Navigationslichter segeln, wohl aber ein weißes Licht setzen. Beim Herannahen eines anderen Schiffes könnten wir dann die vorgeschriebenen Lichter führen. Wir segelten, wegen der fehlenden Beleuchtung, mit erhöhter Wachsamkeit. Doch so sehr wir uns anstrengten, wir sahen kein anderes Schiff. In dieser Nacht nicht, in der folgenden auch nicht. Der Wind änderte seine Richtung, jedoch nur wenig. Manchmal drehte er zu unseren Gunsten. Dann machten wir die Drehung mit, blieben also wegen der Reservehöhe hoch am Wind. Trotzdem war es unwahrscheinlich, daß wir über die 500 Meilen tatsächlich Amanu halten könnten. Seit unserer Abfahrt in Ua Pou fuhren wir die Segel an Steuerbord. Manchmal, wenn der Windspeed über 20 Knoten ging, drehten wir das Groß ein wenig ein, um den Druck auf das Ruderblatt zu verringern, ließ der Wind nach, zogen wir das Segel wieder aus dem Mast. Die Genua ließ sich leicht vom Cockpit aus bedienen; um das Groß zu rollen, mußte einer zum Mast. Aber die SARITA lag so ruhig im Passat, daß es – trotz Kurs gegenan – mehr ein Spaziergang in gebückter Haltung war, um die Spiere im Inneren des Großbaums mit der Ratsche ein paar Umdrehungen zu bewegen. Ich war lange Zeit ein Gegner von Rollreffanlagen, der Gedanke an ein Versagen der Mechanik hatte mich so vorsichtig gemacht. Aber heute sind die Anlagen ausgereift, das Problem mit den Lagern im Salzwasser scheint gelöst. Deshalb plane ich auch für meinen Neubau eine Rollreffeinrichtung ein, fürs Vorsegel und für das Großsegel. Und für den Besan? Den wird es bei mir nicht geben, denn ich bin ein Fan von (einfachen) Einmastern. Doch das ist ein anderes Thema.

Hoch am Passat

Nach vier Tagen fuhren wir die Segel immer noch an Steuerbord, und Amanu wäre jetzt – wegen der „Reservehöhen“ der letzten Tage – so gut anzulegen gewesen, daß der Wind ruhig hätte vorlicher kommen können. Ja, wir waren so nahe an Amanu herangekommen, daß wir das kurze Stück notfalls auch aufgekreuzt wären. Kurzum: Es paßte alles. Und wenn Kurs, Wind und die Farben am Himmel stimmen, dann ist auch die Stimmung an Bord gut.

Die leisen Anzeichen der Seekrankheit lagen weit hinter uns, es gab keine neuen Probleme am Schiff. Wir machten gute Fortschritte, alle Etmale lagen über 130 Seemeilen. Gelegentlich segelten wir nachts durch einige Regenschauer hindurch, aber das gehört zum Passat-Segeln. Man weiß, daß der Regen nur ein paar Minuten, höchstens eine Stunde dauert, und am nächsten Tag lacht die Sonne wieder vom blauen Himmel herunter. Außerdem bringt der Wolkenbruch keine Kälte, so daß das Ölzeug nur zum Schutz gegen die Nässe benötigt wird.

Da machen es sich die Ölzeugkonstrukteure so schwer, einen vernünftigen Schutz gegen die Unbilden der See zu entwickeln, aber an uns Tropensegler hat noch niemand gedacht. Wir bräuchten nur ein sehr leichtes (wegen des Fluggepäcks), aber absolut wasserdichtes Ölzeug, in dem man andererseits nicht schwitzen sollte. Das wäre preiswert herzustellen und würde fürs Segeln im Passat voll ausreichen. Richtig im Seegang zu arbeiten ist ohnehin in den Tropen kaum nötig, weil bei funktionierender Selbststeueranlage der Wachführer wettergeschützt unter dem Klappverdeck sitzt und halt gelegentlich zu einem Rundblick aufsteht. Den harten Kampf mit dem großen Vorsegel auf dem Vorschiff bei überkommendem grünen Wasser erspart uns heute die Rollfock. Und wenn am Mast das Großsegel verkleinert werden muß, dann fällt der vernünftige Skipper für eine Minute ab, geht fast auf Vorwindkurs und bringt so Ruhe ins Schiff, damit die Arbeit am Mast problemlos verläuft. Vorwindkurs und Großsegel reffen – ja geht denn das, wird der Küstensegler fragen? Haben wir nicht gelernt, in den Wind zu schießen, um das Großsegel an der Segelnut am Mast zu entlasten? Das wäre auf einer Fahrtenyacht im Ozeanschwell anfängerhaft, denn jede Yacht wird im Seegang auf einem Beinahe-Vorwindkurs mäßig rollen. Bei jeder Rollbewegung wird der Druck des Segeltuchs gegen den Mast so gering, daß das Groß fast von selbst herunterrutscht oder mit nur wenig Kraft hochgezogen werden kann.

Wir genossen es, nicht allzu schnell zu sein, so hatten wir etwas mehr von diesem wundervollen Passattörn. Die Küche, fast das Wichtigste für das Wohlergehen an Bord, war perfekt, schließlich waren unsere Backskisten mit den gleichen Vorräten gefüllt, die

„Skipper des Jahres" Ulli beim Sonneschießen

wir auch zu Hause hatten, und die irren Preise waren längst vergessen, schließlich lebten wir an Bord umsonst. Auch beim besten Willen läßt sich an Bord einer Yacht auf hoher See kein Geld ausgeben. Unsere Obstvorräte wurden sichtbar weniger, das Netz, das quer durch die Kajüte wie eine Hängematte gespannt war, schaukelte mit seinen Limonen im Rhythmus des Seegangs. Limonen wurden am meisten verbraucht, und zwar zum täglichen Sundowner. Wer diesen Brauch nicht kennt, dem empfehle ich ihn zum Nachmachen.

Bei Carla und mir gehört der Sundowner zur absoluten Bordroutine. Er ist nichts anderes als ein Drink vor dem Abendessen, hat aber darüber hinaus eine symbolische Bedeutung. Er wird zum einzig beständigen Treffpunkt für die Crew. Denn es ist so, daß sich bei kleiner Mannschaft die Leute nicht gerade auf die Zehen treten. Diejenigen, die wachfrei haben, liegen fast immer in den Kojen und werden höchstens mit dem Ruf „Reise, reise ..." ins Cockpit gerufen, um die neue Wache zu übernehmen. Nur abends, vor dem Essen, geht man nicht schleunigst in die Koje, sondern verharrt im Cockpit, um den Sonnenuntergang (und den Sundowner) zu genießen. Der Tag wird überdacht, man überlegt, ob am Schiff alles für die dunkle Nacht vorbereitet ist, vielleicht wird für die Nacht vorsichtshalber noch etwas gerefft. Es ist kein großes Geheimnis, daß bei schlechtem Wetter der Sundowner etwas stärker gerät, schon um sich gegenseitig Mut zu machen.

Nicht etwa, daß man auf einer Ozeanüberquerung Angst hat, aber das ganz hundertprozentige Gefühl der Geborgenheit, das man vielleicht nachts im trauten Heim an Land hat, fehlt. Überraschungen sind immer denkbar. Vor allem nagt ständig an einem, daß das Schicksal Schläge verabreichen könnte, die auch bei aller Vorsicht nicht vorhersehbar sind. Ist das Rigg, vor allem oben im Mast, so in Ordnung, daß es auch eine Bö abkann? Ist der Weg vor dem Kiel frei, oder treibt da ein über Bord gegangener Container, ein Baumstamm, eine unbemannte deutsche „Forschungsyacht" oder gar ein schlafender Wal herum, auf den der (eiserne) Rudergänger gerade zusteuert? Unlängst ist die deutsche Yacht YANGHI gesunken, weil sie auf einen nicht identifizierbaren Gegenstand im Wasser aufgelaufen und in Brand geraten ist. Die Mannschaft rettete sich mit dem

Beiboot mehr als 100 Meilen über die offene See. Oder rutscht da vielleicht eine Schlauchschelle und dann der Schlauch vom Seewasserhahn unbemerkt herunter? Den Wassereinbruch bemerkt man erst, wenn die Bodenbretter aufschwimmen und die Quelle für das viele Wasser im Schiff nicht mehr ausgemacht werden kann. Alles schon passiert! Freunden von uns ist das Schiff nachts einfach so untergegangen, und sie wissen heute noch nicht, warum. Sie waren auf ihrer 50-Fuß-Yacht in den Bahamas unterwegs, als sich in stockfinsterer Nacht bei Flaute das Ruder etwas träge anfühlte. Ein Blick nach unten zeigte dem Skipper, daß in der Yacht mehr Seegang war, als draußen. So hektisch der Skipper auch das Leck suchte, er fand die Ursache nicht. Und dann stiegen er und seine Freundin ins Ruderboot, weil die Rettungsinsel nicht aufging. Beide erreichten die nächste Insel. Fragt man ihn nach der Ursache, so kann er nur mit den Achseln zucken.

Auf der SARITA bedurfte es für den abendlichen Drink nur wenigen Alkohols, die Stimmung war auch so prächtig – so wie es sich für den heiteren Passat gehört und der Speisezettel dann noch so abwechslungsreich ist. Am Nachmittag vor dem Einlaufen in die Tuamotus gab es sogar eine Art Sachertorte mit Schlagobers, selbstverständlich nicht aus der Spraydose, sondern frisch geschlagen.

Der GPS zeigte uns genau den Fortschritt an. Insgesamt hatten wir drei GPS-Empfänger an Bord. Heute gehört zur Grundausstattung eines Seglers, nicht einer Yacht, der tragbare GPS wie die Armbanduhr. Wenn freilich das System oder nur ein paar bestimmte Satelliten abgeschaltet werden, ist es mit der Herrlichkeit der fortlaufenden genauen Position vorbei. Aber das ist nur ein theoretischer Fall. Dann hätte man immer noch die Gestirne, falls man mit ihnen umgehen kann, wie es noch vor ein paar Jahren eine Selbstverständlichkeit für jeden Blauwassersegler war. Romantischer ist es allemal, mit dem Sextanten den Schiffsort zu bestimmen. Deshalb nahmen auch wir ein paar Probeschüsse von der Sonne. Ulli versuchte sich zum ersten Mal an diesem Winkelmeßinstrument. Mit dem Computer rechnete ich in Sekundenbruchteilen nach, wie weit Ulli mit seinen Messungen danebenlag. Nicht schlecht für den Anfang, seine Messungen waren meist genauer als fünf Meilen!

Damit könnte man schon ein bestimmtes Motu finden, so nahe an das niedrige Riff herankommen, daß es, schönes Wetter vorausgesetzt, anhand der Brandung mit den Augen ausgemacht werden kann.

Im Reich der Riffe

Ich freute mich für meine Mitsegler, denn erstmals in der Südsee würden sie nun ein leuchtendes Riff kennenlernen. Die Marquesas-Inseln wären leicht anzulaufen gewesen, denn dort sind die Berge tausend Meter hoch, doch gibt es kein Riff, über das eine Yacht stolpern kann. Die dritte Art von Inseln in der Südsee würden wir dann später besuchen, nämlich die Gesellschaftsinseln, die sowohl Berge, besonders hohe sogar, als auch ein Riff haben. So verschieden diese drei Inseltypen auch sind, so sind sie doch auf die gleiche Art entstanden – nur verschiedenen Alters, in erdgeschichtlichen Dimensionen gedacht:

Dort, wo heute die Marquesas-Inseln sind, kam es in urgeschichtlichen Zeiten zu Vulkanausbrüchen, bei denen gewaltige Gesteinsmassen schließlich zu den Felskathedralen erstarrt sind, die heute die Landschaft von Ua Pou, Fatu Hiva, Hiva Oa und Nuku Hiva beherrschen. In gleicher Weise sind wohl die Gesellschaftsinseln noch früher geboren worden, doch haben sich dort Korallentierchen an den Stellen angesiedelt, an denen die Felshänge ins Meer stürzen. Durch fortwährendes Absterben der Korallen und Neuansiedlung auf den verbliebenen Kalkmassen haben sich dort die Saumriffe gebildet, die schließlich Inseln wie Tahiti, Raiatea und Bora Bora umgeben. Die Tuamotus mögen einst wie die Marquesas-Inseln und später die Gesellschaftsinseln ausgesehen haben. Nur sind dann im Laufe von Jahrmillionen die steilaufragenden Gesteinsmassen in den Tuamotus von den immer schwerer werdenden Kalkmassen abgestorbener Korallen in den Meeresboden gedrückt und gezogen worden und sind schließlich unter die

Meeresoberfläche abgesunken, so daß nur noch das Saumriff übriggeblieben ist.

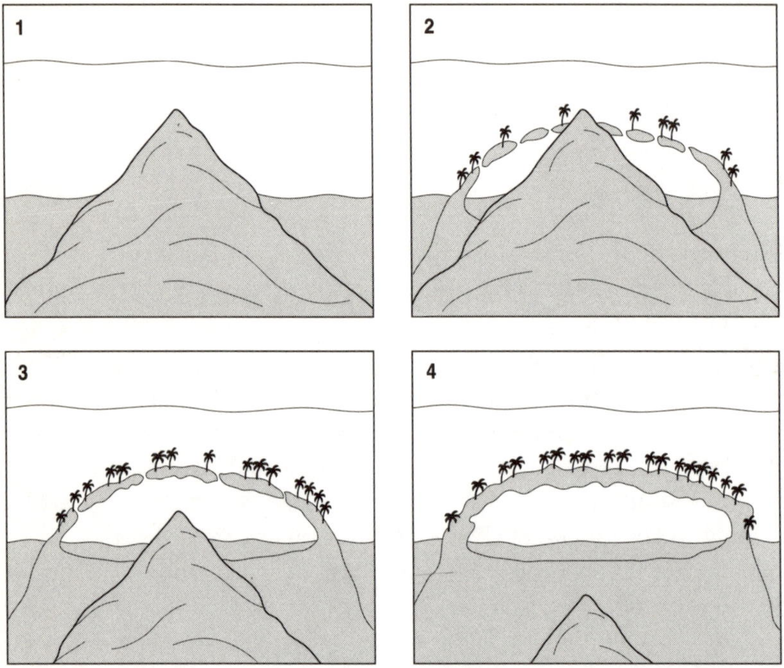

1) Die Marquesas-Inseln sind vulkanischen Ursprungs – noch ohne Korallenriff
2) Kleine Korallentiere wachsen, sterben und bilden nach Jahrmillionen ein Riff um die Insel (Beispiel Tahiti)
3) Durch das Gewicht der Korallenmassen wird die Insel in der Mitte allmählich ins Erdreich gedrückt (Beispiel Bora Bora)...
4) ...bis die Insel unter Wasser verschwindet und nur das (Ring-)Riff übrigbleibt (Beispiel Tuamotos)

Am Morgen des fünften Tages standen wir vor Amanu. Während wir uns bei unseren ersten Besuchen in den Tuamotus schon Stunden vorher die Augen müde gesehen hatten, taucht bereits zwei bis drei Stunden vor der Ankunft ein zartes Echo auf dem Radarschirm auf. Das Radargerät erhöht die Sicherheit auf Yachten ungemein.

Nicht daß es einen Skipper in dichtem Nebel sehend macht (in der Südsee gibt es keinen Nebel, höchstens wasserfallähnliche Regengüsse), sondern der Landfall verliert seinen Schrecken. In den alten Segelanweisungen zu den Tuamotus wird dringend geraten, die Inseln nur von der bewaldeten Seite her anzusteuern, weil sie dann früher in Sicht kommen. Das eigentliche Land, also das Riff, ist ja nur drei oder vier Meter hoch, und man kann sich leicht ausmalen, daß man dies erst im letzten Augenblick sieht. Also war vor allem bei Regen und unsicherem Standort äußerste Vorsicht geboten …

Alte Polynesier beherrschen mehr Tricks als in den Segelanweisungen für die Berufsschiffahrt verzeichnet sind. So hat mir der berühmtestes Navigator Tahitis, Rodo, verraten, wie er schon 20 Meilen vor einem Motu die Insel wahrnehmen kann – ohne Radar an Bord zu haben. Nein, der Trick besteht nicht darin, auf im Wasser treibende Blätter oder Früchte zu achten, sondern die Wolken genau

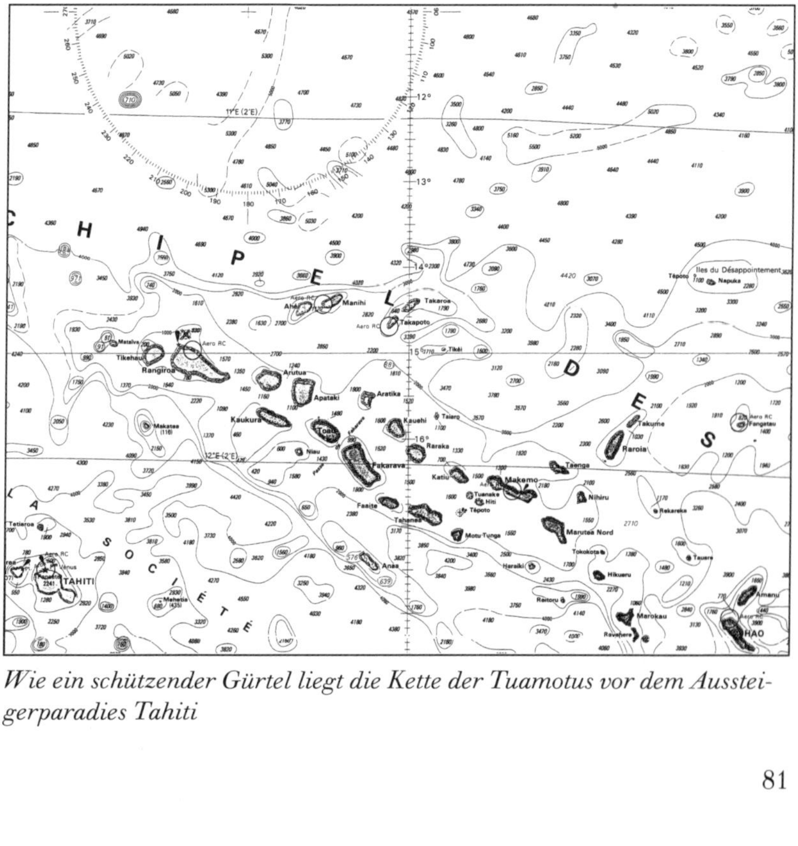

Wie ein schützender Gürtel liegt die Kette der Tuamotus vor dem Aussteigerparadies Tahiti

zu prüfen. Denn über vielen Inselchen in den flachen Tuamotus stehen niedrige Wolken. An deren Unterseite sieht man, nicht immer, eine grünliche Reflexion des darunterliegenden Inselchens, und zwar schon aus großer Entfernung, während das Korallenriff der Insel selbst noch durch die Erdkrümmung verdeckt ist. Vielleicht war dieser Trick früher Allgemeinwissen unter den polynesischen Seeleuten, denn die Tuamotus trugen noch im zwanzigsten Jahrhundert den Namen „Paumotus", was „Inseln unter der Wolke" bedeutet.

Fast enttäuschend einfach ist die Navigation heute, und es ist deshalb schon verblüffend, daß es auch im GPS-Zeitalter Yachtleute immer wieder fertigbringen, ihr Schiff aufs Riff zu setzen, so unlängst die amerikanische Segelyacht Ora auf das Minerva Reef.

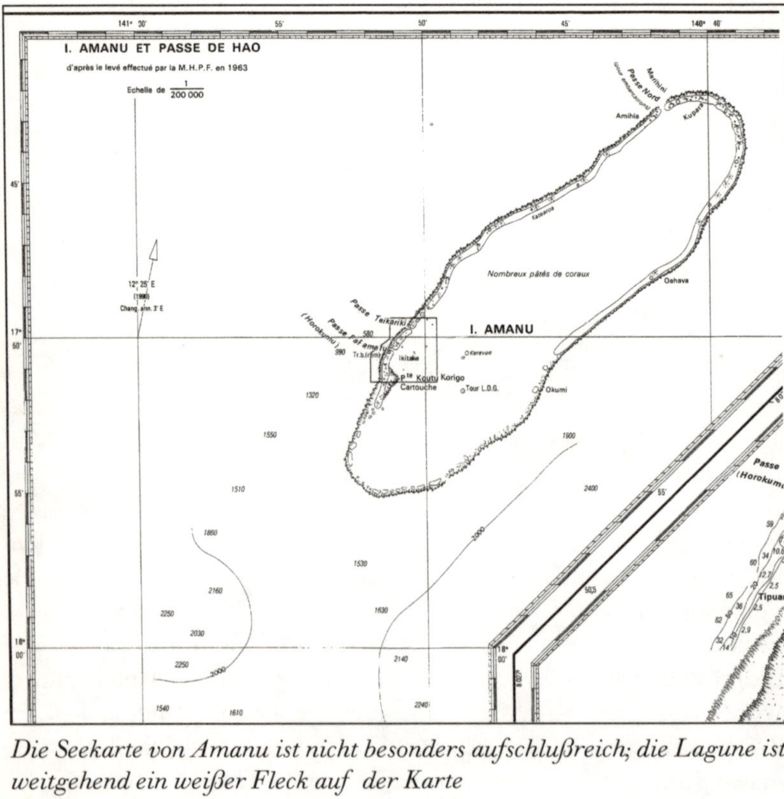

Die Seekarte von Amanu ist nicht besonders aufschlußreich; die Lagune ist weitgehend ein weißer Fleck auf der Karte

Wie hieß es im Unfallbericht: „... Sie lagen beigedreht, um das Tageslicht abzuwarten. Unbemerkt muß sie die Strömung auf das naheliegende Außenriff versetzt haben. Als der Skipper die Brecher hörte, war es zu spät!" Man braucht nur wenig Phantasie, um die Ereignisse so zu schildern, wie sie wirklich waren: „Die Mannschaft pennte, und niemand machte sich deshalb die Mühe, auch nur einen Blick auf GPS und Seekarte zu werfen. Der Skipper wurde sodann, zu spät, vom Lärm der Brecher aufgeweckt!"

In der letzten Nacht auf See segelten wir zwischen den Inseln Fangatau und Fakahina hindurch. Nie und nimmer hätte ich mich das ohne GPS getraut, denn die Inseln lagen keine 40 Seemeilen auseinander. Mit den Sternen hätte ich in der Dämmerung vielleicht einen auf drei Meilen genauen Schiffsort bekommen, der jedoch ein paar Stunden später schon wegen der Strömung unberechenbar gewesen wäre. Lieber etwas weniger Romantik, dafür mehr Sicherheit! So konnte ich nach GPS pünktlich das Radargerät einschalten, und – siehe da – an Steuerbord war nach ein wenig Drehen am Abstimmungs- und Verstärkungsknopf ganz zart eine graue Linie bei jeder Antennenumdrehung auszumachen. 16 Meilen zeigten die Distanzringe auf dem Radarschirm an. Sehen konnten wir nichts von der Insel, so sehr wir auch in die Dunkelheit starrten.

Am Horizont machten wir in der Morgendämmerung einen weißen Strich und ein paar Zacken aus: Amanu mit den Palmen. Mit dem GPS in der Hand und einem gelegentlichen Blick näherten wir uns im schleifenden Schnitt dem Riff. Bald sahen wir auch das rote Dach einer Kirche. Aha, dort drüben mußte dann auch der Paß sein, der uns in die Lagune führen würde. Hatten wir den richtigen Zeitpunkt für die Passage erwischt? Da machte ich mir im Moment keine Gedanken, das würde ich schon aus der Nähe bemerken. Daß der Paß von Amanu problematisch sein würde, wußten wir, weil in den Handbüchern sogar von 14 Knoten Strom die Rede war, einmal auslaufend und dann wieder einlaufend. Nach der Karte von Amanu mußte der Paß ziemlich schmal sein, rund hundert Meter, und da würde es schon wichtig sein, ruhiges Wasser vorzufinden, also den Zeitpunkt auszumachen, an dem die Tide kentert. Die Tide ist in erster Linie von der Anziehungskraft des Mondes abhängig, sie hängt ganz vom Rhythmus der Mondphasen ab. Denn die Wasserstände in der Lagune und der offenen See müsssen sich ja irgendwie ausgleichen. Dies kann nur über den Paß, einen Durchbruch im Riff, geschehen.

Nachdem aber nun das Riff nur wenige Meter hoch ist, kann es geschehen, daß auf der Luv-Seite der Insel bei schwerem Schwell oder bei Sturm, also bei jedem hohen Seegang, Wassermassen in die Lagune hineingespült werden, so daß aus diesem Grunde die Wasserstände ungleich werden, sich also ausgleichen wollen. Dieser Effekt kann viel stärker sein als der normale Tidenrhythmus, so daß sich die Stärke des Stromes und auch die Richtung nie mit letzter Sicherheit vorhersagen lassen. Ich jedenfalls habe nur selten erlebt, daß die „schulmäßigen" Vorausberechnungen stimmten.

Hinter dem Riff leuchtet die Lagune

Als wir uns dem roten Kirchendach näherten, wußte ich also nicht, wie die Stromverhältnisse sein würden, und ob wir einen halben Tag warten müßten, um in die Lagune zu fahren. Aber das Timing stimmte, es war noch Morgengrauen, wir hatten den ganzen Tag für die Passage vor uns. Passage? Wollten wir mit unserer lahmen Maschine überhaupt einlaufen? Und hatten wir nicht ein höchst mangelhaftes Ankergeschirr, ein Provisorium? Unterwegs hatten wir noch ein paar Mal die Maschine benutzt, hatten stundenlang vergeblich versucht, Strom in unsere altersschwachen Batterien zu pressen. Aber jedesmal, wenn wir den Gashebel auch nur einen Millimeter über die 1800er-Marke hinausschoben, starb die Maschine ab, nicht hektisch, aber jedenfalls mit einer Deutlichkeit, daß wir wußten: Besonders viel Kraft würde sie uns nicht zur Verfügung stellen. War es nicht verantwortungslos, unter diesen Umständen in die Lagune von Amanu zu wollen? Aber hier draußen war keine Tiefe, kein Schutz zum Ankern. Also hätte die Alternative nur gelautet: weitersegeln!

Als ich mit dem Fernglas zum wiederholten Male zur Kirche blickte und in der Brandung überm Riff keine Unterbrechung sehen konnte, kam ich ins Grübeln. Nach GPS standen wir vor dem Paß Fafameru. Da mein Glaube an die Satelliten fast so unerschütterlich ist wie an die Gestirne, mindestens solange ich schlüssige Ziffern auf der Anzeige sehe, war ich doch erstaunt. Der GPS-Empfänger sagt mir, daß ich wenige hundert Meter vom Paß entfernt sei, aber ich sah keinen Paß. Das Riff war klar auszumachen, aber wie wir „durch“ das Riff in die dahinter smaragdgrün glitzernde Lagune kommen sollten, war mir nicht klar. Noch gab es keinen Grund zur Beunruhigung. Das Wetter war freundlich, kaum mehr als drei Windstärken spürten wir nicht, und der Tag lag noch vor uns. Warum aber konnten wir den Paß nicht sehen? Warum zeichnete er sich auf dem Radarschirm nicht ab?

Da fiel mir eine Geschichte von unseren Freunden auf der Yacht TAKOO ein: Bei unserem letzten Besuch in den Tuamotus waren wir – die Yachten, die monatelang auf dem Ankerplatz Hana Menu zusammenwaren – regelmäßig untereinander über Amateurfunk in Kontakt gewesen. Es war nicht nur aufregend, in der Einsamkeit des riesigen Pazifiks über tausend Meilen hinweg Neuigkeiten mit unseren Freunden auszutauschen, man hatte auch das beruhigende Gefühl, im Notfall mit ihnen auf Tastendruck verbunden zu sein, auch wenn sie weit weg waren. Auf einer dieser Yachten saß ein Arzt, der jeden Morgen eine Art Sprechstunde abgehalten hat und seine Beratungen über den Äther durchführte. Große Probleme hatte es nie gegeben. Hier und da eine leichte Fischvergiftung, Schürfwunden von den scharfen Korallen, die partout nicht heilen wollten, ein leichtes Drücken im Unterleib („um Gottes Willen, der Blinddarm!“) oder eine schlichte Magenverstimmung wegen zuvieler Langusten, das war's an Krankheitssorgen, mit denen der Doktor auf der Yacht konfrontiert wurde.

Fred war ein vorzüglicher Arzt, doch die Navigation war nicht seine Stärke. Und so kam es vor, daß wir ihm über hundert Meilen hinweg eine astronomische Standlinie durchrechneten, nachdem er uns seine Meßdaten – Uhrzeit und Sextantwinkel – durchgefunkt hatte.

Also, Fred wollte uns nach Ahe folgen. TAKOO war schon am Ankerplatz in Ahe vor dem Dorf, das runde 10 Meilen vom Paß entfernt war. Fred meldete auf dem 20-Meter-Band, er habe Ahe in Sicht, wo denn der Paß sei? Die Rückfrage TAKOOs, ob er das Kirchlein mit dem roten Dach sehen würde, wurde bestätigt. Dann beschrieb der Skipper von der TAKOO den Weg zum Paß, erklärte genau, auf welcher Seite und in welcher Peilung die Kirche zu halten sei, um den Paß zu finden. Nach einer Stunde meldete sich Fred wieder, er sei jetzt ganz nahe an der Insel, aber den Paß könne er nicht sehen. Beruhigend wurde auf ihn eingewirkt, nochmals alles erklärt. Ja, er wolle es nochmals versuchen. Es war rätselhaft, denn sogar Fred sollte bei diesen guten Sichtverhältnissen keine Probleme haben, in den breiten und wohltuend kurzen Paß von Ahe einzulaufen. Fred wurde gebeten, seine Position zu überprüfen. Nachdem die Sonne zu dieser Jahreszeit fast den ganzen Vormittag ziemlich genau im Osten stand, brachte eine einzige Sextantmessung ziemlich genau die Schiffslänge. Und danach war die Yacht genau vor Ahe. Unerklärlich? Dann wurde es lange Zeit still im Radio, und endlich, kurz nach Mittag, meldete sich Fred wieder. Er hatte jetzt auch eine Mittagsbreite der Sonne „geschossen“ und festgestellt, und da wurde Fred ganz kleinlaut, daß er sich nicht vor Ahe, sondern vor Apataki befände, aber da könne er nichts dafür, denn auf Apataki gäbe es auch ein Kirchlein mit einem roten Dach ...

Jetzt hatten wir auch „unsere Kirche mit dem roten Dach“ voraus und waren etwas ratlos, trotz GPS. Vielleicht lag es an der Seekarte, deren Vermessung 25 Jahre zurücklag. Jeder hat in der Schule gelernt, daß unsere Erde fast (!) eine Kugel ist. Dieses „fast“ führt dazu, daß unser rechtwinkliges Koordinatensystem auch nur „fast“ genau ist. Mit verschiedenen Vermessungssystemen und Formeln haben Geographen seit Jahrhunderten versucht, diese geringfügigen Ungenauigkeiten zu eliminieren. Somit gibt es an die hundert verschiedene Vermessungssysteme. Unser GPS konnte also nur dann hundertprozentig genau (im Umkreis von 300 Metern) anzeigen, wenn sein Vermessungssystem mit dem der Karte übereinstimmte. Unser GPS war auf das sogenannte „WGS84“ eingestellt, wobei wir nicht wußten, ob dies der Genauigkeit der verwendeten französischen Seekarte entsprach. Aber das konnte nicht die Ursache für unsere Verwirrung sein, denn bei falsch eingestelltem Kartendatum konnte der Fehler nicht größer als zwei bis drei Meilen sein, also immer noch besser als jede Sextantmessung unter diesen Wetterbedingungen. Fast war ich versucht, den Sextanten rauszuholen, aber das schien mir doch zu kindisch.

Wir segelten in respektvollem Abstand am Riff entlang, fanden den Paß aber nicht. Erst als die Kirche klar achteraus war, waren wir sicher, daß er hinter uns sein mußte, denn laut Karte war die Kirche (wie alle Kirchen auf Südsee-Atollen) direkt am Paß. Also drehten wir um, motorten mit langsamer Drehzahl zurück. Dann machten

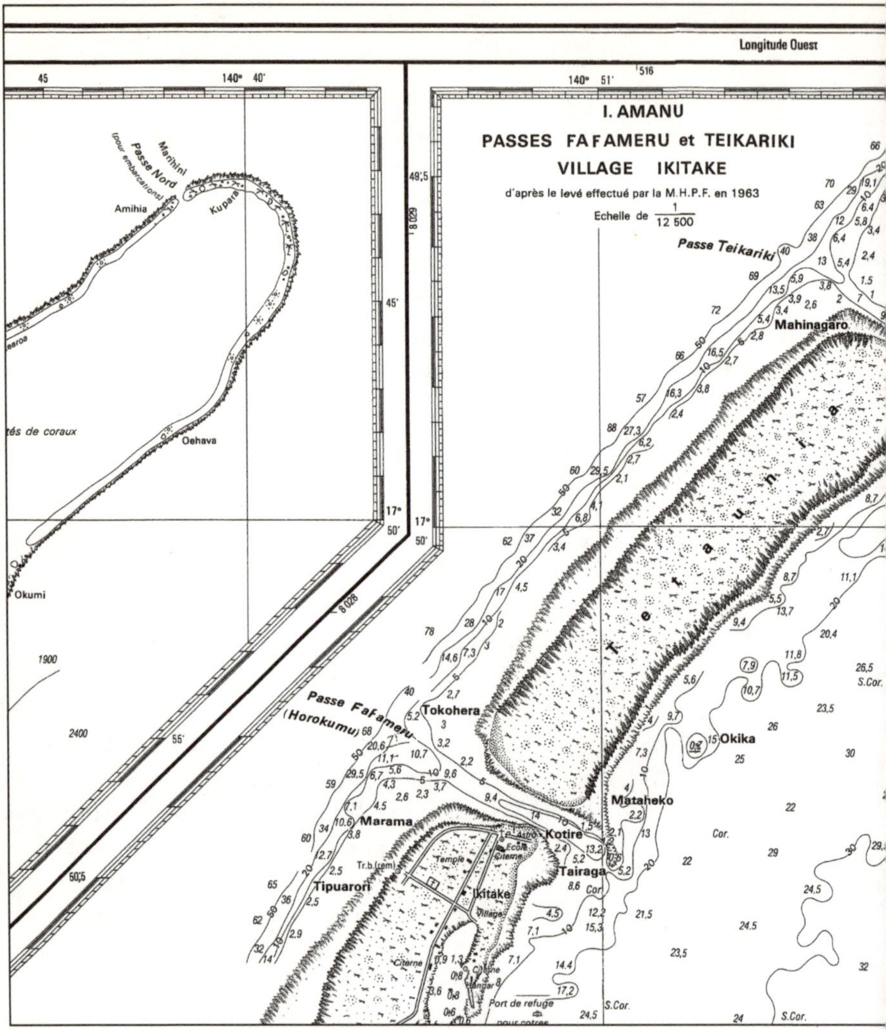

Im engen Paß von Fafameru können bis zu 14 Knoten Strom stehen – dann wird er unpassierbar

wir den Paß doch noch aus. Aber was wir sahen, gefiel uns nicht. Fast über die ganze Breitseite standen Brecher, war das Wasser schneeweiß. Das war auch die Ursache, warum wir den Durchbruch

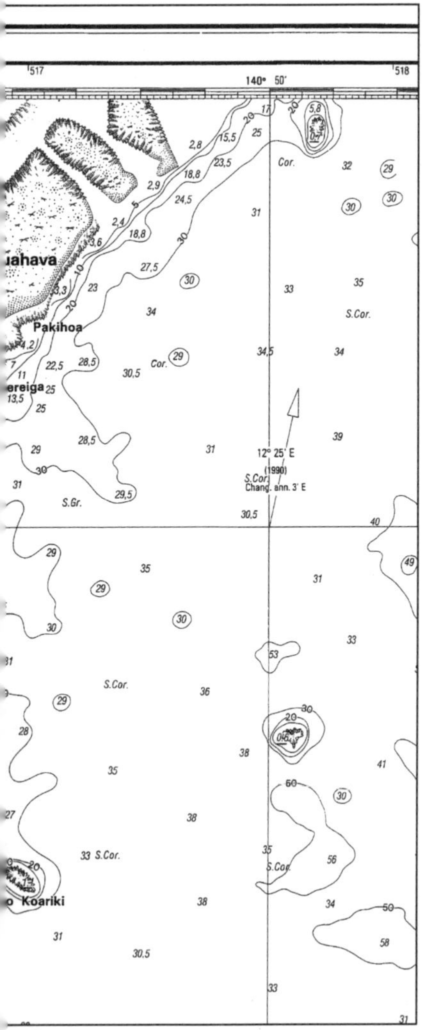

durchs Riff nicht erkannt hatten. Oh je, das sah nicht gut aus. Bei diesen Verhältnissen würde ich mich nicht in die Lagune trauen, vor allem nicht mit unserer Maschine. Und segeln?

Der Paß – Schleichweg ins Paradies

Ich dachte an eine der schönsten und aufregendsten Manöverbeschreibungen in der Segelliteratur, in der ein französischer Yachtmann beschreibt, wie er vor dem Paß von Takaroa, einem Atoll 350 Seemeilen westlich von uns, steht und sich schließlich nach innerem Kampf entschließt, doch unter Segel einzulaufen. Der Autor ist, wie könnte es anders sein, Bernard Moitessier:

Entweder müssen wir in die Lagune einlaufen oder draußen gut frei von Tuamotu Wetterbesserung abwarten. Nicht erfreulich, diese zweite Lösung ...

Um Mittag ist alles klar: theoretisch ist nun Stillwasser bei Niedrigwasser, der Anker hängt am Wasserstag, die Kette ist an Deck aufgeschossen, Trossenrolle mit der Ankertrosse klar, Festmacher aufgeschossen (vielleicht gehen wir an die Pier), und wir stehen vor der Durchfahrt, die ich von der unteren Saling aus ganz überblicken kann; sie öffnet sich erst wie ein Trichter im Riff, die Pier liegt an Backbord nahe beim Dorf. Dann geht die Durchfahrt gradlinig weiter, sehr lang (vielleicht 300 Meter), wie eine grüne Ader im Kastanienbraun der Riffe an der Wasseroberfläche. Kein Strom ... wir sind genau bei Stillwasser angekommen. (Gott, wie ist diese Durchfahrt lang und eng!)

»Wenden, Françoise ... ich muß nachdenken!«

Ich weiß nicht, was ich tun soll. Anlegen an der Pier unter Segel kommt nicht in Frage, das würde uns schlecht bekommen, ich sehe das, als wenn es schon passiert wäre, und der kleine Motor nützt nichts bei diesem Wind.

Ich entere aus dem Mast nieder, schrecklich aufgeregt.

»Noch mal wenden, Françoise!«

Diese Durchfahrt benimmt sich wie ein Liebhaber, man muß sofort heran und das Stillwasser ausnutzen ... oder sich gleich losreißen und sich frei von den Tuamotus den Schweiß von der Stirn wischen. Aber ich habe diese kristallklare Lagune in ihrer leuchtenden Pracht von oben aus dem Mast gesehen ...

»Françoise, wir gehen rein ... bleib klar bei Besanschot ... paß gut auf! Jetzt geht's los!« ...

»Françoise ... wir sind drin ... paß doll auf am Besan!« Und ... husch ... geht's mit sieben Knoten, die Nerven zum Zerspringen gespannt, alle fünf Sinne dicht unter der Haut, plus dem sechsten, der nun erwacht ... Ich segele, seit ich ein Knirps war, aber noch nie ist beim Handhaben eines Segelschiffes so viel auf mich eingestürmt. Kein Einlaufen nachts, kein noch so gut gelungenes, technisch einwandfreies Anlegen an der Pier unter Segeln zwischen zwei Booten, nichts, was ich bisher erlebt habe, kommt diesem Hineinjagen unter Segeln in die Durchfahrt meines ersten Atolls an Erlebnisstärke auch nur nahe. An Backbord und Steuerbord ziehen die Korallen in der Wasseroberfläche mit atemberaubender Geschwindigkeit vorbei, grün, braun und gelbgrün, rot und schwarz schimmernd, zwischen all dem kleine Katzenpfoten an der Wasseroberfläche infolge eines ganz leicht mitlaufenden Stromes. In dieses Kleinod aus Licht ist die Durchfahrt eingefaßt, dieser lange hellgrüne Einschnitt, gepflastert mit bunten Flecken, die braun werden, wenn die Korallen höher steigen und einen Wirbel bilden, durch den wir hindurchschießen.

Ich lege hart Ruder, mal nach der einen, mal nach der anderen Seite, und Françoise fiert die Besanschot und holt wieder dicht, fiert und holt. In diesem Augenblick leben wir mit Lichtgeschwindigkeit.

»Klar zum Halsen!«

Noch 50 Meter vor dem harten Abfallen nach Backbord zum Einlaufen ins freie Wasser; man sieht den Farbunterschied sehr deutlich, welcher die Biegung um einen rechten Winkel anzeigt ... noch 30 Meter ... der große Wirbel von Bluche ... er sieht nicht böse aus ... wir haben ja Stillwasser ... oder doch beinahe ... JOSHUA *saust ... noch nie bin ich so eins gewesen mit meinem Schiff ... und hoppla ... wir sind im Blau der Lagune, fast hat es uns die Sprache verschlagen, und doch reden wir davon, daß wir unser ganzes Leben in den Tuamotus bleiben wol-*

len, um den Zauber dieser Durchfahrten zwischen den lichtumflossenen Korallenbänken wiederzuerleben, in denen das ganze Atoll wie ein reiner Kristall verdichtet, was Segeln eigentlich bedeutet ... Die Durchfahrten nur unter Segel ... dieses Licht um das Schiff ... diese gewaltige elektrische Entladung, die einem ans Herz greift und einen ohne loszulassen bis zur Einfahrt in die grüne und blaue Lagune leitet, diese Empfindung, man habe das Vollkommene gestreift ...

»Bernard, du bist zu dicht am Gelben ... man wird aufbrummen!«

»Nein ... du wirst sehen ... das geht ...!«

Man kneift auf Deubel komm raus ... kratzt vielleicht im Vorbeieilen einen Seeigel ab ... aber ohne zu berühren! Françoise beteuert, wir hätten berührt – üble Verleumdung! ...

Und auf einmal legt sich die in den vergangenen 24 Stunden aufgestaute Spannung mit ihrem ganzen Gewicht schwer auf uns. Unsere vor Müdigkeit brennenden Augen schließen sich, und wir schlafen, schlafen, schlafen und wachen erst spät in der Nacht auf. Der Südwest-Wind, der zugelegt hat, zieht langgezogene Seufzer aus dem Rigg, der Regen prasselt auf das Deck, es sind drei Meter Wasser unter dem Kiel; trotzdem könnte man glauben, wir lägen trocken, so still ist alles. Mamma mia ... hier ist gut warten, bis der Passat wiederkommt. Betet für die armen Kerle, die Ausguck halten müssen nach Riffen an der Wasseroberfläche der Tuamotus, den Bauch voll Angst ...

Nein, nein, auf unsere Segelkünste können wir uns da nicht verlassen, schon deshalb, weil wir mit zwei bis drei Windstärken viel zu wenig Geschwindigkeit erreichen, um gegen den starken Strom, auch wenn es ruhiger wird, anzukommen. Hinzu kommt: Die JOSHUA war 12 Meter lang, also viel wendiger als unsere 16 Meter lange SARITA. Außerdem ist der Paß von Takaroa, den wir mit unserer THALASSA II schon einmal abgesegelt sind, breit wie ein riesiger Fluß. Dagegen ist der Paß vor uns ein schmaler reißender Gebirgsbach – klein und bissig! Vor allem aber gehört die SARITA nicht mir, und ich habe keine Lust, ein Schiff zu verlieren, noch dazu ein fremdes und schon gar nicht das von meinem Freund Kurt.

Unschlüssig motorten wir auf und ab, wir hatten ja noch den ganzen Tag vor uns. Immer und immer wieder studierte ich die Karte vom Paß. Wir durften auf keinen Fall einfach geradeaus durchstechen. Wenn die Kirche querab wäre, dann müßten wir langsam nach steuerbord eindrehen, denn genau voraus lauerte der Korallenkopf, der die Einfahrt beherrschte. Ich blickte immer und immer wieder in die Karte, versuchte mir das Bild vom Riffdurchbruch einzuprägen, lernte die Karte fast auswendig, denn wenn es einmal losginge, wenn wir im reißenden Paß wären, bliebe keine Zeit, terrestrische Navigation zu machen. Es würde sein wie bei einem Flugzeug im Landeanflug, da muß der Pilot auch die wichtigen Daten auswendig wissen.

Da sah ich im Fernglas ein Speedboot im Schwell vor dem Paß dümpeln, um es genau zu sagen: Es wurde von einem Bug auf den anderen geworfen, daß uns angst und bange wurde. Ein paar Gestalten waren am Heck beschäftigt. Das war ein gutes Zeichen, denn sie mußten durch den Paß nach draußen gekommen sein. Wir motorten zu ihnen hinüber und versuchten ein Gespräch zu beginnen, aber sie bedeuteten uns, daß sie einen großen Fisch an der Angel und deshalb jetzt für uns keine Zeit hätten. Typisch Polynesier: Das Fischen geht ihnen über alles, das muß man verstehen. Ich fühlte mich jetzt in der Gegenwart von anderen Menschen etwas wohler, irgendwie würden wir die SARITA schon reinkriegen.

Nach einer halben Stunde hatten sie offensichtlich ihren Fisch an Bord. Nach der Art des Schleppangelns zu schließen, mußten sie auf der Jagd nach einem Thun oder Tazar sein. Sie motorten auf uns zu, und wir versuchten ihnen klarzumachen, daß wir einen Lotsen bräuchten: „Du Pilot?"

Sie kapieren und manövrieren im Schwell ihr Speedboot mit dem riesigen Außenborder ans Heck der SARITA heran. Das war seemännische Cleverness. Wenn der starke Schwell das Speedboot hochhob und zur Seite rutschen ließ, dann sauste es deshalb nicht gegen unsere Bordwand, sondern ein paar Zentimeter am Heck vorbei. Dann legte der Mann am Rad den Gashebel nach vorne, und die paar hundert Pferdestärken des Außenborders ließen das Speedboot fast auf der Stelle drehen, bis der Bug wieder einen Meter neben dem Spiegel der SARITA war. Die konnten mit ihrem Schiff umgehen, man spürte, wie sie die Bewegung der See vorausahnten! So etwas läßt sich nicht lernen, das bekommt man in die Wiege gelegt, aber nur, wenn man in der Südsee aufwächst, die ersten Meter im Leben nicht läuft, sondern schwimmt und wenn man die Kindheit im Auslegerboot mit Warten zubringt, bis die Eltern genügend Fisch für das Essen gefangen haben.

Nach dem dritten Kreis, gerade bevor die beiden Schiffe zusammenknallen, springt ein dunkelhäutiger Polynesier in Badehose mit sonnengegerbtem Gesicht barfuß an Deck und klopft sich an die Brust: „Nom Jean, I Captain". Mehr Englisch ist nicht. Und ehe ich mich versehen kann, hat er das riesige Rad der SARITA in der Hand und dreht den Bug zum schäumenden Paß Fafameru. Wenn das nur gutgeht! Wir verlassen uns voll auf unsere angeschlagene Maschine. Der Drehzahlmesser steht genau auf „1800". Kraftreserven haben wir keine. Hoffentlich schnurrt sie weiter, auch wenn der gigantische Schwell im Paß gegen den schweren Bug der SARITA arbeitet. Die Segel wären klar zum Ausrollen, aber wir haben fast keinen Wind. Gerhard meldet vom Vorschiff: „Alle Anker klar zum Fallen!"

Unter uns geht die Wasserfarbe schnell vom tiefen Dunkelblau des Pazifiks in ein leuchtendes Aquarellblau über. Unser Lotse Jean schaut konzentriert in die Lagune hinein, die keine dreihundert Meter vor uns liegt, der Paß ist vielleicht achtzig Meter breit, aber knapp neben uns können wir schon den Grund sehen, der steil aufsteigt. Zu steil, denn die SARITA läuft keinen geraden Kurs, sondern tanzt, ein Spielball im reißenden Strom, von der einen zur anderen Seite des Fahrwassers. Jetzt kommt das, was wir alle befürchtet haben: Jean greift zum Gashebel und möchte ihn nach vorne schieben: „Accelerant, accelerant ..." ruft er mit sorgenvoller Stimme. Mindestens drei von uns fallen ihm in den Arm, um ihn am Stoppen der Maschine zu hindern. Fragend starrt er uns an: „Maschine kaputt, fini, finish, not o.k. ...", schreien wir durcheinander und versuchen ein möglichst erschrockenes Gesicht zu machen. Was uns leicht gelingt. Jean ist Seemann wie alle Polynesier. Er pfeift von hinten das Motorboot seiner Freunde heran, dann folgen ein paar schnarrende Worte, und schon haben die Fischer Fender ausgebracht und Leinen in der Hand, um uns notfalls durch den engen Paß und das schäumende Wasser zu bugsieren.

Unendlich langsam wandern die Korallenköpfe unter uns, die Palmen am Ufer an uns vorbei nach achtern. Das Wasser um uns herum quirlt, rauscht, ja kocht. Plötzlich torkelt die SARITA nicht mehr, sondern wird kursstabil. Jean lacht, nimmt den Gashebel leicht zurück, bedeutet seinen Freunden mit einem Pfiff, daß er wieder zurücksteigen möchte in sein Boot mit dem mächtigen Außenborder, und schon steht er auf dem Bug des Speedbootes. Mit der ausgestreckten Hand deutet er in die smaragdgrüne Lagune auf eine große rostbraune Muring. Dann schiebt er den Ganghebel in seinem Steuerstand vor, der Bug seines Bootes hebt sich, bevor das Boot in die Gleitfahrt übergeht, und schon schießt es durch den Paß nach draußen. Alle winken zu uns rüber. Es bleibt uns keine Zeit zu danken – Thun und Tazar, draußen vor dem Paß, gehen unseren Helfern vor.

Ein Stein ist uns vom Herzen gefallen. Wer weiß, ob wir es gewagt hätten, in die Lagune von Amanu ohne die Hilfe dieser braunen Burschen einzulaufen. Sicher hat es ihnen Spaß gemacht zu helfen. Sie warten nicht einmal eine Belohnung in Form eines Besuches bei uns an Bord ab. Aber sie würden schon noch kommen, wenn wir an unserem Liegeplatz vor dem Dorf festgemacht haben.

Ich muß an meinen Clubfreund Dr. Franz Berghold denken, dem auch einmal beim Anlegen geholfen wurde. Ich erzähle diese ganz ungewöhnliche Geschichte auch jenen, die immer wieder nach Problemen mit Seeräubern fragen. Heute können Yachten Opfer von Leuten werden, die nicht wie Seeräuber aussehen: Ein schier unglaublicher Alptraum begann für den österreichischen Universitätsdozenten und Arzt Dr. Franz Berghold, 48 Jahre alt, am 18. Juni 1996. Schockierend an dieser Geschichte ist, daß so etwas jeden Skipper unter uns treffen kann, der mit einem Schiff in bestimmten Revieren unterwegs ist.

An diesem verhängnisvollen Tag war also Dr. Berghold zusammen mit seiner Frau Hildegard auf seiner Segelyacht MANHA DE CARNAVAL vom Typ „Sunbeam 44“ in Griechenland unterwegs und lief in den kleinen Hafen Loutra ein. Er motorte rückwärts auf die Anlegestelle, wobei parallel zur Hafenmole ein böiger Wind mit Bft 4 bis 5 blies. Hildegard bediente den Buganker und ließ ihn auf das Kommando des Skippers etwa 50 Meter vor der Mole fallen. Zu diesem Zeitpunkt waren die beiden Heckleinen klar, mit denen Franz nach Erreichen der Mole übersteigen wollte, um das Schiff zu befestigen.

Als das Heck einen Meter von der Mole entfernt war, stoppte Franz das Schiff, kuppelte den Motor aus und wollte an Land steigen. Es erschien ein einheimischer Fischer und forderte ihn auf, ihm die Leine zuzuwerfen. Üblicherweise lehnt Franz das mangels Vertrauen in Fremde ab, doch wegen des Seitenwindes warf er dem Fremden die Leine zu. Der Berufsfischer, ein solcher war es, handelte jedoch gar nicht professionell. Statt den Tampen um eine Stahlklampe an der Pier mit ein paar Rundtörns oder Kreuzschlägen zu fixieren, begann er umständlich an der Klampe so etwas wie einen Palstek zu knüpfen, wobei er merkwürdigerweise seinen Rücken der Yacht zuwandte. Wegen des Seitenwindes kam irgendwann einmal Zug auf die Heckleine, an der der Fremde immer noch seine Finger dranhatte.

Dr. Berghold bemerkte plötzlich, wie der Fremde mit blutendem Finger, ohne jedoch einen Laut von sich zu geben, zu einem vierzig Meter entfernten Fischerboot lief. Der Skipper, selbst Autor eines hervorragenden Buches über Medizin an Bord, griff sich seinen Notarztsack und lief dem Verletzten nach. Zur Überraschung des Arztes hatte sich der Verletzte in diesen wenigen Augenblicken bereits selbst mit einem Stofftuch den Daumen verbunden und weigerte sich, sich vom Arzt untersuchen und verbinden zu lassen. Statt dessen versuchte er sofort von einem Lebensmittelladen aus telefonisch die Hafenbehörde und merkwürdigerweise einen Hubschrauber zum Abtransport zu erreichen.

Jetzt kam es ganz dicke: Die Hafenbehörden in Kythnos hielten die Yacht ab dem 18. 6. 1996 fest und wollten das Schiff erst freigeben, wenn die Forderungen des Fischers gegen Dr. Berghold erfüllt seien. Runde eineinhalb Millionen, nicht Drachmen, sondern Mark, wollte der angeblich Geschädigte sofort kassieren, und zwar in bar. Auf Verhandlungen mit der Schiffsversicherung ließ sich der Fischer erst gar nicht ein, weil diese (namhafte) Versicherung in Griechenland gar kein Büro habe. Mit Hilfe eines griechischen Anwalts konnte vor dem zuständigen Gericht dann wenigstens die Yacht „befreit“ werden. Zunächst …

Bis hierher eine skurrile, höchst ärgerliche (und teure) Episode, aber das Drama, und es ist eines, begann erst jetzt. Nur drei Tage später wurde die Yacht in Mykonos auf richterliche Anordnung beschlagnahmt. Auf Intervention durch österreichische und griechische Stellen sowie Vorlage einer Garantieerklärung einer griechischen Bank über zehn Millionen Drachmen (rund 65000,–DM) wurde die Beschlagnahme eine Woche nach dem „Unfall" aufgehoben.

Nun kamen die Karten in diesem üblen Spiel auf den Tisch. Das Landgericht legte den Streitwert zunächst mit 45 Millionen Drachmen (fast 300000,– Mark) fest, weil der Fischer durch Amputation des Daumens erwerbsunfähig geworden sei. Na ja, das Ganze sei lächerlich, aber schließlich sei er ja gut versichert, nämlich mit einer Deckungssumme von 15000000 Schillingen (runde zwei Millionen Mark), dachte sich Dr. Berghold.

Es führt hier zu weit, um die ganzen Merkwürdigkeiten in diesem Verfahren mit überhöhten Kosten für Zeugen, Verwandtschaftsverhältnissen von Gerichtspersonen und ähnlichem aufzuführen. Aber immerhin: Bei einer Anwaltsbesprechung wurde festgestellt, daß dem Fischer keineswegs, wie bis dahin behauptet, der ganze Daumen amputiert worden war, sondern „nur" das Endglied, was für die Beurteilung einer angeblichen Berufsunfähigkeit und für die Glaubwürdigkeit schon wichtig ist. Leider hat weder der Arzt Dr. Berghold noch ein Fachmann seines Vertrauens die frische Verletzung zu Gesicht bekommen. Ein griechischer Arzt aus dem zuständigen Krankenhaus meinte lediglich: „Die ganze Sache stinkt!"

Im November erhob der Fischer nunmehr Klage beim Landgericht. Er möchte unter anderem Schmerzensgeld, weil zwischen ihm „und seinem Element, dem geliebten Meer, mit dem er seit seiner Kindheit verbunden war, eine Entfremdung entstehe". Er könne nicht mehr fischen und somit die nächsten 20 Jahre nicht jeden Tag 40 Kilogramm Fisch fangen. Kurzum, er verlangte die Zahlung von 1014000000 Drachmen. Und zwar sofort, und wenn nicht gezahlt würde, müsse Dr. Berghold für ein Jahr in den Knast.

Eine „Milliarde Drachmen" klingt nicht nur nach viel, sondern ist auch nach unserem Geld eine unvorstellbare Summe, fast 10 Millionen Mark, übertrifft die Versicherungssumme um das Sechsfache und wäre der völlige Ruin für jeden Skipper. Lächerlich? Dr. Berghold kann nicht mehr lachen. Immerhin können auch Urteile eines griechischen Gerichts auf Grund von internationalen Rechtshilfeabkommen in Österreich vollstreckt werden. Der Fall dauert an, Dr. Berghold hält inzwischen alles für möglich. Ich drücke ihm den Daumen und werde Lehren aus dem Vorfall ziehen. Aber welche? Keine Hilfe mehr von Fremden annehmen?

In Polynesien ist so etwas schlechthin nicht vorstellbar! Polynesien ist ein Paradies, und dort gibt es keine bösen Menschen! Das heißt aber nicht, daß in Polynesien beispielsweise nicht geklaut wird. Von der THALASSA II wurden ein Fahrrad, das Rigg für den Windsurfer, unzählige Kassetten und so fort „entliehen". Polynesier stehlen nicht, sie haben nur andere Eigentumsbegriffe als Europäer. Schon der große Entdecker der Menschheitsgeschichte, nämlich James Cook, mußte diese Erfahrung machen, obwohl er von den Polynesiern wie ein Halbgott verehrt wurde. Nur einmal wurde er böse, als ausgerechnet ein wichtiges Meßinstrument, mit dem der Meridiandurchgang der Venus in Tahiti festgestellt werden sollte, einige Tage vor dem wichtigen Ereignis „abhanden" gekommen war. James Cook, der große Menschenfreund, ließ einige Stammeshäuptlinge als Geiseln nehmen, um das Instrument herauszupressen. Verständlich sein Unmut, denn schließlich hatte er die ganze Expedition um die halbe Welt nur unternommen, weil sich die Wissenschaft wichtigste astronomische Erkenntnisse aus der Venusmessung in Tahiti versprochen hatte.

Aber Wegelagerer oder Betrüger gibt es unter den Einheimischen nicht. Im Gegenteil, uns haben die Polynesier immer durch ihre ungewöhnliche Herzensgüte beeindruckt. Hatte sich das geändert?

Gäste im Südseeparadies

Die riesige Muring auf hellblauem Wasser enthob uns der Sorge, auf 20 Meter Wassertiefe ankern zu müssen. Mit der langen Festmacherleine vertäuten wir die SARITA an der Tonne, deren rostige Kette senkrecht in die Tiefe hing. Achtern brachten wir mit dem Schlauchboot einen Anker an einer langen Trosse aus, um beim Schwojen nicht mit dem Bug an das Eisen zu rumpeln. Die Muring sah nach einer Tonne für ein Wasserflugzeug aus. Bis vor 30 Jahren

Es ist immer noch leichter, an dieser Tonne mit Hilfe des Beibootes festzumachen als zu ankern

verkehrten in Polynesien häufig Flugboote, denn das ruhige Wasser in den meisten Lagunen ist wie geschaffen, um dort spezielle Flugzeuge zu landen. Inzwischen sind die Wasserflugzeuge verschwunden. Einige Motus, selbst auf der schmalsten Insel, haben eine Piste, auf denen die Turboprops aus Tahiti landen können. An den Murings hängen die Kopraschoner, wenn sie monatlich die Inseln aufsuchen, um diese mit dem Notwendigsten zu versorgen.

Mit dem Beiboot fuhren wir rüber ins Dorf, nur 100 Meter weit. Dort, wo das Wasser flach wurde und wir den Außenborder hochholen mußten, lagen die Sperrholzboote der Einheimischen. Wo waren die Auslegerboote der vergangenen Jahre? Jetzt sah man nur Speedboote mit riesigen Außenbordern dran. 100 Pferdestärken waren die untere Grenze. Das war neu, denn früher gehörte der Außenborder zu den Luxusartikeln einer Familie. Und wenn sich eine Familie einen „Mercury“ leisten konnte, dann höchstens von 10 oder 15 PS. Die Frauen, die sich zu uns auf eine Bank gesetzt hatten, gaben das Stichwort: „Black Pearls“. Dies waren ungefähr die einzigen Worte, die in Englisch gesprochen wurden. Es war eine Schande, da hatten Carla und ich fast vier Jahre in Französisch-Polynesien gelebt und jetzt konnten wir nicht so viel Französisch, daß es für eine einfache Unterhaltung gereicht hätte. Von Tahitianisch ebenfalls keine Spur.

Nach den ersten Minuten wurde uns klar, daß die schwarze Perle das Südseeparadies nicht zerstört, aber verändert hat, möglicherweise sogar zum Vorteil. Wer weiß das schon? Bevor dieser Reichtum in den Lagunen entdeckt wurde, gingen die Männer in den Dörfern, ich drücke es mal richtig schön deutsch aus, „keiner geregelten Beschäftigung nach“, das heißt, sie lebten glücklich und zufrieden in den Tag hinein. Für viele hat sich das mit den Perlenfarmen grundlegend geändert: Sie haben Arbeit. Ob das aber ein Segen für die Leute auf den Motus ist, wage ich zu bezweifeln. Denn ihr Leben hat sich dadurch nicht besonders geändert, bis auf die Tatsache, daß sie jetzt mit ihren Speedbooten mit 60 oder 70 Stundenkilometern über die Lagune zu den Perlenfarmen brausen und vielleicht in ihrer Freizeit effektiver die großen Fische vor dem Paß herausholen können.

Perlen wurden in den Tuamotus schon immer gefunden. Im Fleisch der Perlmutter („Mother of Pearl“) bilden sie sich um einen eingedrungenen Fremdkörper, und sie wurden gelegentlich als Zufallsfunde entdeckt. Um die Jahrhundertwende begann man in Polynesien, systematisch nach Perlen zu suchen. Es war ein mühseliges Geschäft. Von den Insulanerinnen wurden die Muscheln an die Oberfläche geholt, oft aus 30 Meter Tiefe und ohne Geräte. Tonnen von Muscheln mußten oft geschlachtet werden, um eine Perle, eine „echte" Perle, zu finden. Heute ist es fast unvorstellbar, welche aggressiven Eingriffe in die Natur notwendig waren, bis eine ganze Kette von weißgrau glänzenden Perlen einen Frauenhals zieren konnte.

Kein anderer hat die Abenteurerwelt der Schatzsucher im grünen Wasser der Lagunen so spannend beschrieben wie Jack London. Die Mixturen für seine Südseegeschichten waren fast immer dieselben: Der Fund des Lebens für einen armen Polynesier in Form einer riesigen Perle, der Hai, der sich am Ende den Bösewicht des Dorfes holt, der weiße Kaufmann, der sich und seine Seele im Rum ertränkt und schließlich der Hurrikan, der das Dorf auf dem Motu überschwemmt und die Einwohner in die Palmen zwingt. Jack Londons Geschichten sind echt.

Als Carla und ich 1972 zu einem anderen Motu, nämlich Manihi, segelten, waren wir auf die Anfänge der Perlenzucht in den Tuamotus gestoßen. In einer der wenigen Hütten von Manihi hatten wir einen Japaner getroffen, der sogar fließend Deutsch sprach. Er war als Angestellter eines französischen Syndikats nach Manihi gekommen, um dort die Möglichkeiten der Perlenzucht zu erforschen. Er war, wie er uns erzählte, ein Mitarbeiter jenes legendären Japaners Mikimotu gewesen, der als Erfinder der Zuchtperle gilt. Nach dem gemeinsamen Abendessen in seiner Hütte hatte er eine kleine Schachtel herausgeholt und uns ein paar mickrige gelbliche Perlen gezeigt – die ersten Zuchterfolge. Eine zeitraubende Arbeit, wie er uns erklärte, denn eine Perlmutter benötigt nach der gewaltsamen „Impfung" mit einem Fremdkörper drei Jahre, um eine Perle hervorzubringen. Es ist auch möglich, daß keine Perle wächst. Mit glänzenden Augen hatte der japanische Wissenschaftler von seinem Traum erzählt, nämlich von makellos runden Perlen bis zu einem Durchmesser von 17 Millimetern und farblich bis zu dunkelgrün. Er hatte vor 25 Jahren solche Zuchtperlen für durchaus möglich gehalten, wenn man als Fremdkörper ein ganz bestimmtes Material benutzt, nämlich ein Perlmuttkorn von Muscheln aus dem Mündungsgebiet des Mississippi.

Der Japaner, dessen Namen ich vergessen habe, hat sein Ziel erreicht. Aber wollte er, daß nun auf nahezu allen Motus die Jagd auf diese dunkelgrünen Kugeln eröffnet ist?

Wir versuchten mit den Frauen, vor allem mit Hilfe unserer Hände, ein Gespräch in Gang zu bringen. Ja, Yachten kommen schon mal her, im Jahr zwei oder drei. Eine deutsche sei auch schon mal dagewesen. Wann? Daran könnten sie sich nicht mehr erinnern. Ein älterer Mann kam mit einem verrosteten Fahrrad den staubigen Weg heruntergeradelt. Seine Finger hielten den Lenker und gleichzeitig vier Flaschen Cola umklammert. Er stoppte, klopfte sich an die Brust und bedeutete uns, daß er der Bürgermeister sei. Jedem von uns reichte er eine eiskalte Cola, eine Kostbarkeit an einem Platz, wo Kälte mit Petroleum oder einem Dieselmotor erzeugt werden muß. Artig baten wir den Chef des Dorfes um die Erlaubnis, sein Dorf besichtigen zu dürfen. Er strahlte. Polynesier sind bei aller Herzlichkeit auch höfliche oder besser gesagt „herzensgebildete“ Menschen.

Sonja, Ulli, Carla und ich spazierten durchs Dorf. Wir schlenderten die staubigen Wege entlang. Eine dicke Polynesierin mit einem starren Gesichtsausdruck schob ihr Fahrrad neben uns her. Sie beobachtete uns, wollte herausfinden, wie wir das Dorf fänden. Langsam versuchte sie mit uns ins Gespräch zu kommen. Es stellte sich heraus, daß sie ein paar Worte Englisch konnte. Stolz erzählte Maria uns, daß ihr Vater aus Takaroa und ihre Mutter von hier sei. Auf unsere Frage, ob sie sich an unsere THALASSA II erinnern könne, begann sie zu strahlen: „Ah, Yacht THALASSA!“ Wir kamen an der Schule vorbei. Aus den geöffneten Fenstern hörten wir den Singsang von Kinderstimmen und die strenge Stimme des Lehrers. Überall lagen Hunde, dösten im Schatten einer Palme oder dichten Gestrüpps. Zu viele Hunde! Das Dorf konnte nicht mehr als hundert Einwohner haben, die riesige Anzahl der Vierbeiner paßte dazu nicht. Vorsichtig fragte ich unsere Begleiterin, ob sie Hunde essen würden. Energisch schüttelt die Frau ihren Kopf und stößt hervor: „Chinese, only Chinese!“

Wir kamen zur Kirche mit dem roten Dach, das uns den Weg zum Paß wies. Daneben standen noch zwei Kirchen. Dabei war das Dorf nur hundert Meter breit, so breit wie das Riff ist. Es wäre aber

Carla und Maria aus Takaroa

falsch, aus der Zahl der Kirchen auf die Gläubigkeit der Menschen von Amanu zu schließen. Hinter den Kirchen betraten wir die dazugehörigen Friedhöfe. Die Gräber waren ungepflegt. Auf manchem Grabstein war ein Foto, auf dem der Verstorbene abgebildet war. Junge, gutaussehende Männer waren darunter. Manche Grabsteine waren umgestürzt, obwohl das Todesdatum nicht besonders lange zurücklag. Mich überraschte es nicht, daß die Friedhöfe so verwahrlost waren, obwohl die Angehörigen nur ein paar Meter von den Gräbern entfernt wohnten. In der Südsee verstehen es die Menschen wie nirgendwo anders, nur für den Augenblick zu leben. Wir Europäer sind hierzu im allgemeinen unfähig. Wir versuchen, unser zukünftiges Leben fahrplanmäßig in den Griff zu bekommen. „Lebensplanung“ nennen wir es, wenn wir dem Schicksal Vorschriften machen. Dabei vergessen wir, daß es manchmal an winzigen Zufällen hängt, wie unsere Zukunft wirklich verläuft. Der Polynesier macht sich hierüber wenig Gedanken und lebt damit viel unbeschwerter. Andererseits blickt er nicht besonders wehmütig in die Vergangenheit zurück. Das sieht man am Zustand der Friedhöfe.

Warum aber drei Kirchen für ein so kleines Dorf, wo ohnehin die meisten miteinander verwandt oder verschwägert sind? Am Ende des letzten Jahrhunderts entdeckten Missionare der verschiedensten christlichen Kirchen die braven Insulaner als lohnenden Kundenkreis. Es paßt zum friedlichen Wesen dieser freundlichen Menschen, daß sie die Missionare zufriedenstellen wollten. So wurden sie Mitglieder der „neuen“ Kirche, auch wenn sie schon einer anderen angehörten. Oder man schickte einfach seine Verwandten, die noch nicht „bekehrt“ waren, eben zum nächsten Missionar, der die Insel nach verlorenen Schafen, nach Heiden, abgraste. Der Zustand der Kirchen zeigt es: Zu ernst nehmen die Polynesier die Sache mit der Religion meistens nicht.

Geschäfte oder gar eine Hütte, die man „Restaurant“ nennen konnte, gab es auf der Insel nicht. Eine riesige Antenne mit acht Querstangen (der Fachmann würde es einen „Acht-Element-Beam“ nennen) vor einem steinernen Haus zeigte, daß es hier immerhin ein Postamt gab. Das war der Draht zur Außenwelt. Freilich, einen Arzt hätte man damit nicht anrufen können. Im akuten Krankheitsfall müßte der Patient mit einem der schnellen Flitzer mit den riesigen Außenbordern nach Hao über das offene Meer gebracht werden. Dort bestünde dann die Möglichkeit, den Kranken mit einem Militärflugzeug ins Krankenhaus nach Papeete zu bringen, 1000 Kilometer weit.

Über die paar Wege im Dorf spannten sich Elektrodrähte, denn auf Amanu gab es seit kurzem Elektrizität. Das hörte man, denn 50 Meter vom Friedhof entfernt ratterte es aus dem kleinen Haus heraus. Ulli und ich öffneten die Tür und standen vor zwei Generatoren. Einer war in Betrieb, und sein Gebrumm war im ganzen Dorf ununterbrochen zu hören. Auf den Typenschildern lasen wir „Magirus Deutz“ und „220 Volt“, ganz wie zu Hause in Europa.

Obwohl auch bei uns Elektrizität hauptsächlich auf die gleiche Weise produziert wird, faszinieren mich diese kleinen Generatoren, denn hier wird sichtbar, wieviel Energie verloren geht, ja wörtlich in die Luft gepufft wird, damit ein paar Glühbirnen zum Leuchten gebracht oder ein paar Flaschen Bier gekühlt werden können. Dafür wird der Treibstoff für die Generatoren wahrscheinlich irgendwo in Persien aus dem Boden geholt, in Frankreich raffiniert und dann per Schiff bis nach Polynesien, genauer nach Tahiti, gebracht, wo er dann im Hafen von Papeete in eines der kleinen Versorgungsschiffe umgeladen wird, die anschließend den Diesel in Blechfässern nach Amanu bringen. Warum wird der Strom nicht mit Solarzellen oder, wie zum Beispiel in Norddeutschland, mit Windgeneratoren erzeugt?

Davon ist weit und breit nichts zu sehen, obwohl in Amanu ein idealer Platz für Solarpanels oder Windmühlen wäre. Der Passatwind bläst fast unentwegt, schläft nicht einmal nachts ein, und die Sonne scheint jedenfalls viel länger und intensiver als zum Beispiel in Europa. Das zeigt das ganze Dilemma mit der „natürlichen" Wind- und Sonnenenergie auf. Die Erzeugung ist nicht das Problem, es ist die technische Unfähigkeit des Menschen, die so erzeugte Elektrizität zu „lagern" und auf Abruf bereitzuhalten. Der Generator dagegen startet automatisch, wenn hundert Meter weiter der Bürgermeister die paar Birnen für die Straßenbeleuchtung anknipst.

Zurück an Bord wollten wir die Umgebung unseres Liegeplatzes unter Wasser erkunden. An Bord der SARITA hatte ich ein Paar Flossen in der Backskiste entdeckt, in die meine großen Füße hineinrutschten. Leider waren die Flossen schon recht ausgelatscht, und beim Sprung von Bord verlor ich eine, und schon sank sie in die Tiefe. Ich hinterher, immer nur einen Meter von ihr entfernt! Mit nur einer Flosse läßt es sich nicht so gut abtauchen. Noch ein paar Tauchbewegungen in die Tiefe, und wieder griff ich daneben! Ziemlich tief schon, ohne Gerät! Jetzt nur noch einen einzigen Versuch: Ach nein, wegen des schwarzen Gummischlappens riskiere ich doch nicht meine Gesundheit, schließlich hatte ich schon mal zwei Wochen wegen eines Gehörsturzes nach dem Tauchen im Krankenhaus in Tahiti gelegen. Ab jetzt war ich beim Tauchen nur noch „einbeinig". Schade, denn Seemannschaft in den Tropen hört nicht an der Wasserlinie auf.

Beim Ankern in Korallengewässern ist es ein Muß, das Manöver auch durch die Tauchmaske zu beobachten. Denn nur wenn ich den Kopf unter Wasser stecke, kann ich genau sehen, ob der Anker auf Sand zwischen den Korallenköpfen liegt oder ob er nur in Fächerkorallen verkantet ist und beim ersten Zug auf die Kette die Korallen, immerhin Lebewesen, zerstört und – nebenbei – auch die Yacht nicht mehr sicher hält. In manchen Gegenden, so in den USA, beginnt man, mit Gesetzesvorschriften das Ankern über den Korallen zu verbieten. Zu sehr hat die Natur schon durch die zahlreichen Yachten Schaden genommen. In den Tuamotus ist das zwar auf Grund der wenigen Yachten in diesem riesigen Gebiet nicht so schnell zu befürchten, doch ist es sicher besser, rechtzeitig dem Menschen und seinem Zerstörungsdrang vorzubeugen.

Unser Warpanker, der uns nur von der rostigen Tonne freihalten sollte, lag gut, solange kaum Wind wehte. Der Passat war eingeschlafen. Am nächsten Tag lagen wir immer noch gut, denn der Wind hatte gedreht, er kam direkt aus Westen. Nachdem wir unmittelbar hinter dem Paß auf der Westseite von Amanu lagen, schützte uns die Insel, das Riff mit den hohen Palmen gegen Seegang und Wind. Für diese Jahreszeit war eine Passatstörung nicht normal, aber unter dem weltweiten Einfluß von El Niño war das Wetter nirgendwo mehr „normal". Wir machten uns wenig Gedanken, denn der „richtige" Passat hätte uns den schönen Ankerplatz vor dem Dorf vermiesen können. Schließlich hat der Passat die ganze Lagune vor sich, wo er über zehn Kilometer zwar keinen riesigen Seegang aufbauen, doch bei möglichen sechs Windstärken schon recht ungemütlich werden kann.

Am nächsten Tag brachten wir Pampelmusen ans Land, um den Leuten dort eine Freude zu machen. Wir schlenderten wieder durchs Dorf. Maria, die Frau aus Takaroa, schob ihr Fahrrad neben uns her. Als wir an einem kleinen Haus, offensichtlich ihrem Zuhause, vorbeikamen, bedeutete sie uns, einen Moment zu warten. Kurze Zeit später brachte sie eine Handvoll Muschelketten und hängte jedem von uns eins dieser kunstvollen Schmuckstücke, gefertigt aus Hunderten von Monetas (Geldmuscheln), um. Ihr starrer Blick hatte sich in ein gütiges Lächeln verwandelt.

Welcher Paß ist gefährlicher?

Wir kamen zum Paß. Sein Anblick ließ uns erschauern. Jetzt sahen wir, warum wir ihn von draußen bei der Annäherung an das Motu nicht erkannt hatten. Er toste wie ein Wasserfall. Quer über der Stelle, wo die Einfahrt sein sollte, stand eine weiße Wand von fliegendem Wasser, dichtem Schaum und Gischt, zwei bis drei Meter hoch. Es schauderte mich bei dem Gedanken, hier mit der Yacht durchzumüssen. Unmöglich, mit unserer lahmen Maschine ohnehin nicht! Jetzt wurde uns klar, daß unser kleines Südseeparadies

Die Kopraherstellung ist in der Hitze Knochenarbeit

Amanu schnell zum Gefängnis werden könnte. Denn unter diesen Umständen war an ein Absegeln gar nicht zu denken. Wir hatten zwar noch jede Menge Zeit, doch das Gefühl, nicht jederzeit, wenn wir es für richtig hielten, weitersegeln zu können, bereitete Unbehagen. Wann konnten wir auslaufen? Das hing allein vom Paß ab, er würde unsere Planung bestimmen.

Wohnhaus in einem Dorf auf den Tuamotus

Wir gingen zum Bürgermeister und versuchten radebrechend rauszukriegen, wann der Paß passierbar sein würde. Aber er sah uns nur verständnislos an. Hielt er etwa den Paß, so wie er jetzt war, für ungefährlich? Das konnte wohl nicht sein. „Dangereux?“ fragten wir mehrmals, immer lauter werdend. Aber immer wieder schüttelte der Polynesier den Kopf. Er fragte uns nach unserem Ziel: „Makemo!“

Da wiegte er bedächtig den Kopf und murmelte: „Très dangereux!“ Du liebe Güte, das konnte ja heiter werden! Aber eines war klar: So wie sich der Paß jetzt zeigte, war an ein Absegeln aus Amanu gar nicht zu denken. Verzweifelt versuchten wir in Erfahrung zu bringen, wer hier ein paar Worte Englisch sprechen könnte. „Der

Lehrer", meinte der Bürgermeister, und er rief einem anderen Mann etwas zu, was wir natürlich wieder nicht verstanden. Der Mann nickte, ging um die Ecke, und bald hörten wir einen Motor starten – und tatsächlich, da bog ein kleiner „Iveco"-Laster um die Ecke. Noch nie in meinem Leben hatte ich eine solche Rostlaube gesehen. Ich mußte unwillkürlich an meinen Beruf, Verkehrsrichter, und an meine Moralpredigten an die kleinen Verkehrssünder wegen der vergessenen TÜV-Untersuchung denken. Doch: andere Länder, andere Sitten. Schließlich bestand der Straßenverkehr in Amanu aus einem einzigen Weg von hundert Metern Länge und einem Auto. Stolz lud uns der Bürgermeister ein, einzusteigen. Er rutschte auf den Fahrersitz und startete den Motor mit einem Klingelknopf, der mit Klebeband am Armaturenbrett befestigt war. Ulli lachte, denn auch er mußte sicher an seinen Beruf zu Hause denken. Dort beschäftigte er sich in der Entwicklungsabteilung von Mercedes mit hochkomplizierten Verbesserungen an Airbags. Nein, so etwas brauchten wir in Amanu nicht, denn hier konnte es höchstens zu einem Zusammenstoß mit einem Schwein oder einem der vielen Hunde kommen, die bellend hinter uns herjagten.

Erwartungsgemäß war die Fahrt schon nach hundert Metern zu Ende, und der Bürgermeister ließ uns stolz vor der Schule aussteigen. Seine Frau ging ins Haus, und schon nach kurzer Zeit verstummte die monotone Stimme des Lehrers, die durchs offene Fenster zu uns herübergetönt hatte. Ein strahlend-freundlicher junger Mann, vielleicht 25 Jahre alt, kam heraus und stellte sich in leidlichem Englisch als der Lehrer vor. Er sei von Amanu, habe in Papeete studiert und jetzt der einzige Lehrer hier. Seine braunen Schulkinder lugten mit ihren dunklen Augen scheu um die Ecke. Es schien, als seien sie ungeduldig wegen der Unterbrechung des Unterrichts. Schnell konnten wir ihm klarmachen, daß wir uns wegen des Passes sorgen würden. Er befragte einen älteren Polynesier, der beim Bürgermeister stand, und übersetzte: „Morgen um acht Uhr ist eine gute Zeit zum Auslaufen!"

Ich schlief schlecht. Irgendwie fühlte ich mich in der Falle. Der Paß hatte heute auf mich einen so bösartigen Eindruck gemacht, daß ich, ja, das ist der richtige Ausdruck, „Angst" vor ihm hatte. Alles wäre nicht so schlimm gewesen, wenn wir die volle Kraft der

Maschine gehabt hätten, ja, wenn wir uns sicher auf sie hätten verlassen können. Denn wer garantierte uns, daß der Yanmar nicht schon mal bei 1600 Umdrehungen seinen Geist aufgibt. Mir fiel ein Ausdruck ein, den ich schon in vielen Veröffentlichungen über die Segelkunst gelesen hatte: „Schließlich sind wir ein Segelschiff!" Diese Formulierung gefällt mir nicht. Sie suggeriert, daß eine Segelyacht unter Segel alles kann, ja, daß sie unter Segel immer mehr leistet, als mit der Maschine möglich ist. Hierbei wird meist vergessen, daß zu Zeiten, als noch keine Maschine eine Segelyacht notfalls hätte antreiben können, manche Manöver eben undurchführbar waren. Größere Rahsegler konnten überhaupt keine Anlegemanöver an einem Steg fahren, konnten von manchen Ankerplätzen nicht mal absegeln. Die alten Segelschiffskapitäne wußten schon, was sie taten, wenn sie sich von ihren Beibooten bei Flaute aus der Bucht hinausschleppen ließen, um erst im freien Seeraum die Segel zu setzen. Und außerdem – wie viele Segelschiffe sind denn verloren gegangen, weil sie hilflos mangels Wind auf ein Riff getrieben wurden oder auch, weil es ihnen mit ihren erbärmlichen Amwind-Eigenschaften nicht gelungen ist, sich bei Sturm von der Leeküste freizukreuzen? Die großen Schiffsfriedhöfe der Welt, an der englischen Südküste oder an der Nordküste der Staateninsel, können ein Lied davon singen. Am Ufer der Staateninsel waren um die Jahrhundertwende eigene Camps mit Lebensmittelvoräten eingerichtet, so regelmäßig strandeten dort die Rahsegler, die das Kap Hoorn runden wollten. Selbst für viel Geld wäre ich mit der SARITA Kurt Eckers nicht durch den Paß von Amanu hinausgesegelt.

Wir standen um sechs Uhr auf, um ja zwei Stunden später pünktlich am Paß zu sein. Bis der Warpanker mit dem Beiboot aufgeholt sein würde, hätte viel Zeit vergehen können. In Korallengewässern glaube man besser nicht an ein komplikationsloses Ankermanöver. Allzu leicht verhängt sich die Ankerleine um die Korallenköpfe. Dann ist Tauchen angesagt. Um sieben Uhr motorte Gerhard mit dem Schlauchboot zum Paß. Kurze Zeit später meldete er: „Heute können wir nicht auslaufen, der Paß schaut zu gefährlich aus!"

Das gab es doch nicht! Wenn die Einheimischen uns diesen Zeitpunkt genannt haben, dann muß es sich um die günstigste Zeit gehandelt haben. Wann kommen wir denn sonst aus Amanu raus?

Plötzlich sah ich unser Traumziel Amanu nicht mehr als Paradies, sondern nur noch als Gefängnis an. Dieser verdammte Motor!

Ulli und ich fuhren kurze Zeit darauf nochmals zum Paß. Wir fanden ihn jetzt ganz friedlich. Man hatte zwar das Gefühl, an einem Fluß zu stehen, so schnell floß das Wasser aufs offene Meer hinaus, doch das bösartige Weiß war nicht mehr zu sehen. Auch eine schwache Maschine hatte bei dieser gleichmäßigen Wasserbewegung nur die Aufgabe, der Yacht so viel Fahrt durch das Wasser zu verleihen, daß genügend Ruder im Schiff sein würde. Wenn wir also mit unserer Maschine nur zwei Knoten schafften, würde es schon reichen, auch wenn wir tatsächlich mit zehn Knoten über Grund zum offenen Meer gespült würden.

Zurück zur SARITA: „Wir fahren!" In wenigen Minuten hatten wir mit dem Beiboot den Anker aufgesammelt, die Ankertrossen wieder für ein Notankermanöver vorbereitet und die Segel klar zum Setzen gemacht, obwohl sich noch kein Lüftchen bewegte. Wer weiß, vielleicht kommt in der nächsten halben Stunde Wind auf?

Langsam motorten wir die paar hundert Meter zum Paß. Gerhard ging nach unten, um Kaffee zu kochen, wie er sagte. Mir war klar, daß er nicht zusehen wollte, wie wir die SARITA durch den Paß bringen würden. Die Maschine lief langsam, aber rund. Wie es eben alle Dieselmotoren machen, wenn sich kein Hauch Wind regt und die See spiegelglatt ist. Einige Meter vor uns begann sich das Wasser zu kräuseln, und bald schien es zu kochen. Es waren keine Wellen da, trotzdem schäumte das Wasser. Der GPS zeigt keinen Strom an, was darauf schließen ließ, daß sich hier halt lediglich Wassermengen mit verschiedenem Salzgehalt und Temperaturen, also von draußen und drinnen, in die Quere gekommen waren.

Als wir an der Schule vorbeischlichen, wurde es uns warm ums Herz. Alle Schüler, vielleicht fünfzig, und der Lehrer standen vor ihrer kleinen Schule in Reih und Glied und winkten uns herzlich zu, so, als ob es ein Abschied unter guten Freunden für immer sein würde. Wir waren traurig, denn in der Aufregung um den Paß war unser Abschied überhastet. Wir wollten den Leuten von Amanu noch Obst bringen, hatten uns eigens mit Geschenken für Kinder eingedeckt, und jetzt schüttelten wir ihnen nicht einmal die Hände. Aber wir hatten ja den Namen der Insel, und Amanu hatte zumindest ein Postamt. Was also hinderte uns daran, später von zu Hause aus tatkräftig an die Leute dieses kleinen Paradieses, das so weit von anderen Menschen entfernt ist, zu denken?

Durch den Paß zu motoren, war eine Sache von Minuten: Plötzlich hatte die Lagune die SARITA in den offenen Pazifik hinausgespuckt.

Von Amanu nach Makemo

Ab jetzt hatten wir keine Sorgen mehr, ob wir den Kurs anliegen könnten. Denn jetzt konnten wir die Tuamotus von Osten kommend sozusagen aufrollen – wie es Carla geplant hatte. Wir waren nur an eine Insel gebunden, nämlich Makemo. Das lag uns allerdings etwas im Magen, denn hatte der Bürgermeister von Amanu uns nicht vor dem Paß gewarnt? Aber wir mußten nach Makemo.

Als die YACHT mich gefragt hatte, ob ich den „Skipper des Jahres" in die Südsee mitnehmen würde, wollte ich mich von der Törnplanung her nicht einengen lassen. Aber den Ein- und Aussteigepunkt mußte ich ja schließlich irgendwie angeben. Die Südsee ist nicht das Revier, wo man schnell in den nächsten Hafen einläuft und den Mitsegler mit den Worten an Land setzt: „Nimm dir notfalls ein Taxi zum Flugplatz". Wir mußten eben nach Makemo und nicht nach Raroia oder sonstwo hin. Und wir mußten pünktlich dort sein. Von Makemo fliegt nur einmal die Woche, am Montag, eine Propellermaschine nach Papeete. Erwischt man die nicht, heißt es sieben Tage warten. Mindestens, denn oft sind die Flugzeuge auf Monate hinweg ausgebucht. Eine Woche ist für einen Blauwassersegler, der höchstens in Jahreszeiten denkt, nicht viel, für den Urlaubssegler dagegen eine vielleicht sehr teure Zeitspanne. Und was machen wir, wenn der Paß tatsächlich unpassierbar sein würde? Laß uns einmal hinsegeln, notfalls können wir Sonja und Ulli vor dem Paß mit dem Speedboot holen lassen …

Unsere SARITA marschierte vor achterlichen Winden dahin. Die Segel standen, wie während der gesamten Reise bis jetzt, immer noch an Steuerbord. Selten sank das Speedometer unter sechs Knoten ab. Stangengerade zogen wir den Kurs durch die Tuamotus, ließen Tauere weit im Norden liegen und legten unseren Kurs zwischen Marutea Nord und Nihiru. Niemals hätte ich mich früher getraut, so locker und sorglos durch die Inselwelt der Tuamotus zu segeln. Dank der Satelliten hatte sie ihren Schrecken verloren. Vor der Satellitennavigation waren die Tuamotus navigatorisch das gefürchtetste Gebiet der Welt, und jetzt? Ich schaltete mein Flugzeug-GPS ein, hielt es so, daß die Antenne zum Himmel schaute und drückte die Taste NÄCHSTER FLUGPLATZ. Wenige Sekunden danach hatte ich nicht nur MAKEMO auf dem Display stehen, sondern auch gleich Kurs, Entfernung und sogar die Towerfrequenz auf der LCD-Anzeige. So hätte ich also über Sprechfunk den Flugplatz von Makemo anrufen können. Theoretisch, denn der UKW-Sprechfunk auf einer Yacht deckt nicht die Flugfunkfrequenzen ab (außerdem ist der Flugfunk amplitudenmoduliert). Vor allem aber wäre ich mir sicher gewesen, daß die Funkstation von Makemo/Flugplatz nicht besetzt gewesen wäre. Ein Flugzeug die Woche verführt zu etwas lockerem Dienstbetrieb. Ich erinnerte mich, wie ich bei meinen ersten Flugstunden von Tahiti aus mit einem kleinen Flugzeug nach Rangiroa geflogen war. Der Fluglotse in Rangiroa hatte mir schon 10 Meilen vor dem Flugplatz gemeldet, daß kein anderer Verkehr in Sicht sei. Schließlich hatte er mir ein paar Minuten später die Landeerlaubnis gegeben. Nach der Landung waren wir alle verblüfft gewesen, weil auf dem Flugplatz weit und breit kein Mensch zu sehen war. Nach ein paar Minuten kam der Fluglotse angeradelt und erzählte uns treuherzig, daß er den Funkverkehr nicht vom Tower, sondern von zu Hause aus geführt hatte. Nachdem um diese Zeit niemals ein anderes Flugzeug kommen würde, hätte er mir auch, sozusagen blind, aber guten Gewissens, die Landefreigabe geben können. Tahitianische Logik!

Am Morgen stehen wir vor dem Paß von Makemo, breit wie ein Highway. Da hatte der gute Bürgermeister von Amanu uns offenbar angst machen wollen. Wir hätten noch länger bei ihm bleiben sollen. Welch sympathische Lüge! Unsere Maschine will jetzt nur noch bis 1500 Umdrehungen arbeiten. Aber der Paß von Makemo ist so einladend und ruhig, daß ich mir auch zutrauen würde, hinein zu segeln. Trotzdem drehen wir an Steuerbord das Groß und die Genua ein. Ulli und Sonja, die uns hier verlassen werden, haben während ihrer Südseewochen die Segel niemals an Backbord gesehen, keine Wende oder Halse erlebt, das Schiften beim Boje-über-Bord-Manöver nach dem ersten Auslaufen einmal ausgenommen. Das ist Segeln in der Südsee!

Der Bug der SARITA dreht sich zum Paß, die Maschine läuft rund, die See ist glatt, der GPS zeigt nur vier Knoten Strom. Es macht mir Spaß, wie wild am Rad hin und her zu kurbeln, um die SARITA auf Kurs zu halten. Am Ende des Passes, das zeigt unsere große Detailkarte, die ich bei diesem Manöver nicht aus der Hand lege, müssen wir nach Steuerbord, denn dort soll ein Riff mit einem Seezeichen drauf sein. Tatsächlich, das Seezeichen ist schon einige hundert Meter vorher deutlich zu sehen (was in diesen abgelegenen Gebieten nicht selbstverständlich ist), und gleich darauf leuchtet auch schon die Untiefe hellgrün, hat sogar leichte Brecher drauf. Dann sind wir schon durch, biegen nach rechts ab und sehen auch eine große Mole, wahrscheinlich für das Versorgungsschiff. Keine hundert Meter entfernt liegt eine weiße Kunststoffyacht mit der französischen Flagge am Heck.

Im Fernglas checke ich die Pier. Wie erwartet, taugt sie nicht für uns, zuviel Schwell! Wir müssen ankern. Der Platz ist unruhig. Das ist nicht ungewöhnlich, denn der Passat hat 20 Kilometer Platz, um etwas Seegang aufzubauen. Nicht schlimm, aber auch nicht gemütlich. Immerhin ist die Lagune von Makemo insgesamt so groß wie der Bodensee. Und wenn eine Yacht im bayerischen Meer im Sturm auf der falschen Seite liegt, dann kann sie auch zerschlagen werden. Wir suchen lange nach der „richtigen" Stelle zum Ankern. Platz ist genügend vorm Dorf. Schließlich sind wir die einzige Yacht, der Franzose liegt fünfhundert Meter weit weg auf der anderen Seite der Mole. Viele Ankerplätze gibt es hier nicht. Hier stehen zu viele Korallenköpfe, da ist es auf 25 Metern wegen des großen Schwojkreises schon wieder zu tief. Wäre unsere schöne Nirokette in Ordnung, würde ich nicht solange zaudern. So aber haben wir nur eine kurze Ersatzkette mit einer Trosse dran. Die darf auf keinen Fall eine Koralle berühren, denn bei schlechterem Wetter wäre sie in Sekunden durchgescheuert. Endlich paßt alles, der Zweitanker liegt auch gut, wie ich mit der Maske sehen kann.

Nach dem Ankern fahren Ulli, Sonja und ich an Land. Wir betreten ein weißes Steinhaus, direkt am Strand. In einem kühlen Raum stehen wir vor Stühlen und Tischen, alle mit Plastikfolien abgedeckt. Auf einer wackeligen Kommode rauscht ein alter Fernseher, die Stabantenne mit Draht verlängert, wohl um den miserablen Empfang ein wenig zu verbessern. Ein riesiger Kühlschrank, gefüllt mit Sprite und Heineken-Bierdosen, brummelt vor sich hin. Eliane, so stellt sich eine vielleicht 25jährige Polynesierin im Pareo vor, kommt herein, erzählt stolz, das sei ein Café und abends, manchmal, ein Restaurant. Wir bestellen zwei Biere, jedes zu sieben Mark. Sie zieht ein abgegriffenes Foto heraus, deutet auf einen jungen Mann und radebrecht: „Mein Freund, ein Deutscher, kennt ihr ihn?“

Speedboot für die Perlenzüchter in der Lagune von Makemo

Oh je, ob sie den wiedersieht? Ich möchte ihr gerne etwas Nettes sagen und deute bewundernd auf ihre Perle am Ohrläppchen. Sie lächelt glücklich, holt aus einem Schränkchen ein Tuch und wickelt ganz vorsichtig drei Perlen aus, so schwarz, wie sie nur in den Lagunen der Tuamotus wachsen. Aus Makemo? Sie nickt stolz. Dann gibt sie jedem von uns eine schwarze Perle. Für uns? Wir wagen kaum zu fragen. Sie nickt mit einem zufriedenen Lächeln. Wir sind sprachlos. Auf dem Weg zurück zum Beiboot hole ich die Perle aus der Tasche und lasse sie durch die Finger gleiten. Sie leuchtet silbergrün. Ich werde sie mir fassen lassen. Silber paßt wohl besser zu dieser mysteriösen Farbe als Gold. Eliane hat mir nicht nur eine Perle geschenkt, sondern auch eine wunderschöne Geschichte, oder?

Die Dörfer in den Tuamotus ähneln sich. Sie liegen allesamt am Paß, was einfach erklärt ist. Die Insulaner lebten alle, jedenfalls, als noch keine Perlen gezüchtet wurden, vom Fischfang. Vor dem Paß lauern die großen Räuber auf die Beute, die durch den Paß nach draußen gespült wird und dann vor deren gefräßigen Mäulern herumschwimmt. Um also die kapitalen Burschen wie Thun, Tazar oder Wahoo zu fangen, mußte man schon vor den Paß gehen. Deshalb wurden die Ufer des Passes von jeher als erstes besiedelt. Es gibt ganz wenige Dörfer in den Tuamotus, Ahe gehört dazu, die weit in der Lagune angesiedelt worden sind.

Auch Makemo machte keine Ausnahme. Direkt am Paß fanden sich wieder die obligatorischen Kirchen. Was Makemo zu einer Art Metropole macht, daher sicher auch die Landepiste, ist die Tatsache, daß es eine große Schule besitzt, eine Art Realschule. Die Jungen und Mädchen stammten alle von den näheren Inseln im Umkreis. Sie machten, als wir ihnen beim Volleyballspielen zusahen, allesamt einen fröhlichen Eindruck und schienen nicht darunter zu leiden, nur sehr selten in den Ferien nach Hause zu kommen. Denn zwischen den Inseln gibt es keinen eigenen Schiffsverkehr. Wenn man zur Nachbarinsel möchte, muß man schon auf den „Kopraschoner“ (so heißen sie immer noch, auch wenn sie längst nicht mehr gesegelt werden) warten, und je nach Lage seiner Heimatinsel eine tagelange Rundreise durch die Inselwelt unternehmen.

Wiederum fiel uns die große Anzahl von Hunden im Dorf auf und wiederum erzählten uns die freundlichen Leute von Makemo, daß niemals sie, sondern nur die Chinesen Hunde essen würden. Allmählich konnten wir uns einen Reim drauf machen. Viele hundert Hunde lagen in der Hitze unter Bäumen, auch mitten auf der sandigen Straße herum. Chinesen sahen wir nicht. Wir kamen mit einem blonden Franzosen ins Gespräch, dem Lehrer. Ob seine Landsleute Hunde essen würden? „Ich fürchte ja!“ war seine Antwort. Er erzählte weiter, daß es zwar ein Gesetz gebe, das diese Barbarei verbiete, daß, so weit weg von Papeete, sich aber von den Erwachsenen nicht viele darum scherten. Aber, das merkten wir doch, peinlich war es den Leuten von Makemo schon, von den Popas (= Fremde) fortwährend danach gefragt zu werden.

Bei unserem Spaziergang lief uns der Franzose von der anderen Yacht über den Weg, eine große Tasche in der Hand, voll mit frischen Baguettes. Gibt es hier gar einen Bäcker? Er deutete auf einen kleinen Weg in den Palmenwald hinein. Kurze Zeit später standen wir vor einem kleinen Geschäft. Eine Horde von Mädchen umlagerte die Eistruhe und holte sich grellbunte Plastiktüten mit Wassereis heraus. Das Brot sei schon ausgegangen, aber wir könnten für morgen soviel bestellen, wie wir haben wollten.

Durch das Labyrinth der Korallenköpfe

Am anderen Tag wollten wir in die Lagune segeln. Wir hatten von einem paradiesischen Ankerplatz im SSCA-Heft gelesen. Als Blauwassersegler findet man dort die besten Segelinformationen, wohlgemerkt für alle Reviere der Welt. Jeder kann in der SEVEN SEAS CRUISING ASSOCIATION* Mitglied werden, wenn er ständig an Bord einer Fahrtenyacht lebt. Die Mitglieder sind verpflichtet, von ihren Reisen Erfahrungsberichte zu schreiben, die dann in einfacher Form vervielfältigt und allen zugesandt werden. Vollmitglied mit dem schönen Titel „Commodore“ wird der Segler erst dann, wenn er von zwei Bürgen empfohlen wird und mindestens ein Jahr mit der Yacht unterwegs war. Bei soviel praktischer Erfahrung sind die Berichte der Commodores Fundgruben für fachlich fundierte Informationen. So gibt es über die vielen Jahrzehnte der Existenz von SSCA auch über fast alle Gebiete der Welt genaueste Auskünfte (in Englisch), sofern die jemals von SSCA-Yachten angelaufen worden sind. Man kann auch „nur“ Associate Member sein, um die Hefte zu abonnieren, ja, ganze Jahrgänge können für wenig Geld nachbestellt werden. Damit hat man für 38 Dollar pro Jahr einen gedruckten Erfahrungsschatz, der praktisch alle Seegebiete der Erde abdeckt, die je von Yachten befahren wurden. Viele Informationen, das ist kein Geheimnis, haben wir den 18 Jahrgängen zu verdanken, die Carla besitzt.

Wir waren ganz froh, von unserem Liegplatz am Dorf wegzu-

* (SEVEN SEAS CRUISING ASSOCIATION, INC, 1525 South Andrews Avenue Suite 217, FORT LAUDERDALE, FL 33316, USA, Phone: (954) 463–2431, Fax: (954) 463–7183; SSCA akzeptiert Zahlung mit Visa Card.)

kommen. Nicht daß es uns bei den braven, herzlichen Leuten dort nicht gefallen hätte, doch hatte sich der Passat zur vollen Stärke ausgewachsen. Es pfiff mit 25 bis 30 Knoten auf die SARITA, die in der nicht sehr hohen, aber abgehackten Welle heftig herumtanzte. Was besonders schmerzte, war das Einrucken in die 23 Meter lange Kette und nachfolgende Trosse. Ein Platz an der Ostecke der Lagune war im SSCA-Heft als Ankerplatz so zauberhaft dargestellt worden, daß es geradezu ein Muß war, dorthin zu segeln. Sogar die GPS-Koordinaten waren angegeben, so daß wir den Platz sicher metergenau finden würden.

Sonja und Ulli hatten noch ein paar Tage bis zu ihrem Abflug am Montag, so daß ein Ausflug in die Lagune zeitlich bestens paßte. Wir deckten uns mit Unmengen frischen französischen Weißbrots ein und sammelten dann eine Stunde mit Hilfe der stampfenden SARITA und unseres Beibootes die Anker ein. Bei 30 Meter Sicht unter Wasser war es kein Kunststück, die Boote jeweils so über den Anker und um die Korallenköpfe herumzudirigieren, daß Kette und Trosse gut freikamen. Dann setzten wir Segel, ließen aber zur Sicherheit unsere schwächliche Maschine mitlaufen. Carla und Sonja stellten sich aufs Vorschiff, um Ausguck zu halten. Das war auch nötig, denn von den 15 Meilen, die vor uns lagen, besaßen wir keine Seekarte. Das heißt, wir hatten schon alle erhältlichen nautischen Unterlagen von diesem Gewässer, aber kurz nach dem Paß hörten auf dem blauen Papier die Tiefenangaben auf und waren ersetzt durch den vielsagenden Eintrag: „Vereinzelte Korallenköpfe“! Das klang nicht beruhigend, denn schon ein einziger Korallenkopf, auf den die Yacht aufbrummt, kann den ganzen Tag vermiesen.

Das Echolot war eingeschaltet und zeigte fortwährend beruhigende 30, 40 Meter Tiefe an. Dann deutete Carla auf dem Vorschiff voraus, und tatsächlich konnte man zwischen weißblauen Wellen einen braunen Flecken entdecken. Als wir näher kamen, sahen wir, daß es sich um ein Korallenfeld mit einem Durchmesser von vielleicht hundert Metern handelte. Nirgendwo schätzten wir die Tiefe über den Korallen auf mehr als einen Meter, an manchen Stellen reichten die Korallen bis direkt an die Wasseroberfläche. Wir passierten die Untiefe in einem Abstand von höchstens zehn Metern im tiefblauen Wasser. Unser Echolot zeigte immer noch scheinbar beruhigende 31 Meter.

Das Spiel wiederholte sich nach einer halben Stunde und dann in immer kürzeren Abständen, je mehr wir uns dem Ende der Lagune näherten. Wenn ich nicht aus dem SSCA-Heft gewußt hätte, daß einige Meilen weiter ein Super-Ankerplatz auf uns warten würde, wäre ich umgekehrt, denn ich war mir nicht sicher, ob beispielsweise bei Regen die Korallenköpfe auszumachen gewesen wären. Solange die Sonne strahlte, konnte man die Flecken mit Sicherheit schon 300 Meter voraus erkennen. Trotzdem, ganz wohl war mir nicht. Hätte das Wetter plötzlich umgeschlagen, wären wir zum Fliegenden Holländer ohne Navigationsmöglichkeiten in diesem Riffgewässer geworden. Die Korallen wären zu flach zum Ankern gewesen, und neben den Korallen hatten wir immer noch Tiefen, in denen unser Anker sicher nicht gehalten hätte. Ich bat Gerhard, doch mit seinem Kartenplotter unseren Kurs automatisch mitzuplotten. Denn das wäre immerhin für den Rückweg eine Methode gewesen, zurückzukommen, freilich unter Verlaß auf die Genauigkeit des GPS. Es war mir klar, daß so etwas nur eine Notlösung hätte

Carla und Ulli in der Robinsonecke der Makemo-Lagune

sein können, denn die Satelliten sind auf einer Yacht zwar meistens auf 20 oder 30 Meter genau, aber verlassen kann man sich darauf nicht. Es gibt auch Ausreißer von 300 Metern, so daß es äußerst riskant ist, nur mit Hilfe des GPS bis auf hundert Meter Nähe an einer Riffkante entlangzusegeln.
Es ist ohnehin verwunderlich, wie manche Segler dem GPS-Display vertrauen, wie sie die Digitalanzeige als etwas Absolutes ansehen. Dabei sind in die Satellitennavigation eine Reihe von Fehlermöglichkeiten „eingebaut“ worden. Abgesehen von ganz simplen Gerätedefekten wie Software-Fehlern im Empfänger, die also unabhängig vom System jederzeit auftreten können, haben sich die Betreiber des Systems, amerikanische Militärs, ausbedungen, das GPS-System jederzeit abschalten zu dürfen oder schlimmer noch, die Genauigkeit, sogar nur lokal, zu verschlechtern. Und zwar ohne Vorwarnung! Der Hintergrund ist, wie sollte es anders sein, militärischer Natur. Ich glaube zwar nicht, daß wir diesen Fall jemals erleben werden (nicht mal im Irak-Krieg wurde davon Gebrauch gemacht), aber es beunruhigt doch, wenn, wie hier im Regenschauer über unvermessenen Korallenköpfen, die Sicherheit der Yacht nur noch vom GPS abhängen würde, und zwar ausschließlich.
Bis ein weiteres Satelliten-System eingerichtet ist, checke ich möglichst die GPS-Anzeige mit anderen Mitteln, in Landnähe meist mit dem Radar. Hier in der Lagune von Makemo war keine Kontrolle möglich. Terrestrische Navigation fand mangels Landmarken ohnehin nicht statt. Rings um die SARITA waren am Horizont nur der durchgezogene gelblich-weiße Strich vom Riff mit ein paar Palmen und, fern im Hintergrund, dahinter die weißen Brecher auszumachen. Weit und breit kein Peilobjekt für eine Kompaßpeilung!
Segeln in den Tropen: Sonja fror auf dem Vorschiff. Der überkommende Spray tauchte die beiden Damen bei jedem Einsetzen des Bugs in massive Feuchtigkeit, der Wind sorgte für den rechten Zug. Alle waren wir froh, als der weiße Saum am Horizont näher kam, und das Grollen des Riffs zu hören war. Der Wind beruhigte sich, die Korallen wurden kleiner und noch häufiger, und wir mußten einen Zickzackweg über das hellblaue Wasser suchen. Mit unserem GPS hielten wir genau auf die exakte GPS-Position aus dem SSCA-Heft zu, und schon konnte man vor den Palmen am Ufer einen

kleinen Punkt ausmachen, der sich bald als ein anderes Schiff herausstellte. Das freute uns, denn man sucht zwar mit einer Segelyacht gerne einsame Ankerbuchten auf, doch ist es schöner, noch mindestens ein anderes Schiff vorzufinden. Hier ganz besonders, hatte man doch beim Blick aufs Riff mit dem nachfolgenden Dunkelblau des Pazifiks das Gefühl, am Ende der Welt, sozusagen an ihrem Tellerrand, zu liegen.

In der El-Niño-Wetterfalle

Auf der SSCA-GPS-Position ankerte punktgenau, ein Nachteil der Satelliten-Navigation, die KIWIROA aus Neuseeland. Skipper Peter benutzte das gleiche Heft des SSCA. Und so lag er dort, wo der Ankerplatz tausend Yachten beherbergen könnte, genau auf dem von uns anvisierten Platz. Wir freuten uns, Peter, seine Frau Jo und den vierzehnjährigen Sohn Craig zu treffen.

Die KIWIROA aus Aluminium ist vielleicht nicht die schönste Segelyacht, die ich jemals betreten habe, sicher aber die beste Fahrten-

Peters selbstgebaute KIWIROA *ist Fahrtenseglers Traum aus seewasserbeständigem Aluminium*

yacht. Peter, Bootsbauer, hatte sie fünf Jahre lang für das gemeinsame Leben seiner Familie auf dem Wasser gebaut und sicher über hundert gute Ideen darin verwirklicht, bis hin zur besonders sicheren Pinkelreling („Bei welcher Gelegenheit kommt es am häufigsten zu Mann-über-Bord?"). Stolz zeigte er mir alle Details, die er sich ausgedacht hatte, um das wirklich perfekte Traumschiff zu

Peters Traumschiff ist ihm zu groß, für den vierzehnjährigen Sohn Craig aber schon zu klein

bauen. Er führte mich in den Maschinenraum, wo der 80-PS-Cummins-Diesel einem Altar gleich in makellosem Elfenbeinweiß in der Mitte thronte. Peter zeigte die Lukendeckel aus seewasserfestem Aluminium, die er so kunstvoll konstruiert und eingebaut hatte, daß sie am Ankerplatz zwar viel frische Luft, nicht aber Regen ins Schiffsinnere ließen. Das Schiff war durch mehrere wasserdichte Schotten so unterteilt, daß selbst beim (nur theoretisch denkbaren) Durchkentern kein Tropfen Wasser seinen Weg ins Innere gefunden hätte.

Im Cockpit fand sich – fest eingebaut – eine kleine Waschmaschine, und der Heckanker war mit einem Griff aus einer achterlichen Luke an Deck zu holen und mit einem eigenen verdeckten

Spill zu bedienen. Am meisten faszinierte mich die ungewöhliche Form des Decks, was einen guten Grund hatte. Statt eines unsinnigen generatorbetriebenen Watermakers konnte Peter sein ganzes Schiff als Regenfänger benutzen. Sogar Wasserhähne hatte er zu

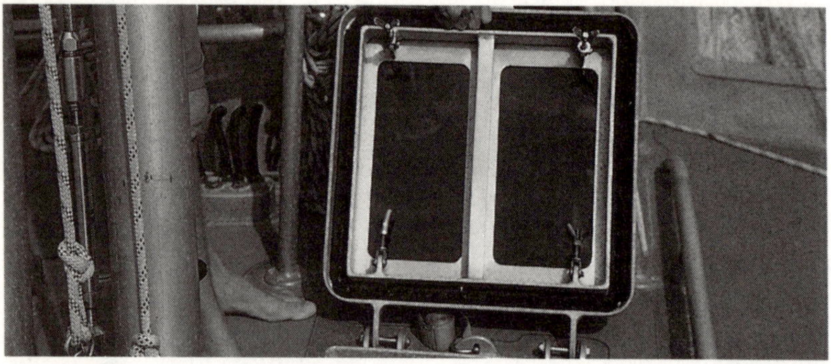

Die selbstgebauten Alu-Luken weisen Peter als hervorragenden und sicherheitsbewußten Bootsbauer aus

diesem Zweck installiert. Wenn in einem tropischen Regenguß nach ein paar Minuten das Salz vom Deck gewaschen war, konnte er das reine Regenwasser direkt in die Süßwassertanks leiten. „Wir duschen jeden Tag mit Trinkwasser, ganz gleich, wie weit wir vom Wasserschlauch entfernt sind“, meinte Peter stolz. An der Heckreling hatte er einen kleinen, abnehmbaren (Aluminium-)Tisch angebracht, auf dem frische Fische gleich ausgenommen werden konnten, bevor das Cockpit beschmutzt werden mußte. Alles war bei Peter bis ins letzte Detail durchdacht – bis auf seine Lebensplanung.

Viele Jahre hatte er an diesem Schiff gebaut, man „sah“ es – im guten Wortsinn. Man spürte, wie Peter jede freie Minute, jeden Penny in den Traum seines Lebens, eine Weltumseglung mit Familie und perfektem Schiff, gesteckt hatte. Doch nach einer Stunde an Bord erahnte ich auch die Geschichte, die er mir bald erzählen würde. Ich hatte sie schon oft gehört:

Seinem 14jährigen Sohn Craig war die riesige Yacht mit eigenem Studierzimmer, aber ohne Schulfreunde, zu klein, Peter dagegen zu groß geworden. Die Kosten für das Schiff gingen ins nicht mehr vorhandene Geld. Zu verkaufen war die Yacht zu einem vernünftigen Preis nicht, jedenfalls bei weitem nicht zu dem Geld, das Peter in sein Schiff gesteckt hatte, vor allem, wenn man seine Arbeitszeit hinzurechnete. Schiffskäufer wollen lieber schniegelige Yachten von der Messe und nicht so viele praktische Details wie auf der KIWIROA, was, man befürchtet es, auch Chartergäste abhält. Schade, das Ende der Weltreise ist absehbar. Zurück bleibt vielleicht wenig mehr als die Erinnerung an viele Jahre Entbehrungen auf der Werft in England und an den unglaublichen Ankerplatz in Makemo, wo SARITA und KIWIROA auf dem glasklaren Wasser zu schweben schienen, und der menschenleere weiße Sandstrand sich im weißen Saum der Brandung am Horizont verlor.

Am Sonntag, den 15. Juni mußten wir ins Dorf von Makemo zurück, schließlich wartete am Montag das Flugzeug auf Sonja und Ulli, das beide nach Papeete bringen sollte. Die Rückfahrt über die korallenübersäte Lagune war aufregend, denn es passierte genau das, was wir befürchtet hatten: Es regnete in Strömen, und der Windmesser ging bis an die dreißig Knoten. Bestes Segelwetter für die SARITA, wenn man nicht gerade inmitten von Korallenköpfen rumdriftet. Es war auch für Carla und mich eine völlig neue Erfahrung, denn bei den ganz seltenen Gelegenheiten, bei denen wir durch unvermessene Korallengewässer segelten (an die Kandavu-Passage bei Fiji kann ich mich erinnern), hatten wir immer bestes Wetter, hatten das aber auch so geplant.

Jetzt saßen wir wegen des Heimflugs von Sonja und Ulli ein wenig in der Falle. Zu meiner seemännischen Ehre muß ich allerdings anmerken, daß beim Ankeraufgehen das Wetter, vor allem die Sicht, noch ganz passabel war, wirklich schlecht wurde es erst in der Mitte der Lagune. Und da gab es sowieso kein Zurück mehr, weil es gleichgültig war, in welche Richtung wir segelten. Zuerst wollten wir uns auf den elektronisch festgehaltenen Kurs vom Hinweg verlassen, aber dann merkten wir, daß trotz wolkenbruchartigen Regens die Korallenfelder einigermaßen auszumachen waren, wenn auch nicht aus einer großen Entfernung. So nahmen wir die Segel lieber zum großen Teil weg, um die Fahrt herabzusetzen und manövrierten vorsichtig zwischen den braunen Flecken auf der grauen Wasseroberfläche durch. Je näher wir zu unserem alten Ankerplatz vor dem Dorf zurückkamen, desto mehr ließ der Wind nach. Denn wir hatten, entgegen der Passatrichtung, nunmehr reinen Westwind und waren durch die Palmen im Dorf bestens geschützt. Der Passat zeichnet sich zwar durch eine Stetigkeit aus, die in Europa bei Wettererscheinungen unbekannt ist, trotzdem kann es mal passieren, daß er einen Tag einschläft oder das Feld kurze Zeit anderen Winden überläßt, ohne daß man gleich von einer Passatstörung sprechen könnte. „Konvergenzzonen" nennt der Metereologe diese Wettererscheinungen, die – selten – Vorboten von wirklich schlechtem Wetter sind, während der Sommermonate, November bis April, sogar die gefürchteten Hurrikane ankündigen können.

Zum Abschied von Ulli und Sonja besuchten wir das „Restaurant" von Eliane, die uns die wunderschönen Perlen geschenkt hatte. Carla hatte einen besonders schönen Haarschmuck als Geschenk für sie mitgebracht. Eliane strahlte, machte aber keine großen Worte darum. Schenken, Geben und Nehmen ist in Polynesien so selbstverständlich, daß man sich da nicht lange bedankt. Nachmittags hatten wir schon das Essen bestellt, denn sonst hätten die neuseeländischen Steaks nicht mehr aufgetaut werden können. Wir waren offenbar die einzigen Gäste, die sich ein Abendessen leisteten. Alle anderen waren nur an Hinano-Bier und Fernsehen interessiert. Leider konnten wir uns fast nicht unterhalten, so laut war die Flimmerkiste mit dem grieseligen Satellitenbild. Dazu verstanden wir kein Wort, und die Bilder waren nichtssagend. Was soll denn Radio Tahiti schon viel bringen aus einer Kleinstadt wie Papeete, doch mit fünfzigtausend Einwohnern Hauptstadt von Polynesien.

„La Météo" hieß die Sendung, da konnten wir mindestens das Wetter anderer Inseln sehen, um dann unseren Funkfreunden, die auch in den Tuamotus lagen, über Funk davon zu berichten. Die erste Wetterkarte wunderte uns. Sie zeigte die Tubuai-Inseln mit vielen Windpfeilen und, da braucht es keine speziellen Sprachkenntnisse, dem Eintrag „100 km/h". Das war aber wirklich ungewöhnlich für diese Jahreszeit, doch die Austral-Inseln, so lautet der zweite Name für diese Inselgruppe, liegen runde 500 Meilen südlich von Tahiti, fast schon im Bereich der „Brüllenden Vierziger". Also bei weitem nicht unsere Gegend.

Die nächste Wetterkarte zeigte wiederum die ominösen Zahlen von „100 km/h" über das ganze Fernsehbild verteilt und genau in

22

23

22 SARITA auf dem „gläsernen Ankerplatz“ – rundum gegen Schwell geschützt

23 Die Südsee ist schon so überlaufen!

24

25

24 Peters KIWIROA – Fahrtenseglers Traum

25 Pinkelreeling

26 und 29
Kinder von Makemo

27 Wessen Speer trifft die Kokosnuß hoch oben?

28 Mütze als Siegerpreis für den Speerwurf-Champion von Kauehi

26

27

29

30

31

32

33

34

30 SARITA im toten Paß von Toau

31 Die Hälfte der Bevölkerung der Anse Amyot besucht unsere Yacht

32 Anse Amyot, Insel von Rosette und Taupiri

33 Taupiri, berühmtester Taucher der Tuamotus

34 Die Tochter Taupiris vor ihrem Tamure-Auftritt

35

35 Kinder Taupiris

36 Junge Tölpel können erst mit einem Jahr fliegen, bis dahin müssen sie durchgefüttert werden

37 Taupiri und sein Sohn Stelleo

38 Fischreusen müssen jeden Tag gewartet werden

39 Vor Haien haben die Kinder von Toau keine Angst

36

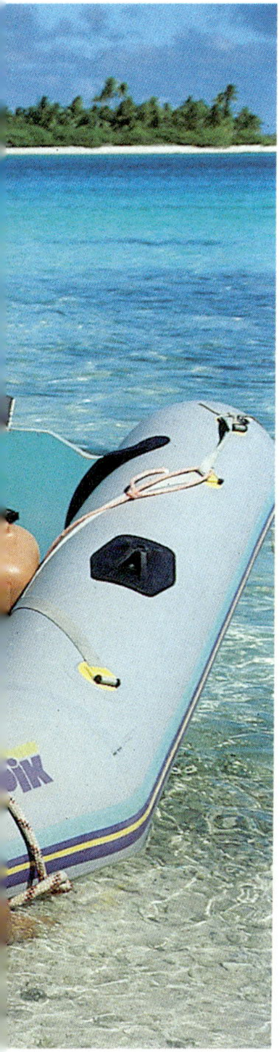

37

38

39

40

41

40 Taupiri und Rosette beim Abschieds-Langusten-Essen

41 Zierfische für die Restaurants in Tahiti

der Mitte die Hauptinsel Tahiti. Ja, das gibt es doch wirklich nicht, ein solches Unwetter im Juni! Stimmen die Gerüchte mit El Niño wirklich? Aber Tahiti war weit weg, bei uns hier war der Wind eingeschlafen, und die Tuamotus gelten als besonders hurrikansicher! Aber dann schockte mich doch das nächste Bild. Nun war in der Mitte, ganz groß, das Motu Makemo eingezeichnet, umgeben von spitzen 100-km/h-Windsymbolen. Waren es die fetten Pommes frites oder das Fernsehbild? Jedenfalls hatte ich ein ganz unangenehmes Gefühl im Magen. Ulli fragte zu Recht, ob bei soviel Wind Flugzeuge überhaupt fliegen können?

„Das ist nicht das Problem", meinte ich, und Ulli widersprach: „Doch, denn wenn wir morgen nicht wegkommen, dann weiß ich nicht, wie ich rechtzeitig nach Deutschland heimkomme!"

„Nein", setzte ich trotzig eins drauf: „Wenn diese hundert Stundenkilometer Wind heute nacht nach Makemo kommen, können wir gleich mit euch heimfliegen, dann wird es keine SARITA mehr geben!"

An Bord zurückgekehrt, suchten wir in den Backskisten nach allem, was sich irgendwie als Ankergeschirr einsetzen ließe. Gerhard verarbeitete die Niro-Ketten-Überreste zu einem recht klobigen Kettenvorlauf, durchschossen mit einer alten Schot. Das Ganze wäre selbstverständlich niemals mit der Winsch zu bedienen, weil die Kettennuß ganz genau auf einen bestimmten Kettendurchmesser abgestimmt sein muß. Unser Liegeplatz war ungefähr der schlechteste im ganzen Atoll, aber jetzt war es dunkel, zu spät, um die SARITA zu verlegen, denn nachts im Atoll herumzusegeln, ist ausgeschlossen, selbst wenn man mit allem, was an Bord ist, navigiert. Das Echolot würde nur das Riff und die Korallen unter der Yacht anzeigen, also dann, wenn es zu spät wäre. Das Radar wiederum kann nur die Riffe, nicht einmal sicher die Brandung über Wasser auf dem Bildschirm weiß aufblitzen lassen. Das GPS ist nur auf dreihundert Meter genau, also bei weitem nicht geeignet, um einzelnen Korallenköpfen auszuweichen, selbst wenn deren Position exakt mit dem GPS-Kartenformat übereinstimmen würde, was in der Südsee bestimmt nicht der Fall ist. Die konservative Navigation mit Kompaß und Karte scheidet erst recht wegen zu großer Ungenauigkeit aus. Kurzum, es gab keine Möglichkeit, dem Sturm auszuweichen oder vor ihm zu flüchten.

Die Angst vor dem Orkan

Warum hatten wir uns nicht vorher schon auf einen besseren Liegeplatz gelegt? Hinterher ist man immer klüger. Als wir bei unserer Ankunft vor Anker gegangen waren, war diese Position bei der damaligen Windrichtung die günstigste, schön geschützt vom Riff und dem Dorf, keine zweihundert Meter entfernt. Jetzt aber konnten wir mit Ostwinden rechnen, aber was heißt schon „Winde". Die angesagten „100 Kilometer" bedeuteten 11 Windstärken, in Böen vielleicht auch 12. Das Schlimme aber war die Windrichtung. Würde dieser Orkan uns aus Osten erwischen, dann war in der Lagune immerhin so an die zwanzig Meilen Platz, um eine gewaltige See aufzubauen, die mörderisch wäre. Von einem Schutz des Riffs auf der anderen Seite der Lagune konnte da nicht mehr die Rede sein. Ich machte mir da keine Illusionen, das würde das Ende der SARITA sein. Denn selbst mit einem intakten Ankergeschirr hätten wir keine Chance. Bei glattem Wasser läßt sich ein Sturm vor Anker vielleicht noch abreiten, wie die Erfahrung zeigt. Die tödliche Gefahr ist der Seegang, der vom Wind über eine offene Wasserstrecke erzeugt wird. Selbst wenn die Ketten und Trossen vielleicht noch halten würden, die Klampen und die sonstigen Halterungen fürs Ankergeschirr brechen sicher aus.

Schweigend begannen wir die restlichen „Ersatzanker" mit dem Beiboot auszufahren. Wir konnten nichts anderes tun, als unsere Verteidigungslinie gegen den Sturm so stark wie möglich zu machen. Kurz dachte ich ans Ankeraufgehen nach dem Sturm, wenn es dazu kommen würde. Dann würde uns stundenlange Arbeit mit dem Beiboot erwarten, um die Anker einzusammeln. Aber ob es dazu kommen würde? Ulli und Sonja waren langsam vom Ernst der Lage überzeugt. Wenn der Sturm erst mal einsetzen würde, gäbe es für sie keine Chance mehr, bei auflandigem Wetter an Land gebracht zu werden. Zu groß würde die Gefahr sein, daß wir mit dem Beiboot zwar irgendwie, aber keinesfalls trocken, die Gäste an Land bringen würden, daß aber dann weder ich noch ein anderer mit dem Beiboot gegen den Sturm auf die SARITA zurückkehren könnte. Obwohl Ulli sich noch kurz zuvor Gedanken gemacht hatte, daß er im winzigen Dörfchen Makemo keine Übernachtungsmöglichkeiten finden würde, bat er uns jetzt, sie beide an Land zu bringen. Noch war die See spiegelglatt, und so war es mir sogar möglich, mit Ulli, Sonja und ihrem Gepäck trocken an Land zu kommen. Der Abschied war kurz, zu sehr war ich in Gedanken mit der folgenden Nacht beschäftigt.

So sagte ich Ulli und Sonja auch nicht, daß sie ausgesprochen angenehme und problemlose Mitsegler waren – das beste Kompliment, das man Leuten machen kann, mit denen man einen halben Monat ein paar Quadratmeter Platz geteilt hat.

Als ich zur SARITA zurücktuckerte, dachte ich mir, daß ich die folgende Nacht lieber zu Hause zubringen würde, im Bett auf festem Boden. Das ist das einzige, was ich beim Leben an Land gegenüber dem Langfahrtsegeln auf einer schönen Yacht vorziehe: Wenn es draußen stürmt, dann ziehe ich mir zu Hause an Land die Bettdecke über den Kopf und male mir aus, wie ungemütlich es jetzt wäre, wenn ich in dunkler Nacht mit dem Beiboot im stürmischen Regen gegen die gischtige See einen Anker ausbringen müßte.

Den Außenborder nahmen wir an Bord, wir würden ihn im Sturm bestimmt nicht einsetzen können. Das Bimini wurde wegen des Windfangs abgebaut. Alles, was irgendwie nach Anker aussah, war jetzt draußen. Wenn wir unser Schiff von unten hätten betrachten können, hätte unsere SARITA inmitten der Ketten und Trossen ausgesehen wie eine Spinne im Netz. Es war aber auch zu blöd, daß wir an diesem malerischen Ankerplatz zur Unzeit von einem Zyklon überrascht werden sollten. Ich ertappte mich bei dem Gedanken, daß eben früher alles besser gewesen ist. Jetzt hatten wir die Bescherung sicher El Niño zu verdanken, der heute ungefähr für alles Unangenehme aus dem Welt-Wettergeschehen verantwortlich gemacht wird.

Das erste Mal hatten wir mit diesem Phänomen, nichts anderes als eine warme Meeresströmung vor der Küste Perus, Bekanntschaft gemacht, als wir nach vierjährigem Aufenthalt in der Südsee unsere Zelte in Moorea abgebrochen hatten und um Kap Hoorn nach Hause gesegelt waren. Jeder vernünftige Blauwassersegler richtet seine Reisepläne in erster Linie nach der jeweiligen Hurrikan-Saison. Alle tropischen Gebiete auf der Westseite eines Ozeans sind mehr oder weniger hurrikangefährdet. Meist sind diese Jahreszeiten sehr deutlich ausgeprägt, das heißt, in den dortigen Sommermonaten ist die statistische Häufigkeit von tropischen Orkanen hoch und im Winter niedrig. Das gilt auch für den Pazifik. Allerdings liegt Tahiti östlich, schon außerhalb der reinen Hurrikan-Zone, so daß dort ein tropischer Orkan gar nicht erst auftreten dürfte, schon gar nicht im Winter. So hatten wir in Französisch-Polynesien nicht einen einzigen tropischen Orkan erlebt, auch nicht bei unserem ersten Aufenthalt viele Jahre zuvor. Kaum waren wir damals mit unserer THALASSA II in Richtung „Brüllende Vierziger“ abgesegelt, wurde Tahiti von einer ganzen Serie von Hurrikanen heimgesucht, die schwere Verwüstungen anrichteten. Bei dem schwersten Orkan wurden dort 17 Yachten aufs Riff geworfen. Später erklärte man das ungewöhnliche Wetter in diesem Sommer mit El Niño, den bis dahin noch kaum jemand kannte. So ging der Sommer 1982/83 in die Wetterstatistik als das böseste El-Niño-Jahr ein.

Auch jetzt schob ich El Niño die Sturmwarnung mit den „100 Stundenkilometern Wind“ zu. Wir waren nämlich in Makemo noch um viele hundert Kilometer weiter außerhalb der Hurrikan-Zone als Tahiti. Trotzdem war mir bewußt, daß El Niño, so er denn schuld daran hatte, offensichtlich schon zu Beginn des Jahrhunderts sein Unwesen trieb, denn auch Jack London hatte auf seiner Segelyacht SNARK bei seinem damaligen Aufenthalt in den Tuamotus einen Orkan erlebt, dem wir allerdings auch schön-dramatische Südseegeschichten verdanken.

Ich will es kurz machen: Kaum hatte ich mich in meiner Koje aufs Ohr gehauen, um „auf Vorrat“ zu schlafen und so Kräfte zu sammeln, begann das Rigg zu singen. „Aha, jetzt geht es auf“, dachte ich noch, als es plötzlich ganz leise wurde, und langsam das Schlagen der Wellen gegen den Rumpf in ein leises Plätschern überging. Wir waren nicht gerade enttäuscht, als wir am frühen Morgen aufwachten, ohne daß der Sturm uns erreicht hatte.

Wie ich später erfahren habe, bot der erste Polynesier, den Ulli und Sonja an der Pier trafen, ihnen sein Haus zum Schlafen an. Der heftige Sturm, der aus Fiji herübergezogen war, war über Tahiti abgestorben, so daß das östliche Polynesien vor dem Unwetter verschont geblieben war. So war es auch möglich, daß der Flieger am Morgen Makemo anfliegen und unsere Preisgewinner heimbringen konnte. Noch mal Glück gehabt!

Wo ist das Südseeparadies?

Erleichtert spazierten wir am anderen Vormittag durchs Dorf. Der Himmel war dunkelgrau, und am Horizont hingen noch zahlreiche Wolkenfetzen, die anzeigten, daß sich nachts der Passat und der Sturmtrog nicht so recht einigen konnten, wer hier in den Tuamotus die weitere Herrschaft übernehmen sollte. Beim Bäcker kamen wir mit dessen Frau, einer hübschen Polynesierin, ins Gespräch. Sie bestätigte das, was der Lehrer uns schon verraten hatte: Sie selbst würde sich vor Hundefleisch ekeln, doch ihr polynesischer Mann sei der Meinung, daß die Haut von Hunden noch besser sei als die vom Schwein.

Bevor wir am nächsten Morgen ablegten, nahmen wir mit KIWIROA Radiokontakt auf Single Side Band, genau auf 8188 kHz, auf. Peter erzählte uns, daß der Hafenkapitän in Tahiti wegen des schlechten Wetters und der Sturmwarnung Yachten aufgefordert hatte, den Hafen zu verlassen. Zu groß war die Angst, daß die kleinen Schiffe im Südwest-Schwell zerschlagen würden – wie schon früher geschehen. Das zeigte uns, daß unsere Angst nicht unberechtigt war. Mit Peter verabredeten wir uns auf 8188 und vereinbarten einstweilen Standby auf Kanal 72 für die Weiterfahrt.

Heute ist eine Funkverbindung unter Yachten nichts Besonderes mehr. Fast jede Blauwasseryacht hat ein Amateurradio an Bord, mit dem nicht nur das gesamte Band von Langwelle bis zu den Kurzwellen abgehört werden kann, sondern in dem auch die gleichen Bänder sendemäßig geöffnet wurden. So sind die Yachties in der Lage, praktisch auf jeder genannten Frequenz zu senden. So ein (preiswertes) Sendegerät wäre zwar in Deutschland streng verboten, doch kümmert sich in der Ferne des Stillen Ozeans kein Mensch darum, Amerikaner schon gar nicht. Für sie ist es wichtiger, mit anderen Menschen reden zu können als Gesetze einzuhalten, die zu Hause wegen der Überbelegung der Radiobänder unumgänglich erscheinen.

Peter von der KIWIROA meinte noch am Radio, daß dieses miese Wetter sicher noch drei bis vier Tage halten würde. Der Wind, der inzwischen aufgekommen war, erzeugte giftigen Schwell an unserem Ankerplatz, kam aber aus günstiger Richtung für einen Schlag zu dem Atoll Kauehi. Wir wollten uns noch mit frischem Baguette eindecken, aber der Schwell war so gewaltig, daß wir darauf verzichteten, wegen des knusprigen französischen Weißbrots nochmals ins Dorf zu motoren. Sicher hätten wir es auch nicht trocken an Bord gebracht.

Wie erwartet, brauchten wir tatsächlich einige Stunden, um mit Maske und Schnorchel unsere Trossen, Ketten und Anker zu klarieren. Die Arbeit im Ölzeug ließ Südseeromantik nicht so recht aufkommen. Nach dem Verstauen des Ankergeschirrs standen wir ein paar Minuten später vor dem Paß von Makemo. Im Gegensatz zur Ankunft schaute er heute gar nicht gut aus. Das graue Wasser mag ihm ein grimmigeres Aussehen verliehen haben. Nachdem wir aber den Paß von Amanu erlebt hatten, konnte uns die Wasserstraße von Makemo nicht mehr schrecken. Peinlich darauf bedacht, daß unsere Maschine die 1800 Umdrehungen nicht mehr erreichte, drehten wir den Bug in den Paß, und in ein paar Minuten spuckte dieser uns schon aufs offene Wasser hinaus. Der unendlich weite Pazifik hatte uns wieder.

Wo sollte es jetzt hingehen? Alle Inseln, die unmittelbar vor uns lagen, galten als „von Yachten wenig besucht". Wir waren noch lange nicht in der Rinne, durch die die Weltumsegler auf dem direkten Weg von den Marquesas-Inseln nach Tahiti kommen mußten. Jeder Blauwassersegler verfügte auch schon vor den Zeiten des Internets über zuverlässige Informationsquellen. Damit meine ich nicht die offiziellen Handbücher. Geschrieben in erster Linie für die Großschiffahrt, steht dort nur wenig über Inseln, die von den „Biggies" praktisch nie angelaufen werden. Was man bei uns zu Hause als „Küstenklatsch" bezeichnet, heißt unter den Yachties

„Coconut-Radio". Nachdem auf den Weltumseglerrouten die Pfade schon etwas ausgetreten sind, treffen sich die Yachten immer wieder in den besten Buchten oder eben in Häfen mit besonders guten Versorgungsmöglichkeiten. Dort werden dann Erfahrungen ausgetauscht. Dies hat nur den Haken, daß die Meute der Weltumsegler, die dem östlichen Passat um die Welt folgt, immer nur darüber bestens unterrichtet wird, wo es besonders schön war (!). Die Chance, dorthin jemals gegen den Passat zurückzusegeln, ist somit gleich Null. Es sei denn, auf einer zweiten Weltumseglung, was aber selten passiert.

Die beste Informationsquelle sind deshalb die Bulletins der Seven Seas Cruising Association. Bei uns ist es Carla, die unsere Reisen plant. Selbstverständlich spielen hierbei die SSCA-Bulletins die wichtigste Rolle. Als wir noch zu Hause das nächste Ziel nach Makemo suchten, stießen wir in einem älteren Bulletin auf die Beschreibung der Insel Faaite. Sie wurde von den SSCA-Commodores wie folgt beschrieben:

„Dort hast du es gleichzeitig mit einer Oberflächenströmung und in der Tiefe mit einer Gegenströmung zu tun. Dein Anker ist deshalb die meiste Zeit hinter deiner Schraube. Diese Strömungen sind stark, hinzu kommen die Korallen im Paß. Am Dock schaut die Strömung schlimm aus, aber sie ist es nicht. Wir lagen dort drei Tage, und meistens hingen unsere Springs durch. Dieses Atoll ist eines der besten. Alle lieben euch, und zwar so, daß man es wirklich glaubt. Als wir absegelten, flossen die Tränen. Niemals in unserem Leben haben wir soviel Liebe, Freundschaft, Güte und Geschenke empfangen. Das sage ich, selbst wenn ich an unsere Freunde denke. Dabei waren wir aber an einem total fremden Ort. Für dieses Atoll alleine rentiert sich schon eine ganze Weltumseglung mit all ihren Problemen und Schwierigkeiten. Es motivierte uns, wieder an das Gute im Menschen zu glauben. Wenn du das Atoll besuchst, folge dem Evangelium in Mathäus 10,8: ‚Empfange und gib großzügig!' Der Platz möge seinen Charme für die Nachfolgenden behalten!"

Als wir diese Zeilen zum ersten Male gelesen hatten, waren wir überzeugt, daß diese Insel unser Traumziel sein würde, daß dieses

Atoll der Höhepunkt unserer Südseereise werden würde. Es sollte aus furchtbaren Gründen ganz anders kommen. Jetzt aber stand zunächst Kauehi auf unserer Reiseplanung.

Wir hatten kein „Südseewetter", das heißt, die Sonne ließ sich nicht blicken, und der Himmel hing voller Regen. Unter „Südsee" stellen wir uns ja immer Palmen und Sonne vor, was ein Irrtum ist. Denn auf den Postkarten leuchtet hinter den schneeweißen Stränden das Land in sattem Grün. Und woher soll denn dieser Farbton kommen, wenn nicht vom vielen Regen? Besonders Touristen sind hier ungerecht, wenn sie sich über den Regen beschweren, denn der bringt schließlich die Fruchtbarkeit der Erde in die Südsee. Regen kann es das ganze Jahr hindurch geben, in unseren Sommermonaten – dort ist dann auf der Südhalbkugel Winter – etwas weniger als sonst. Aber eine Sicherheit vor schlechtem Wetter gibt es nicht. Vor allem dann nicht, wenn der Passat gestört ist. Die uns gestern angesagten 100 Stundenkilometer Wind konnten nur mit einem Sturmtrog etwas zu tun haben, so daß davon der Passat überdeckt worden war. Man merkte es, wir saßen im Ölzeug im Cockpit und gingen Ruder. Die Selbststeueranlage verweigerte ihren Dienst, flog immer wieder raus. Obwohl wir in letzter Zeit die Maschine oft hatten laufen lassen, schon wegen des Kühlschranks, waren die Batterien ohne Saft, wie eine ausgepreßte Zitrone. Sie waren am Ende. Damit mußten wir uns jetzt abfinden, erst in Tahiti gab es die Möglichkeit, neue zu kaufen.

Kurz nach uns war auch die Kiwiroa aus dem Paß von Makemo nachgefolgt, aber sie hatte ein anderes Ziel, wollte nach Fakarava. Als es dunkel wurde, sahen wir in 2,1 Seemeilen Abstand Peters Yacht. Den Abstand konnte ich so gut angeben, weil die Kiwiroa als Aluminium-Schiff im Radar gut zu sehen war. Auf dem Bildschirm sah ich rechts von Peter einen weißen Schleier. Auf Kanal 72 erzählte ich Peter, daß knapp an Steuerbord ein Regenschauer auf die Kiwiroa zukomme. Peter gefiel dies, hatte er doch kein Radar. So perfekt die Kiwiroa als Fahrtenschiff sonst ist – Peter hatte auf die Anschaffung eines Radargerätes verzichtet, eine Entscheidung, die er längst bereute.

Lange noch sahen wir das Topplicht der Kiwiroa an Steuerbord, dann wurde es schwächer und verschwand schließlich ganz. Hoffentlich kann Peter sein Traumschiff einigermaßen gut verkaufen, damit die lange Bauzeit und die vielen Jahre der Entbehrung und harten Arbeit nicht nur eine Erinnerung an verlorene Zeit und Geld, vor allem aber an einen Alptraum sind! Innerlich, man spürte es, hatte die Familie der KIWIROA sich schon lange von diesem wunderschönen Schiff gelöst, es war eine Last geworden. Peter und Jo litten unter Geldsorgen, und Craig, geboren 1982 in Neuguinea, wollte nur runter vom Schiff, mit Kameraden spielen. Ich bin sicher, daß vor allem Craig später einmal mit Wehmut an seine Jugend auf der KIWIROA zurückdenken wird. Die letzte Spur der KIWIROA war auf unserem Radarschirm ein schwaches Echo, das schließlich nur noch bei jedem fünften Antennenumlauf aufleuchtete und schließlich ganz ausblieb.

Kauehi – die Perlen-Lagune

Kauehi hieß unser nächstes Ziel. Nachts im Regen ließen wir die Atolle Katiu und Raraka ganz knapp an Backbord liegen, mit dem GPS kein Kunststück. Hätte ich kein Radar gehabt, hätte ich mir das nicht zugetraut. In die Ziffern der GPS-Anzeige habe ich nicht das letzte Vertrauen, obwohl die meisten Überprüfungen beweisen, daß die Satelliten punktgenau arbeiten. Aber auf dem Radarschirm sehe ich das Riff, kann es identifizieren. Zusammen mit dem Echolot, das keine lotbaren Tiefen anzeigt, bin ich mir sicher, die Sicherheitsmeile vom Riff entfernt zu sein. Und wenn die Echos auf dem Schirm nicht das Riff, sondern vielleicht einen Seegangsreflex oder einen länglich geformten Regenschauer anzeigen? Nein, da paß ich schon auf, dreh immer wieder die Verstärkung auf, so daß die Form des Außenriffs jedenfalls auf der uns zugewandten Seite sichtbar wird und die Form des Atolls auf der Seekarte wiedergibt.

Ein Radargerät ist das wichtigste Navigationsmittel auf einem Schiff, auch auf einer Yacht. Es ersetzt nicht nur in der Dunkelheit das menschliche Auge, sondern es gibt auch ein anschaulicheres Bild von der Umgebung. Denn häufig bekommt man eine Art Draufsicht, die nicht einmal vom Ausguck im Mast wahrgenommen werden kann. Das hängt in erster Linie von der Beschaffenheit der Landschaft ab. Felsige Küsten, hohe Berge sowieso, geben ein stärkeres, damit auf dem Bildschirm deutlicheres Echo als zum Beispiel Sandstrände. Mit der Entfernung nimmt naturgemäß die Intensität des Echos ab. All das führt dazu, daß das Bild auf dem Radarschirm sich nicht unbedingt mit dem natürlichen Bild der umgebenden Landschaft decken muß. Meist aber kann sogar ein

Anfänger in Navigation eine gewisse Übereinstimmung zwischen dem phosphoreszierenden Bild und dem tatsächlichen Anblick von der Umgebung und der Seekarte herstellen. Er ist sich schon nach ein paar Stunden am Schirm darüber klar, daß gewisse Details in der Landschaft auf dem Radarbild fehlen, weil der Funkstrahl aus der Antenne an Bord abgeschattet wird. Es können somit nur die Einzelheiten wiedergegeben werden, die vom Radarstrahl, ähnlich wie bei einem starken Scheinwerfer, angestrahlt werden. Noch etwas: Bei sehr niedrigen Objekten, wie es die Riffe in den Tuamotus nun mal sind, schiebt sich die Erdkrümmung vor die Radarantenne im Mast. Deshalb wird bei den niedrigen Motus die Reichweite des Radargerätes nicht durch seine Sendestärke, sondern durch die ge-

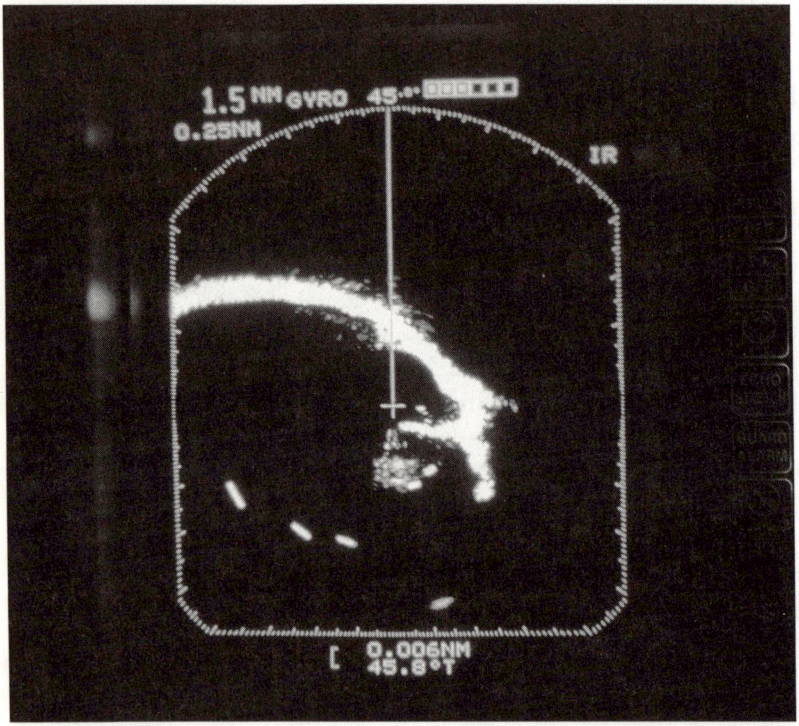

Das Radarbild in der Lagune zeigt recht deutlich das nähergelegene Saumriff in Kauehi – vergleiche Karte auf Seite 150! Zur Identifizierung auf der Seekarte reicht dieses Bild vom Atoll

ringe Höhe der Landmassen über dem Wasser begrenzt. So tauchte auch die Insel Katiu erst wenige Meilen vorher auf dem Radarbild auf.

Am Morgen standen wir vor dem Paß von Kauehi auf der Südwestseite der Insel. Ganz friedfertig lag der Naturkanal durchs Riff vor uns, fast wie ein breiter Fluß, der müde geworden war. Die Wasseroberfläche bewegte sich kaum, und tatsächlich konnten wir auch kaum Strömung feststellen, als wir in wenigen Minuten durchmotort waren.

Das Dorf war auf der anderen Seite der Lagune, ungefähr zehn Meilen vom Paß entfernt. Aus den SSCA-Bulletins wußten wir, daß der Weg durch die Lagune gut betonnt war. Trotzdem tippten wir in unser Hand-GPS einen rechtweisenden Kurs von 24 Grad zum Dorf ein und schalteten unser GPS auf die „Autobahn-Grafik“. Damit konnte so gesteuert werden, daß die SARITA sich wirklich nur auf der 24-Grad-Linie bewegte. Das war wichtig, denn abseits dieser „Lagunenstraße“ lauerten die gefährlichen Korallenköpfe.

Die Autobahnfunktion mit dem 0,25 sm-Bereich funktionierte so genau, daß wir schließlich mit achterlichem Wind und der Genua mit 6 Knoten durch die Lagune rauschten. Bei starkem Regen mußten wir uns hier aufs GPS verlassen, denn abseits des in der Karte eingezeichneten Kursstrichs gab es nur noch spärliche Tiefenangaben, das heißt, das Gebiet war nicht durchgehend vermessen. Gelegentlich sahen wir querab, nur hundert Meter entfernt, graubraune Flecken, also Korallen, die bis an die Wasseroberfläche reichten.

Laut Karte mußte eine Untiefe mit etwa zwei Metern, gerade an der Grenze für den Tiefgang der SARITA, mit einer roten Tonne gekennzeichnet sein. Ich drehte am Radar ununterbrochen an der Verstärkung und an der Seegangsenttrübung. Aber ich sah die Tonne auf dem Schirm einfach nicht. Als wir nach GPS fast auf der Tonne sitzen mußten, konnte ich sie endlich ausmachen: Mit bloßem Auge war sie keine achtzig Meter querab zu erkennen, auf der Seite, wo sie zu erwarten war.

Bald sahen wir das Riff auf der anderen Seite der Lagune und sechs weiße Punkte davor. Im Fernglas machten wir diese als Yachten vor Anker aus.

Das überraschte. Nicht daß der Ankerplatz nicht gereicht hätte,

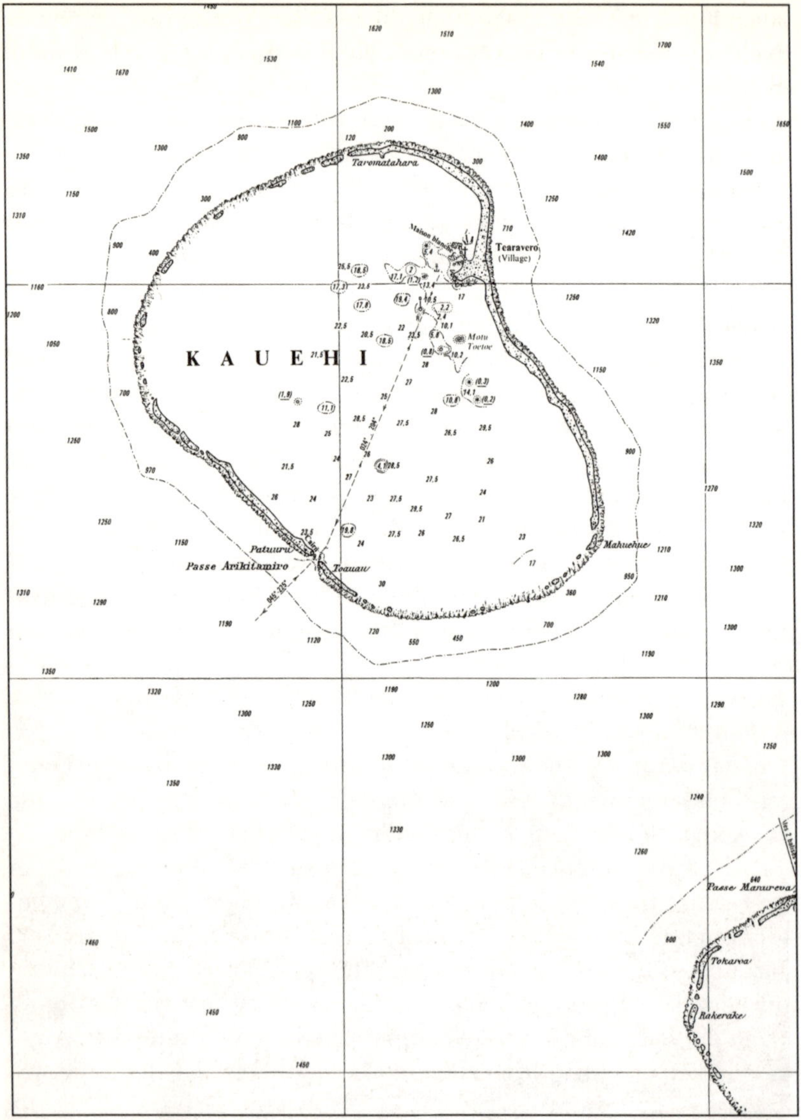

Mit einem Kurs von 024 Grad geht es quer über die Lagune zum Dorf von Kauehi

auch hundert Yachten hätten genügend Platz zum Schwojen gehabt. Nein, die sechs Yachten waren seit den Marquesas-Inseln die größte Schiffsansammlung, die wir erlebt hatten. Es waren Yachties auf Langfahrt, wahrscheinlich auf ihrer Weltumseglung. Das erkannte man gleich an der Windselbststeueranlage, ohne die kaum ein erfahrener Yachtmann über die Weltmeere zieht, und an den alternativen Stromerzeugern, also Solarpanels und Windgenerator. Freundlich deuteten die Segler uns die Richtung auf einen guten Ankergrund, während die SARITA langsam durchs Ankerfeld motorte und dabei die Tiefe mit dem Echolot abcheckte.

Wir fanden einen Ankerplatz nach Wunsch, also nicht zu tief, weit weg von den gefährlichen Korallenköpfen, aber möglichst nahe am Dorf. Auf 10 Metern ließen wir den „Rest-Haupt-Anker" in die Tiefe und sahen zu, wie er biß. 23 Meter Kettenvorlauf hatten wir aus den Fragmenten noch zusammengebracht, dazu 20 Meter Trosse. Bei gutem Wetter sollte das halten, und Barometer und Radio-Wetterbericht signalisierten normales, also gutes Südseewetter.

Nachmittags fuhren wir ins Dorf. Mindestens dreißig Kinder liefen zusammen und begrüßten uns herzlich. Was mich irritierte, war,

Weltumsegleryacht mit Wind-Selbststeueranlage und „Tausendfüßlern"

daß zahlreiche Kinder auf mich zukamen und an meiner Haut herumzupften. Sie hatten wohl noch nie gesehen, wie sich nach einem Sonnenbrand die Haut ablöste. Durch die Gewöhnung an die Sonne kennen sie keinen Sonnenbrand, brauchen keine Cremes mit Lichtschutzfaktor oder ähnliches, obwohl sie den ganzen Tag über aggressivem Sonnenlicht ausgesetzt sind. Hinzu kommt, daß durch die seichte Lagune die Haut mit UV-Strahlen geradezu bombardiert wird.

Die Erwachsenen von Kauehi ließen sich nicht sehen. Nur wenige von ihnen waren im Dorf anzutreffen. Die vielen Preßluftflaschen vor den Hütten und die ratternden Kompressoren erklärten das. Offensichtlich ist Kauehi eines der Zentren für die Perlenzüchterei, und die Einheimischen hielten sich in den zahlreichen über die Lagune verstreuten Perlenfarmen auf. Einerseits freut sich der Besucher darüber, daß die Polynesier eine Beschäftigung, ein Einkommen haben, andererseits wird deren Leben doch nachhaltig verändert. Und ob dieser künstliche Eingriff in die Natur von Vorteil ist, sei dahingestellt. Es ist wohl wie überall, wenn der Mensch in die Natur eingreift: Die Menge macht es!

Faaite – ein Paradies wird zur Hölle

Am Abend war Sport angesagt. Rund fünfzig Jugendliche kamen aus dem Dorf zu Fuß oder mit dem Fahrrad, jeder mehrere Speere mit einem scharfen Metallpfeil als Spitze in der Hand. Dann wurde in der Mitte eines Platzes eine rund fünfzehn Meter lange Stange aufgerichtet, an deren Ende eine Kokosnuß aufgespießt war. Ich glaubte nicht, daß auch nur einer der Speere die Kokosnuß in dieser Höhe treffen könnte, höchstens durch Zufall. Ich hatte eine witzige Mütze auf, die mit einer Solarzelle und einem Ventilator ausgestattet war. Wenn die Sonne auf die rote Mütze schien, begann der Plastikpropeller im Mützenschild zu schnurren und schaufelte kühlende Luft auf die Stirn. Diese Mütze, ein besserer Reklamegag, hatte es den Eingeborenen angetan, und ich hatte manch begehrlichen Blick in ihren Augen gesehen. Ich setzte nun die Mütze demjenigen als Preis aus, der als erster die Nuß mit seinem Speer durchbohren würde. Es dauerte keine Minute, und die Mütze wechselte schon den Besitzer. Den glücklichen Gewinner konnte ich nicht abhalten, mir seine Mütze mit „Camel"-Abzeichen zu schenken, obwohl ich mir bewußt war, daß dies auf einer entlegenen Insel ohne jedes Geschäft ein kleiner Schatz war.

Vielleicht hatte er die Mütze auch von seinem letzten Besuch in Tahiti mitgebracht. Denn ich war mir sicher, daß er zur Speermannschaft von Kauehi gehört hatte, die bei den großen Festen die Ehre des Dorfes verteidigen mußte. Wer einmal in Tahiti die großen Feste im Juli miterlebt hat, der weiß, daß die Polynesier geradezu fanatische Sportler sind. Nur betreiben sie andere Sportarten als die Europäer. Fußball hätte in den Tuamotus schon deshalb keine Chance, weil auf den meisten Motus gar kein Platz für ein Spielfeld vorhanden ist. Dasselbe gilt für olympische Disziplinen, bei denen eine Vierhundert-Meter-Bahn Voraussetzung wäre. Statt dessen laufen die Polynesier lange Strecken über Wege und Straßen, wobei sie cirka dreißig Kilogramm Obst auf den Schultern schleppen müssen. Ruderwettbewerbe führen häufig über offenes Wasser, was ganz andere Boote voraussetzt als unsere europäischen Rennruderboote, die ja alles andere als seetüchtig sind. Zwischen Moorea und Tahiti findet sogar ein Ruderwettbewerb statt, bei dem die Mannschaften in den Booten auf offener See ausgetauscht werden. Die einen springen ins Wasser und schwimmen, die anderen rudern weiter. Aus ganz Polynesien reisen die Teilnehmer zu diesen Spielen an.

Nachdem sich die Speerwerfer von Kauehi auf ihr Ziel warmgeschossen hatten, änderte sich die Trefferquote dramatisch. Ungefähr jeder dritte Speer traf das Ziel, und wenn die Stange gelegt wurde, steckten bis zu zehn Speere in der Kokosnuß. Die Polynesier benutzten offensichtlich eine besondere Technik, um die Treffsicherheit der Speere zu erhöhen. Vor jedem Wurf versetzten sie das

Eine Kokosnuß in ca. 15 Metern Höhe zu treffen, ist für die Speerwerfer von Kauehi kein Kunststück

Holz in Schwingungen, indem sie in der Mitte des Speeres daran zupften, so daß das Schwirren des Wurfgeschosses deutlich zu hören war. Ich konnte der Versuchung nicht widerstehen und versuchte ebenfalls, die Nuß zu treffen. Es kam nur ein Versuch zustande, der am besten mit dem Wort „kläglich“ beschrieben werden kann. Aber die Polynesier waren viel zu vornehm, um laut loszulachen. Offensichtlich hatten sie schon mal gesehen, wie dumm sich ein Besucher ihrer kleinen Insel beim Speerwerfen angestellt hatte.

Am nächsten Tag waren von den sechs Yachten schon vier verschwunden, so daß wir uns wieder ein wenig vereinsamt fühlten. Nach dem Frühstück warf ich einige Brotabfälle über Bord und erschrak, als unter der SARITA ein Schwarm von Fischen auf die Brotkrümel losschoß. „Mein Gott, soviel Haie auf einen Haufen hast du noch nie gesehen“, dachte ich. Erst nach einer Weile erkannte ich, daß es sich hierbei nicht um kleine Haie, sondern um Fische handelte, die gelegentlich Yachten begleiten, indem sie sich mit einer Art Haftplatte am Hinterkopf am Unterwasserschiff festhielten. Die Platte wurde von der Natur selbstverständlich nicht für Yachten entwickelt, sondern für die rauhe Haut von großen Haifischen.

Wir sollten diesen zutraulichen Fischschwarm noch viele Meilen mit uns führen. Offensichtlich schätzten sie die SARITA vor allem deshalb, weil wir keinen Schmutzwassertank benutzten, also alle Abfälle direkt nach draußen gepumpt wurden. Obwohl die SARITA einen sogenannten Fäkalientank besaß, war dieser nicht aktiviert. Wer keine praktische Erfahrung auf Yachten hat, mag ein solches Behältnis für eine Ideallösung halten, was es aber nicht ist. Denn wegen der unvermeidlichen Gasentwicklung – in der Landwirtschaft wird sogar (mit mäßigem Erfolg) versucht, Biogas in Energie zu verwandeln – ist eine Belüftung des Tanks unvermeidlich. Deutlich ausgesprochen: Entweicht das Bio-Gas, stinkt es. Trotzdem ist in den stark besuchten Ankerbuchten der gelegentliche üble Geruch das kleinere Übel. Die Türkei schreibt sogar die Benutzung eines Fäkalientanks vor und belegt Umweltsünder unter den Seglern mit empfindlichen Strafen.

In der Südsee wäre eine solche Regelung absurd, zumal keines der Tausenden von Dörfern über eine Kanalisation verfügt und die Abfälle ungeklärt ins Meer laufen läßt. Die Natur wird dort leicht damit fertig.

In Korallengewässern ist auf einer großen Yacht das unempfindliche Banana-Boot ein ideales Beiboot zum Schnorcheln und für die Landgänge über seichtes Gewässer

Als ich gerade mit dem Fotografieren der kleinen „Haifische" beschäftigt war, klopfte es unten an der Badeleiter. Unbemerkt hatte unser Ankerplatznachbar von der französischen Kunststoffyacht mit seinem Beiboot festgemacht. Ich bat den kleinen Franzosen mit der Seekarte in der Hand an Bord. Er wollte sich nur über unsere Reiseziele unterhalten und Informationen über die Gezeiten in diesem Gebiet. Sein Englisch klang sehr lustig, und oft verstanden wir ihn nicht gleich. So meinte ich auch, mich verhört zu haben, als er mich fragte, ob wir auf die Insel wollten, „wo sie die Leute verbrennen".

Wie bitte? Ich mußte schon ein paar Mal nachfragen, bis ich begriff, was der Franzose uns da erzählte. Auf einer dieser bezaubernden Südseeinseln hier sollen Menschen von ihren Dorfgenossen verbrannt worden sein? Wo? In Faaite?

Ich holte von unten die Seite aus dem SSCA-Bulletin raus, auf der der SSCA-Commodore dieses Paradies beschrieben hatte. In diesem Faaite?

Der Franzose lachte etwas gequält. „Ihr habt davon noch nie etwas gehört?“ fragte er ungläubig. Dann begann er zu erzählen: „Vor wenigen Jahren besuchte eine sehr religiöse Frau aus Tahiti das Dorf und begann mit einer Gruppe von Katholiken auf der kleinen Insel zu beten. Aus Gründen, die nie ganz geklärt wurden, beteten sich die braven Menschen in eine so starke religiöse Ekstase hinein, daß sie schließlich meinten, Gott besonders nahe zu sein. Nach tagelangem Beten glaubten die inzwischen Besessenen schließlich, daß der Teufel von einigen im Dorf Besitz ergriffen habe. Besonders junge Männer erinnerten sich plötzlich an Vorkommnisse in ihren Familien, die ihnen im religiösen Lichte der intensiven Beterei vorspiegelten, daß ausgerechnet ihre Eltern, die ihr Leben lang nur Gutes für ihre Kinder getan hatten, mit dem Teufel im Bunde stekken sollten. Jetzt war es nur noch ein kleiner fanatischer Schritt bis zum Unfaßbaren. Unglücklicherweise war der Dorfpfarrer abwesend, und der Lehrerin, die den Ernst der Situation erkannte, gelang es nicht, den Sender in Betrieb zu setzen, um die Außenwelt vom drohenden Unheil zu verständigen.

Das Unglück des religiösen Fanatismus nahm seinen Lauf. Die Burschen im Dorf trieben Menschen, mit denen sie seit ihrer Geburt Freunde und Verwandte waren, zusammen und begannen, sie bei lebendigem Leib zu verbrennen. Die meisten Menschen erkannten ihre Dorfgenossen nicht mehr wieder und flohen in den Busch, um sich zu verstecken und ihr Leben zu retten. Endlich gelang es, eine Botschaft nach draußen zu schicken, einen verzweifelten Hilferuf von der Paradies-Insel Faaite. Nachdem die Franzosen Fallschirmjäger auf die Insel entsandt hatten, wurde das ganze Unglück bekannt: Sechs Menschen waren im religiösen Wahn von ihren Freunden und Verwandten bestialisch umgebracht worden“.

Die „Täter“ wurden vor Gericht gestellt. Noch im Gerichtssaal glaubten sie, richtig gehandelt zu haben, schließlich seien die Opfer ja vom Teufel besessen gewesen. Die Strafen fielen nicht besonders hoch aus. Sie haben inzwischen die paar Jahre im Gefängnis verbüßt und leben zum Teil heute wieder bei ihren Leuten auf der winzigen Insel Faaite.

Das war unfaßbar. In unserem SSCA-Bulletin war gerade diese Insel als das Paradies schlechthin beschrieben worden, als eine Insel, deretwegen sich alleine schon eine Weltumseglung rentieren würde. Und jetzt das! Es ist wohl verständlich – wir hatten nicht mehr die Absicht, den Empfehlungen des SSCA-Bulletins zu folgen und das Südseeparadies Faaite zu besuchen.

Statt dessen blieben wir noch ein paar Tage in Kauehi, zumal auch die beiden letzten Yachten am Ankerplatz weitergesegelt waren. Wohin? Wir wußten es nicht, auch am Radio hörten wir sie nicht mehr. Das war schon ein Unterschied zu früheren Jahren. Das hatte es fast nie gegeben, daß man mehrere Tage am gleichen Ankerplatz zubrachte und sich dennoch fremd blieb.

Kokosnuß-Radio

Auch das hatte es früher nicht gegeben: Täglich traf sich eine Runde von Yachten, meistens amerikanische, auf einer bestimmten Frequenz auf Single Side Band und unterhielt sich, gab sich gegenseitig Tips – zum Beispiel, wie die beste Zeit zum Einlaufen in die Pässe berechnet wird – und tratschte halt so miteinander. Ich mußte an die unzähligen und teils unerträglichen Talkshows zu Hause im Fernsehen denken, die ja ihre Daseinsberechtigung mit Hinweisen auf den Klatsch unter Nachbarn rechtfertigen.

Nichts anderes waren die Radio-Gespräche unter den Yachties, auch wenn sie zum Teil tausend Meilen auseinander waren. Selbstverständlich waren für diese Gespräche keine Gebühren fällig, genauso wie beim Amateurfunk. Bei uns in Deutschland ist unter den Langfahrtseglern eine große Diskussion im Gange, was auf einer Blauwasseryacht besser sei, Amateurfunk oder eine zugelassene Seefunkstelle? Solche Diskussionen zeigen, daß diejenigen, die darüber regelrechte Streitigkeiten vom Zaune brechen, keine Ahnung von den tatsächlichen Gegebenheiten haben. Denn weit draußen in den unendlichen Weiten des Ozeans, vor allem des Pazifiks, kümmert sich kein Mensch darum, ob sich an Bord eine zugelassene Seefunkstelle befindet. Die Yachties kaufen sich für ein paar tausend Mark einen „Transceiver“ (also ein Radio zum Senden und Empfangen), lassen sich das Gerät gleich beim Verkäufer verbotenerweise auf „Senden für alle Frequenzen aufbohren“ (meist mit einem kleinen versteckten Schalter) und gehen munter auf Sendung in die diversen Gesprächsrunden bei Yachties, wo die sich über das Wetter bei anderen weit entfernten Seglern informieren. Ich habe noch nie einen amerikanischen Yachty nach dem korrekten Rufzeichen fragen gehört. Ob das alles so erlaubt ist, käme heraus, wenn man mit diesem Sender mit der Heimat telefonieren wollte. Denn dann müßte man ins offizielle Telefonnetz verbunden werden, und spätestens bei der Frage nach der Gebührenrechnung müßten die Karten auf den Tisch gelegt werden, jedenfalls in Deutschland. Aber bald wird auch dieser Punkt ziemlich unwichtig, dann nämlich, wenn sich Satellitentelefone entsprechend verbreitet haben. Es wird in ganz naher Zukunft kaum noch eine Yacht auf den Weltmeeren geben, von der aus nicht zu jeder Zeit und an jedem Ort der Welt für immer geringer werdende Gebühren überall hin telefoniert werden kann.

Was mich an diesen Radio-Gesprächsrunden am meisten verwundert hat, waren lange Diskussionen, wie man in Tahiti die Prüfung für das Amateurfunkzeugnis ablegen könnte. Nach der amerikanischen Gesetzeslage ist es nämlich möglich, auch im Ausland mit einer entsprechend (schwierigen) Prüfung Funkamateur zu werden. Einer der Gesprächsteilnehmer hatte offensichtlich die Qualifikation, die Amateurfunkprüfung im Ausland abnehmen zu dürfen und versprach, in Tahiti einen Raum anzumieten, um dort amerikanische Yachties auf ihre Eignung als Amateurfunker zu testen.

Leider gibt es eine solche Regelung für deutsche Yachtleute nicht. Denn viele stellen erst im Laufe einer Langfahrt fest, wie wertvoll Amateurfunk auf Yachten ist. Nachdem es aber nicht möglich ist, eine deutsche Amateurfunkprüfung im Ausland abzulegen, haben diese Segler keine Chance, legal am Amateurfunk teilzunehmen. Die Folge ist dann häufig, daß sie der Versuchung nicht widerstehen können und sich schließlich illegal auf den Amateurfrequenzen melden, also „Piraten“ sind.

Warum aber ist es so begehrenswert, als Yachtmann am Amateurfunk teilzunehmen? Schließlich ist der „Ham“ (so nennen sich Amateurfunker) gegenüber dem Single-Side-Bander sogar benachteiligt. Denn den Hams ist es verboten, Nachrichten von Dritten oder an Dritte weiterzugeben. So ist es nicht erlaubt, einen Ham in Deutschland über Amateurfunk zu bitten, er möge mal beim Schiffszubehör-Händler anrufen, um dort ein bestimmtes Ersatzteil für die Yacht Ixypsilon zu bestellen (ich verschweige allerdings nicht, daß sich einige Amateurfunker unter den Seglern nicht besonders streng an dieses Verbot halten). Dies würde bei legaler Benutzung des Seefunks ohne weiteres möglich sein.

Offensichtlich ist es die große Gemeinschaft und der „Hamspirit" der Funkamateure, die den Anreiz darstellen, ebenfalls von der Yacht aus Amateurfunk zu betreiben. Den Amateurfunkern sind keine bestimmten Frequenzen zugewiesen, sondern ganze Frequenzbänder, innerhalb derer sie sich auf jede beliebige (freie) Frequenz setzen können, um mit jedermann auf der Welt, also nicht nur mit Schiffsstationen, zu sprechen. Dies ergibt eine so großzügige Flexibilität, wie sie eben nur der Amateurfunk kennt.

Es ist zu befürchten, daß auch die Tage des Amateurfunks gezählt sind, eben wegen des erwähnten Satellitentelefons. Für Yachten unterwegs bietet sich damit die Möglichkeit, jederzeit weltweite Telefonverbindungen herstellen zu können, um mit jedermann zu sprechen, oder eine Datenleitung ins Internet oder zu anderen ähnlichen Diensten zu bekommen.

Damit steht dem Segler in den Weiten eines Ozeans praktisch jede Informationsquelle offen. Am besten zeigt dies ein Vergleich von Wetterinformationen früher und heute: Als Carla und ich 1982 nonstop monatelang von Tahiti in die Brüllenden Vierziger, ums Kap Hoorn und dann nach Argentinien gesegelt sind, hatten wir über weite Strecken auf dieser abgelegenen Route überhaupt keinen Wetterbericht bekommen. Erst als wir uns Südamerika näherten, war es mir gelungen, gemorste Wetterberichte nach „FM46" zu empfangen. Da meine Morsekenntnisse als Funkamateur der professionellen Geschwindigkeit der Marinefunker nicht ganz gewachsen waren, mußte ich die Sendungen zunächst auf Band aufnehmen, das ich anschließend mit der halben Geschwindigkeit abspielte. So gelang es mir dann mit einiger Mühe, den Wetterbericht, der ausschließlich aus Fünfer-Ziffern-Gruppen bestanden hatte, niederzuschreiben. Diese Zifferngruppen stellten aber nichts anderes dar als geographische Punkte, durch die Fronten, Sturmtröge, vor allem aber Isobaren verliefen. Nach stundenlanger Arbeit hatte ich also auf dem Papier nichts anderes als eine mehr oder weniger genaue Wetterkarte. Diese galt es dann noch zu interpretieren, was für einen Metereologen schon gar nicht so einfach ist – wir sehen es an der „Genauigkeit“ unserer TV-Wettervorhersagen –, erst recht nicht für einen Laien wie mich.

Übers Satellitentelefon mit Modem holt sich der Yachty dagegen in wenigen Minuten in einen handelsüblichen Note-Book-Computer: die fertige Wetterkarte, die von Top-Metereologen verfaßte Vorhersage für die nächsten 24 Stunden und für die nächsten fünf Tage sowie die dazugehörigen Satellitenfotos. Keine Zukunftsmusik mehr!

Gefahr aus dem Meer

Wir hatten es nicht eilig, und so blieben wir noch etwas auf unserem malerischen Ankerplatz. Mit dem Beiboot plus Außenborder fuhren wir häufig in die Korallengärten in unserer Nähe, um dort zu schnorcheln, nicht zu tauchen. Wer in Polynesien segelt, ohne unter die Wasseroberfläche zu schauen, verpaßt die halbe Schönheit der Südsee. Ein Tauchgerät ist dabei nicht unbedingt nötig, denn nur nahe an der Wasseroberfläche bietet sich die größte Farbenpracht der Korallen und aller Wassertiere, die in Massen, nur wenige Zentimeter vom Schwimmer entfernt, vor dem Glas der Tauchermaske herumschwimmen. Würde man, mit einer Tauchflasche ausgerüstet, auch nur fünf Meter tiefer absinken, verlieren die Farben schon ihre Intensität. So aufregend das Abtauchen mit Flaschen in größere Tiefen auch sein mag (ich erinnere mich an einen Tauchgang mit Wolfgang Hausner in den Cayman Islands in fünfzig Meter Tiefe), das wahre „Tauchvergnügen" ist die Schnorchelei zwischen Korallenköpfen unmittelbar unter der Wasseroberfläche. Für die Nichttaucher sei es gesagt: Mit der Tauchflasche auf dem Rücken ist es nicht getan. Auf der Yacht müßte schon ein Kompressor mit allen Nachteilen (Benzinmotor!) vorhanden sein, um Freude am Flaschentauchen zu haben. Darüber hinaus wäre jeder Tauchgang allein schon lebensgefährlich, der Partner muß also die gleichen Interessen haben. Schließlich braucht man für gute Fotos oder Filme auch künstliches Licht, sonst rufen blaßgrüne Film- und Fotoaufnahmen nur Enttäuschung hervor.

Die Harpune ließen wir an Bord. Zwar wäre es keine Kunst, aus einem Meter Entfernung einen Papageienfisch zu schießen, doch sahen wir keinen Sinn darin. Zum einen wußten wir von früheren „Jagderlebnissen“, daß damit schlagartig die Zutraulichkeit der Fische in dieser Bucht zum Schnorchler erlischt, und zum zweiten würden wir den Fisch nicht mit Appetit verspeisen. Denn Riff-Fische gehören, im Gegensatz zu den Raubfischen wie Wahoo, Tazar, Goldmakrele oder Thunfisch, eigentlich nicht zu den begehrten Speisefischen. Zumindest war dies früher so. Erst in den letzten Jahren sind auch Fische, die sich über den Korallen tummeln, in den Restaurants von Tahiti zu zweifelhaften „Ehren“ gekommen, was vielleicht mit dem fast schon fanatischen Appetit japanischer Touristen auf Fische zusammenhängt.

Der tiefere Grund unserer Abneigung gegen selbstgeschossenen Fisch heißt „Ciguatera“, auch als Fischvergiftung bezeichnet. Über keine andere Krankheit, typisch für die Südsee, gibt es so viele Gerüchte, und leider sind sie alle wahr: Jeder Fisch, ob Raubfisch oder Korallenfisch, kann diese heimtückische Krankheit in sich tragen. Ißt der Mensch dann diesen Fisch, handelt er sich schwerste Gesundheitsschäden ein, je nach der Giftkonzentration. Das Nervengift erzeugt fast immer eine Allergie gegen Fischeiweiß, das heißt, derjenige, der einmal an Ciguatera erkrankt ist, verträgt oft jahrelang keinen Fisch mehr, sondern reagiert allergisch. Zunächst sind die Folgen je nach Grad der Erkrankung Durchfall, Erbrechen, starkes Fieber und nervliche Irritationen. Kalt wird als heiß empfunden und umgekehrt.

Das Heimtückische an dieser Krankheit ist jedoch der Umstand, daß niemand mit letzter Sicherheit vorhersagen kann, welcher Fisch giftig ist oder nicht. Gewißheit bekommt man erst, wenn man ihn gegessen hat. Aus diesem Umstand resultieren auch ein paar „Patentrezepte“ der Polynesier, die unter anderem vorschlagen, zunächst Hunde mit dem verdächtigen Fischfleisch zu füttern oder zumindest zu beobachten, ob Fliegen das Fischfleisch meiden, was ein Hinweis auf Ciguatera sein soll. Daß diese Regeln unzuverlässig sind, beweist der Umstand, daß auch Polynesier gelegentlich von dieser Krankheit heimgesucht werden, manchmal auch daran sterben.

Vor ein paar Jahren bin ich auf einem französischen Forschungsschiff in den Marquesas gewesen, das nur die Aufgabe hatte, die

Ciguatera zu erforschen. Aber auch die Wissenschaftler an Bord äußerten nur Ratlosigkeit, als ich sie nach ihren Erkenntnissen befragte. Mangels weiterer Einnahmequellen, von der Perlenzucht einmal abgesehen, spielt der Fischfang für die Polynesier die größte wirtschaftliche Rolle, so daß die Erklärung dieser heimtückischen Krankheit von großer Bedeutung wäre.

Also das war der tiefere Grund, warum eine Harpune nicht benutzt wurde. Nicht daß wir keinen Fisch gegessen hätten, doch vertrauten wir da lieber den Einheimischen bei der Fischauswahl, was das Risiko einer Fischvergiftung zumindest 99%ig ausschloß. Auch das Töten eines Fisches war uns zuwider. Zwei Erlebnisse kamen uns da immer wieder in den Sinn. Einmal, mitten im Atlantik, hatten wir eine wunderschöne Goldmakrele an der Angel. Ihre Haut hatte in der Sonne in den schönsten Regenbogenfarben geglänzt. Aber nur solange sie noch gelebt hatte. Innerhalb weniger Sekunden war sie nur noch ein großer gräulicher Fisch. Ein andermal hatte ich in Barrington auf den Galapagos herumgeschnorchelt. Die Fische waren in dieser einsamen Bucht so zutraulich, daß ich sie mit der Hand von meiner Maske wegscheuchen mußte, um überhaupt mit der Harpune auf Schußweite zu kommen. Nachdem ich Tor den ersten Papageienfisch abgeschossen hatte, waren alle Fische in dieser Bucht schlagartig wie verwandelt. Sie lugten nur noch vorsichtig hinter den Felsen hervor, wagten sich nicht mehr näher als drei Meter an den Eindringling heran. Welche Enttäuschung!

Was an den Unterwassergründen in Kauehi auffiel, war die Klarheit des Wassers. In der Südsee hat man überall einen so weiten Blick unter Wasser, daß jeder, der aus unseren Gewässern kommt, zunächst einen Freudenschrei ausstößt, wenn er zum ersten Mal den Kopf hinter einer Tauchermaske unters Wasser hält. Aber mit der Zeit erkennt man die Unterschiede. Und wenn man die Sichtweite einmal mißt (was nicht schwer ist, man braucht seinen Kameraden nur etwas weiter wegschwimmen zu lassen), wird man erkennen, daß nach 20 Metern oder so Schluß ist. Die scheinbare Vergrößerung aller Gegenstände unter Wasser spiegelt eine viel bessere Sicht nur vor. Meistens trifft man in Paßnähe, offensichtlich wegen des ständigen Wasseraustauschs, die besten Sichtverhältnisse unter Wasser an. Dieser Umstand macht übrigens Paßdurchquerungen mit der

Yacht zusätzlich aufregend, weil das glasklare Wasser über dem sichtbaren Meeresgrund eine viel geringere Wassertiefe vorspiegelt, als das untrügliche Echolot anzeigt.

Ideal fürs Filmen und Fotografieren ist ein preiswertes Ewa-Marine-Gehäuse. Es schützt nicht nur bei Schnorchelgängen bis in 10 Meter Tiefe, sondern bietet auch die einzige Gewähr, die Kamera durch die Brandung trocken an Land zu bringen

Das Dorf in Kauehi ließ beste Sichtverhältnisse unter Wasser eigentlich nicht erwarten, weil es innerhalb der Lagune auf der anderen Seite der Insel lag, also runde zwanzig Kilometer vom Paß entfernt. Um so überraschter waren wir von der Traumkulisse, als wir zum ersten Mal zwischen den Korallenköpfen vor dem Dorf den Kopf unter Wasser steckten, um mit meiner Videokamera, geschützt durch ein „Ewa-Marine"-Gehäuse, recht eindrucksvolle Bilder für einen Film über diese Reise zu machen. Den Bildausschnitt wählte ich so, daß die Wasseroberfläche gerade nicht mehr zu sehen war, obwohl sich die Kamera keinen halben Meter unter Wasser befand. Ich hatte keine Hemmungen, so dem Betrachter größere Meerestiefen vorzuflunkern, denn der gleiche Trick wird bei vielen professionellen Filmen angewendet. Beim Filmen unter Wasser gibt es eben nur zwei Möglichkeiten, zu farbenfrohen Bildern zu kommen, nämlich entweder wenige Zentimeter unterhalb der Wasseroberfläche oder durch den aufwendigen Einsatz künstlicher Lichtquellen. Als besonders wertvoll, fast unersetzlich, erwies sich hierbei das Unterwassergehäuse aus flexiblem Plastik namens Ewa-Marine, denn im Salzwasser wäre schon ein Wasserspritzer tödlich für die wertvolle Digital-Videokamera. Beim Langfahrtsegeln sollte man ohne einen solchen Schutz überhaupt nicht filmen, denn selbst wenn man an Unterwasseraufnahmen kein Interesse hat, ist es bei ruppiger See am Ankerplatz nicht möglich, die Kamera, im Beiboot ungeschützt, trocken an Land zu bringen.

Als wir vom Schnorcheln im Beiboot zur SARITA zurückkehren wollten, sahen wir vor dem Beiboot einen schwarzen Gegenstand. Ich glaubte, daß es sich um den Kopf eines Schwimmers handelte und drosselte den Außenborder. Sofort war der „Kopf" verschwunden, und ein riesiger schwarzer Schatten zog, zum Greifen nahe, unter unserem kleinen Schlauchboot hindurch. Wir hielten den Atem an, bis das elegante Tier unter uns durch war. Wie groß der Rochen gewesen war, kann ich nicht schätzen, doch erschien er viel mächtiger als unser Beiboot. Als wir mit unserer THALASSA vor vielen Jahren einmal in der Lagune von Bora Bora geankert hatten, war ein Manta-Rochen in unserer 16-Millimeter-Ankertrosse hängengeblieben und hatte sich leider stranguliert. Nachdem wir am nächsten Tag den Kadaver aus der Tiefe hochgezogen hatten, konnten wir die Spannweite mit mehr als zwei Meter messen.

Bevor wir Kauehi verließen, machten wir noch Filmaufnahmen von der SARITA unter Segel. Jeder Filmamateur kennt ja das Problem seiner Segelfilme. Andere Einstellungen als „vom Bug nach achtern" und „vom Heck nach vorne" haben im Urlaubsfilm Seltenheitswert. Außenaufnahmen von der Yacht unter Segel fehlen meist, weil zu aufwendig. Dies wollte ich in meinem Film vermeiden, und so ließ ich mich von der SARITA mitten in der Lagune von Kauehi im Beiboot samt Kamera im Ewa-Marine-Gehäuse aussetzen. Das Wichtigste beim Filmen ist ein ruhiger Kamerastandort. Beim Filmen soll ja alles in Bewegung sein, nur die Kamera nicht. Dies im wackeligen Beiboot in die Tat umzusetzen, war nahezu aussichtslos, denn auch nur geringer Seegang überträgt sich direkt übers Dingi auf die Kamera. Wäre das Wasser spiegelglatt gewesen, wären die Segelaufnahmen wiederum langweilig. Am besten wäre es gewesen, die SARITA mit einem Stativ von Land aus zu filmen. Aber wegen der Korallenköpfe war es nicht möglich, mit der SARITA näher als fünfhundert Meter an das Ufer ranzukommen.

Zum Abschied von Kauehi bekamen wir noch Besuch an Bord. Ein kleines Boot mit Einheimischen motorte im Abstand von fünfzig Meter vorüber. Der Mann am Außenborder hatte auf seinem Arm einen riesigen Vogel sitzen. Wir winkten hinüber, aber der Vogel muß das mißverstanden haben, denn er flatterte ein paar Mal, hob sich in die Lüfte, kreiste zweimal um die SARITA und landete schließlich in Wantenhöhe auf der Reling. Dort blieb der Tölpel zutraulich eine halbe Stunde sitzen, ließ sich geduldig filmen und fotografieren, bis er sich in die Lüfte erhob und in Richtung Dorf zurückflog.

Gegen Mittag holten wir die Anker auf und segelten langsam durch die Lagune zurück zum Paß. Wir hatten die Abfahrt so eingerichtet, daß wir nicht zu früh am Paß sein würden. Denn auch diesen leichten Paß würde ich nicht bei Dunkelheit durchsegeln wollen. Andererseits wollten wir nicht zu früh draußen auf der Hochsee sein, denn unser nächstes Ziel lag gerade mal eine Tagesreise entfernt. Es sollte der schönste Platz werden, den Carla und ich auf unseren sämtlichen Reisen um die Welt jemals besucht hatten. Damit hatten wir nie gerechnet, denn „heute ist ja alles schon so überlaufen und kommerzialisiert“!

Der falsche Paß

„Zu den Paradiesen führt keine Autobahn, sondern nur unbequeme Schleichwege“, schrieb mir der unvergessene Segel-Schriftsteller und Autor der Barawitzka-Bücher, Karl Vettermann*, über seinen Besuch in den Tuamotus. Und meinte damit jene Schwierigkeiten in den gefürchteten Pässen. An unserem nächsten Ziel würden wir solche Probleme nicht haben, denn dort würden wir auf einen sogenannten „toten“ Paß treffen, also gar nicht in die Lagune einfahren müssen. Toau stand auf unserer Törnplanung.

Der Passat hatte sich durchgesetzt, und so segelten wir mit 15 Knoten aus 80 Grad unter Groß und Genua durch die Nacht. Kein anderes Atoll lag zwischen Kauehi und Toau, so daß wir nicht einmal das Radargerät für die Navigation in der finsteren Nacht bemühen mußten. Erst am frühen Morgen schalteten wir es ein, um das Riff von Toau zu identifizieren. Unser Ziel lag an der Nordwestecke von Toau, so daß wir „oben“ um das Riff herumsegeln mußten, um zum falschen Paß zu kommen. Beim ersten Sonnenlicht setzte sich ein Tölpelpärchen auf das Bimini-Verdeck, gerade so, daß es der Rudergänger nur sehen konnte, wenn er sich weit zurücklehnte. Die zwei Vögel erwiesen sich als recht neugierig. Oder war es Furcht? Denn sie verbogen ihre Hälse, um dem Rudergänger im Cockpit ins Gesicht zu blicken.

Aus der Karte wurde der falsche Paß gemessen und in das GPS nach Breite und Länge eingetippt. Sofort zeigte das Hand-GPS Kurs und Entfernung zum Paß genauestens an. Warum „falscher“ Paß?

* Erschienen im Delius Klasing Verlag

Nur ein Yachtsegler kann hier die richtige Erklärung geben. Hätten wir uns nämlich mit einer polynesischen Piroge, einem Auslegerboot mit wenigen Zentimetern Tiefgang, genähert, dann wären wir in den Paß eingelaufen und nach einer Paßfahrt von ein paar hundert Metern in der Lagune gelandet. Anders mit einer Yacht. Da beginnt der Paß als dunkelblaue Rinne mit einer schnell aus über hundert Meter ansteigenden Echolotanzeige – typisch für einen Paß – bis zwanzig oder dreißig Metern Tiefe. Bevor die Yacht aber die Lagune erreicht hätte, würde das Echolot Alarmtöne pfeifen, und auf dem Display stünde nur noch eine „Eins“ oder eine „Null“ vor dem Komma. In diesem Moment läßt sich schon von Deck aus beurteilen, daß die Wassertiefe voraus nur noch ein paar Dezimeter beträgt. Für eine Yacht mit mehr als einem Meter Tiefgang gab es in der Anse Amyot keinen Paß in die Lagune. Sie hatte draußen zu bleiben. Das war ein Unikum in den Tuamotus: Für den notwendigen Wasseraustausch zwischen Lagune und der offenen See reichten die wenigen Fuß Tiefe im falschen Paß durchaus, doch schiffbar war er nicht, die Lagune war über diesen Wasserweg nicht zu erreichen – der Paß war sozusagen „tot“.

Als wir noch eine Meile vom Riff entfernt waren, hatte ich im Fernglas mehrere Gestalten gesehen, die hektisch umherrannten. Im „Paß“ stand wenig Strom, so konnten wir in Schleichfahrt einlaufen. Die Gestalten entpuppten sich als zwei junge Burschen, einer davon mit sehr polynesischen Gesichtszügen und strohblondem wuseligem Haar. Sie standen in einem Speedboot mit mindestens hundert Pferdestärken dran und winkten uns mit einem armdicken Tampen in der Hand. Beim Näherkommen zeigte das Echolot immer noch runde 20 Meter Tiefe. Ich blickte auf den Tampen und sah, wie dieser zu einer Boje führte, offensichtlich mit einer Muring dran. Wir nahmen den Tampen entgegen und machten die Sarita fest. Das ersparte uns glatt eine Stunde Arbeit mit unseren Ankerfragmenten. Dankbar bemerkten wir, daß die Jungen sehr vorsichtig mit ihrem Speedboot waren, es von der Sarita fernhielten, so wie man es eben macht, wenn man gewohnt ist, mit Yachten umzugehen. Bevor wir die jungen Polynesier an Bord bitten konnten, waren sie schon wieder verschwunden. Offensichtlich wußten sie, daß man auf einer Yacht nach dem Anlegen gerne aufklariert,

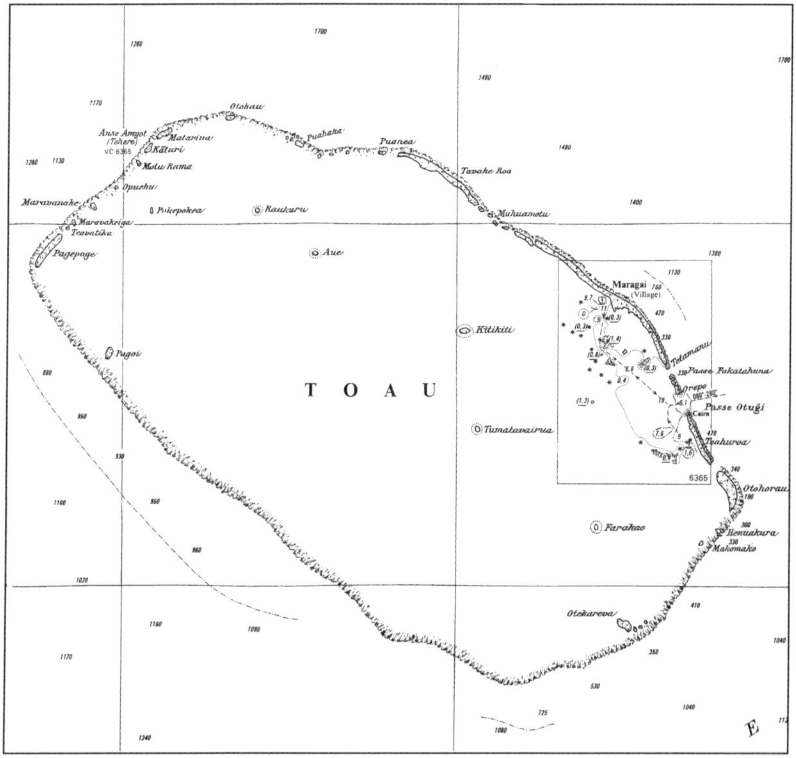

Der falsche Paß ist an der NW-Ecke von Toau – bei der Anse Amyot

sich etwas sammelt und auf die Fahrt zurückblickt. Das war ein Empfang, wie man ihn sich als Yachtmann wünscht!

Nachdem das Sonnensegel ausgebracht war, setzten wir uns ins Cockpit. Wie im Kino hatten wir das Paradies vor Augen: Die SARITA auf tiefblauem Wasser, das sich zum Ufer hin allmählich aufhellte, von Blau in ein strahlendes Smaragdgrün überging, bevor es mit der Uferlinie verfloß. Drüben, keine hundert Meter entfernt, standen mehrere kleine Hütten. Die letzten Berichte, die wir über diesen Platz aus den SSCA-Heften und aus Charlie's Charts (eine Art Sammlung von amerikanischen Sportbootkarten für die Südsee) bekommen hatten, sprachen von einem kleinen Dorf mit 12 Einwohnern in der Anse Amyot, wie diese Bucht genannt wurde.

Nach dem Frühstück motorten Carla und ich ans Ufer. Selbst für dieses kleine Stück war es ratsam, den Außenborder zu benutzen. Zwar war die Strömung im Paß nicht spürbar, doch das konnte sich schnell ändern. Dann konnte der Strom so stark werden, daß man mit Rudern keine Chance mehr hätte, dagegen anzukommen. Die Gefahr, aufs offene Wasser hinauszutreiben, war zwar gering, unterschätzt werden durfte sie aber nicht. Als wir das Ufer betraten, sahen wir vor einer Hütte zwei polynesische Frauen sitzen, die sich als Rosette und Diana vorstellten. Sie sprachen nur wenig Englisch, trotzdem verstanden wir uns gut. Wenn du eine Insel zum ersten Male betrittst, und zwei Frauen stellen dir Saft und Kuchen hin, braucht man nicht miteinander zu sprechen, um sich gut zu verstehen. Der Saft war eiskalt, also gab es auf der Insel auch Strom für den Kühlschrank, oder dieser wurde, was seit der Jahrhundertwende in Polynesien üblich war, mit Petroleum betrieben.

Wir hatten ein paar Flaschen Bier und zwei große Pampelmusen mitgebracht, die noch von den Marquesas-Inseln stammten und sich bestens gehalten hatten. Die beiden Frauen freuten sich über die Pampelmusen, lehnten das Bier aber mit der Bemerkung ab, daß sie selbst eine Snackbar betreiben würden und wir dort Bier, sogar Whiskey oder Rum kaufen könnten. Ein klein wenig enttäuschte es uns schon, daß nunmehr auch in der berühmten Anse Amyot der Kommerz eingezogen war.

Anse Amyot – Highlight im Paradies

Berühmt und keine Yacht hier vor Anker außer der SARITA? In den SSCA-Heften wurde die Anse Amyot immer schon als Highlight in den Tuamotus beschrieben, deshalb wußten wir auch sofort, daß Rosette als Mutter von sieben Kindern die Chefin auf der Insel war und daß auf der Insel nur 12 Bewohner, eine einzige Familie, lebten. Im Laufe des Gesprächs kam heraus, daß nur ungefähr 20 Yachten die Insel besuchten, pro Jahr wohlgemerkt. Schnell war dann auch das Gästebuch zur Hand, wo sich die Gäste eingetragen hatten. Aus der „Snackbar“ hatten wir inzwischen kühles Hinano-Bier bestellt und lasen mit Genuß das liebevoll geführte Gästebuch. Ich habe schon Hunderte von Gästebüchern in Yachtzentren in der Hand gehabt und habe gelernt, auch zwischen den Zeilen zu lesen. Rosette und ihre Schwester konnten die wenigsten Einträge lesen, erfreuten sich aber an den Zeichnungen und ahnten meist, welche Freundlichkeiten in dem leicht zerfledderten Heft standen. Danach befanden wir uns an einem ganz besonderen Ort, denn selten habe ich so zahlreiche Formulierungen in einem Gästebuch gelesen, die die Rührung über eine derart großzügige Gastfreundschaft nur knapp verbargen.

Als wir uns verabschiedeten, luden uns Rosette und ihre Schwester Diana zum Abendessen ein. Vorsichtig wiesen sie uns darauf hin, daß wir für die Getränke bezahlen müßten, schließlich führten sie eine Snackbar. Nachdem wir aufgestanden waren, ließen sie mit einer Leine eine Bretterwand vor dem großen Hüttenfenster herunter, hinter dem ins Holz geschnitzt war: „Snackbar Anse Amyot“.

Langsam merkten wir, daß es den beiden Frauen gar nicht ums

Geldverdienen ging. Sie waren nur stolz, daß sie auf ihrer Insel nunmehr auch einen Geschäftsbetrieb hatten. Doch der war sicher kein Geschäft, denn vor unserer Ankunft hatte es ja für die Snackbar nicht einen einzigen Kunden gegeben. Auf der Insel wohnten ausschließlich zwölf Familienmitglieder, sicher keine besonders gut zahlenden Gäste der „Bar"! Wie wir im Laufe des Gesprächs erfuhren, war es ursprünglich auch nicht die Idee der Menschen auf dieser winzigen Insel gewesen, eine Bar einzurichten. Doch konnte ich mir gut vorstellen, wie eine nach der anderen Besucheryacht, frei nach kapitalistischer Denkweise, den Damen klargemacht hatte, doch nicht alles herzuschenken, sondern dafür auch Geld zu nehmen. Als dann schließlich zwei Tramper, keine Yachtleute, aus Deutschland angekommen waren, die recht kunstvoll den Namenszug „Snackbar" ins dicke Holz eingraviert hatten, gab es für die Menschen von Anse Amyot kein Halten mehr. Das erste „Geschäft" war eröffnet.

Was für ein Festmahl war das Abendessen! Fast die ganze Familie war versammelt, vor allem der Chef der Insel, nämlich Taupiri, ein besonders herzlicher Polynesier mit gütigem Blick, gerade in dem Alter, wo polynesische Männer (genauso wie die Frauen) anfangen, etwas in die Breite zu gehen. Stolz präsentierte er die Fische, die er speziell für dieses Abendessen mit der Harpune „geholt" hatte. Richtig, „geholt" hatte er sie, denn „fischen" wäre nicht der richtige Ausdruck. Taupiri geht nicht mit der Angel auf Fischfang, sondern mit der Harpune. Und er bedient sich im Paß, wie ein anderer in seinem Garten das Obst pflückt. Groupas, wohl die berühmtesten Speisefische aus dem Meer, schwimmen nicht einfach zwischen Korallenköpfen in zwei Metern Tiefe herum, sondern stehen gerne in 20 bis 30 Metern Tiefe im Paß, wo sie ihrerseits auf Beute lauern. Dort holt sie Taupiri ab. Wohlgemerkt, er taucht ohne Flasche mit seiner einfachen Harpune und kommt regelmäßig nach etwa einer Minute wieder hoch, den zappelnden Groupa an der Pfeilspitze. Ein Griff in die Augen, und schon fliegt der Fisch ins mitgeschleppte Boot. Dann ist Taupiri schon wieder unten, um erneut mit einem dieser begehrten Speisefische, nicht mal prustend, an die Oberfläche zurückzukommen. Drei Minuten dauert das, und drei Groupas sind im Boot.

So muß es auch am Nachmittag gewesen sein, denn auf dem reich gedeckten Tisch waren in der Mitte drei Groupas, einer in Schwarz, einer in Rot und einer gefleckt, damit die Gäste einmal den Unterschied schmecken könnten. Als wir zögerten, meinte Taupiri treuherzig: „Die Augen sind das Beste“, quetschte mit den Fingern den Groupas die Augen aus und schlürfte sie laut hörbar hinunter. Als wir doch etwas verlegen reagierten, begann Taupiri dröhnend zu lachen und ermunterte uns, endlich zuzugreifen. Wir lassen uns das nicht zweimal sagen, können aber nicht annähernd den Tisch leerräumen. Denn die drei großen Groupas sind nicht viel mehr als eine Vorspeise. Die gütigen Menschen von der Anse Amyot haben alles aufgetischt, was Insel und Küche hergeben. Neben den Groupas standen Platten mit dem wohl berühmtesten tahitianischen Fischgericht, dem Poisson Cru, roher Fisch, in Limonensaft gegart oder mit der Milch der Kokosnuß bedeckt. Dazu wurden die verschiedensten Beilagen serviert, nämlich Reis, selbstgebackenes Brot, Brotfrüchte, süße Kartoffeln und, merkwürdigerweise, Donuts. Mehr noch, sie hatten eine Reihe von Konserven geöffnet, die nicht so gut schmecken wie die Delikatessen aus dem Meer, doch wertvoller sind. Die kann man nicht im Garten vor der Haustüre „pflükken“, alle Konserven sind einen langen Weg hierher geskippert worden. Der nächste Laden ist in Papeete, denn auf Toau gibt es keinen.

Der Wein floß reichlich, und nach dem Essen griff Diana nach ihrer Gitarre, die nach jedem Lied reihum ging, so, als ob es das Natürlichste sei, daß jedermann dieses Instrument spielen kann. Der Cousin von Diana, gerade auf Besuch aus Tahiti, hatte ein kleines Keyboard dabei und begleitete die Lieder, so daß das Ganze recht professionell klang. Ein Lied ums andere wurde gespielt, Gitarre und Ukulele gingen von Hand zu Hand. Die meisten „typischen“ Südseelieder haben Melodien, die immer irgendwie bekannt klingen, was nicht wundert, denn Fremde sind bei den Polynesiern sehr willkommen – das war schon zu Zeiten von James Cook so –, so daß deren Lieder gleich mit adaptiert werden. So geht jedem die tahitianische Musik leicht ins Ohr.

Der Rotwein (aus Frankreich importiert) schmeckte uns, aber nicht allen. Diana und ihr Cousin tranken schön brav Coca Cola. Sie erklärten uns, sie seien bei den Blaukreuzlern und hätten das Gelübde abgelegt, ein Jahr strikt keinen Alkohol zu trinken. Die Stimmung litt darunter nicht. Ein ums andere Lied wurde auf der elektronischen Orgel angestimmt, und die Anwesenden fielen ein. Die Kinder, insbesondere Dianas zehnjährige Tochter, begannen Tamure zu tanzen, und obwohl dies eine sehr deutliche Aufforderung zur körperlichen Liebe darstellt (der humorlose Capt'n Bligh von der BOUNTY hatte ihn als höchst unanständig und ordinär bezeichnet), wirkte der Tanz anmutig und charmant.

Auch Taupiri, der Seemann, griff sich die Gitarre und demonstrierte, gut hörbar, den härteren Rhythmus des Tamure aus den Tuamotus im Vergleich zu den Liedern von den Marquesas und Tahiti. Er kannte die verschiedenen Musikrichtungen deshalb so gut, weil er, wie die meisten Polynesier, weit verstreut über ganz Polynesien Verwandte hatte. Diese Tatsache war nicht ungewöhnlich, waren doch die Polynesier immer schon für ihre fast fanatische Reiselust bekannt. Einen Gast zu haben, bedeutet in Polynesien eine große Freude, es ist selbstverständlich, daß Gäste zum Essen eingeladen werden, um dann zu bleiben, solange sie wollen. Das ist eine alte Tradition, die sicher auch darin begründet liegt, daß Polynesien sehr dünn besiedelt war und ist, so daß der Gast Geschichten und Neuigkeiten mitbringt und so für Unterhaltung sorgt. Mit genau der gleichen Selbstverständlickeit laden Polynesier sich auch selber ein.

Der Mann, der auf dem Außenriff schläft

Wegen ihrer Reiselust nennt man die Polynesier auch „Nomaden des Windes“. So schrumpft ein riesiges Gebiet wie Polynesien. Trotzdem waren wir überrascht, als sich herausstellte, daß Taupiri, der Sohn von Mamafane und Papatoa, inzwischen leider verstorben war. Carla und ich hatten die Eltern von Taupiri bei unserem letzten Besuch in Ahe vor 15 Jahren kennengelernt, wo Papatoa als Bürgermeister residierte. Einer der Vorfahren von Taupiri habe „Parker“ geheißen, erzählte er uns und sei „wahrscheinlich“ Deutscher gewesen. Rosette wies darauf hin, daß einer ihrer Vorfahren „ein Chinese aus Taiwan oder Vietnam oder so“ gewesen sei.

Das hatten wir schon früher erfahren: Polynesier sind stolz auf ihre Ahnen, der Stammbaum muß möglichst international sein. Rassenvorurteile kennen Polynesier nicht. Auch von einem seiner Großväter erzählte Taupiri traurig: Dieser war eines der sechs Opfer, die auf Faaite von ihren Familien verbrannt worden waren. Unbegreifliche menschliche Natur!

Ich fragte Taupiri nach der Bedeutung seines Namens. Nicht ohne Stolz bezeichnete er sich als denjenigen, „der am Außenriff schläft“. Wer jemals versucht hat, am Außenriff auch nur kurz zu tauchen, weiß, daß dieser Name eine unvorstellbare Hochachtung vor den Tauchleistungen seines Trägers ausdrückt. Denn am Außenriff ist es fast immer unmöglich, auch nur zu schwimmen. Die Brandung würde jedermann auf die scharfen Korallen werfen, was schwerste Verletzungen nach sich zieht. Deshalb geht man solchen Herausforderungen am besten aus dem Weg und beschränkt sich beim Schnorcheln auf das Innenriff. Wenn also Taupiri solche mentale Kraft nachgesagt wird, daß er unbeeindruckt von den Mächten der Natur in der Brandung schlafen kann, so bedeutet dies, daß er sozusagen im Meer zu Hause ist. Taupiri bestätigte dies. Er erzählte, nicht unbescheiden, vom Fischen in 45 Metern Tiefe und von einem Tauchgang von erstaunlichen sieben Minuten Länge, ohne Flasche wohlgemerkt. Wir hatten von seinen unglaublichen Leistungen aus Erzählungen anderer Yachtleute schon gehört.

Von Haiunfällen in der Südsee hatte ich nur eine Handvoll Geschichten gehört. Die Haigefahr war also wirklich gering. Trotzdem fragten wir Taupiri nach Problemen mit Haien. Er lachte wie einer, der dies schon oft gefragt worden war: „Haie gibt es hier in Massen!" Das stimmte sicher, denn als wir mit dem Beiboot angelandet waren, hatten wir am Strand über einen Haikadaver von zwei Metern Länge steigen müssen.

Taupiri fuhr fort: „Es gibt hier aber nur einen gefährlichen. Das ist ein Tigerhai von vier Metern Länge, der sich immer am Außenriff herumtreibt. Der tut mir aber nichts, denn ich bin mit ihm befreundet!"

Na ja, dachte ich, wenn ich eine Haiflosse sehe, sitze ich schon, gleichgültig ob Freund oder Feind, im Beiboot. Ich fragte den Cousin von Diana, ob er als Stadtmensch keine Angst vor dem Tigerhai habe. Ganz ernst antwortete er: „Nein, denn wenn ich dem alten Tigerhai im Wasser begegnen würde, würde ich ihm erklären, daß ich der Schwager von Taupiri, seinem Freund, bin!"

Taupiri strahlte soviel Souveränität aus, daß es kaum möglich war, zu ihm nicht volles Vertrauen zu haben. Deshalb hatten wir uns auch nicht die geringsten Gedanken wegen der Ciguatera gemacht, als wir an diesem Abend Unmengen von Fischen mit größtem Genuß verspeisten. Trotzdem erinnerte ich mich, daß Karl Vettermann geschrieben hatte, der Vater von Taupiri sei an Fischvergiftung gestorben. Ich wollte Taupiris Gefühle nicht verletzen, war aber auch neugierig. Deshalb fragte ich ihn sehr diskret nach der Todesursache seines Vaters. Der prustete gleich los, schlug sich auf den Bauch: „Irgendwie ist es schon richtig, daß mein Vater von Fischen vergiftet worden ist. Der hat nämlich so unheimlich viel Fisch gefressen, daß er schließlich 240 Kilogramm wog. Er wurde einfach zu fett, das war sein Ende, er starb, weil er sich überfressen hatte!" Der liebenswerte

Taupiri war auf einem ähnlichen Weg, denn das Meer gibt dort im Überfluß.

Fallen über dem Riff von Toau warten wochenlang auf Fische, die später in die teuren Restaurants nach Tahiti verkauft werden. Taupiri lud uns für die nächsten Tage ein, mit ihm zu den Reusen rauszufahren und der Familie bei der Arbeit zuzuschauen. Rosette dagegen forderte uns auf, zunächst noch die schmutzige Wäsche zu bringen, damit diese in Ordnung gebracht würde.

Ernte in Toau

So, da saßen wir nun auf einer einsamen Südseeinsel und hatten schon ein volles Tagesprogramm. Als wir am anderen Morgen mit unserer Wäsche im Beiboot ans Ufer fuhren, kam uns Diana mit einem Schubkarren entgegen, um den Wäscheberg zu einer Hütte zu karren, die sie als „Waschküche" bezeichnete. Tatsächlich führten zu dem kleinen Holzhaus ein paar Gartenschläuche und sogar ein Stromkabel. Drinnen vibrierte eine moderne Waschmaschine. Das Stromkabel verlief quer durch den Garten zu einer anderen Holzhütte mit dem dröhnenden Generator, der mit einem Seilzug angerissen worden war. Das Süßwasser kam aus einem Brunnen, was verblüffte, denn die Anse Amyot war nichts anderes als ein riesiger Korallenblock im Meer. Quellwasser in unserem Sinne gab es dort sicher nicht. Es war Regenwasser, das im Boden versickert war und nun, angereichert mit Mineralien, aus dem Korallenboden wieder hochgepumpt wurde.

Es war auch der Stolz auf diesen Komfort, weshalb Diana und Rosette unsere Wäsche versorgten. Auf einer langen Wäscheleine zwischen den Palmen brauchte unsere Kleidung nur wenige Stunden zum Trocknen. Wir nutzten die Zeit und machten Videoaufnahmen von der Familie Taupiris, wie sie im Garten Tamure spielt, singt und tanzt. Ganz hingerissen waren Taupiris Kinder, als ich sie nach den Aufnahmen auf die winzige Mattscheibe des Suchers blikken ließ. Das nur briefmarkengroße Bild faszinierte sie, obwohl sie nicht einmal den Ton hören konnten. Offensichtlich hatten sie sich noch nie in einem bewegten Bild gesehen. Taupiri hatte mir erzählt, daß er seine Söhne am Sonntagnachmittag kaum vom Fernseher im

Wohnzimmer wegbekäme. Richtiges Fernsehen gibt es nicht auf Toau. Es ist außerhalb der Reichweite aller Sender, und eine Satellitenschüssel war nicht zu sehen.

Da kam mir die Idee, meine Kamera an den Fernseher anzuschließen. Ich hatte ein einziges Verbindungskabel dabei, aber ob ich damit meine hochkomplizierte Digitalkamera an einen Fernseher mit einem anderen System anschließen könnte, bezweifelte ich stark. Und tatsächlich, auch als ich alle Buchsen an Kamera und TV-Set durchprobiert hatte, war nicht für eine Sekunde ein Bild aus der Kamera auf der Mattscheibe erschienen, vom Ton ganz zu schweigen. Die Augen der Kinder Taupiris bettelten weiter. Da hatte der Cousin eine glänzende Idee: Er brachte mir von seinem Keybord ein brüchiges Kabel. Nachdem ich den roten und den weißen Stecker in irgendwelche Buchsen reingedrückt hatte, flimmerte das Bild, stand dann, und das Wohnzimmer war plötzlich vom polynesischen Gesang erfüllt, und auf der Mattscheibe war unter Palmen Taupiris Familie zu sehen. Sie kugelten sich auf dem Boden vor Vergnügen, selten habe ich Menschen so lachen gesehen.

Nachdem wir zum x-ten Male das gleiche polynesische Lied gehört hatten, war unsere Wäsche auf der Leine endlich getrocknet. Aber wir hatten uns getäuscht, als wir dachten, wir würden sie jetzt auch zurückbekommen. Der Generator wurde mit knatterndem Getöse wieder gestartet, und Diana fuhr die Wäsche in ihrem Schubkarren erst dann wieder zum Landeplatz für unser Beiboot, nachdem sie Stück für Stück sorgfältig gebügelt hatte. Wir hatten versucht, sie von dieser Arbeit abzuhalten, denn die Wäsche, in der Meeresbrise getrocknet, war für uns Yachties glatt genug. Aber Diana erklärte uns, Wäschebügeln sei ihre Lieblingsbeschäftigung.

Taupiri und seine Söhne waren inzwischen schon bei den Reusen. Als wir dort später mit Schnorchel und Maske ins seichte Wasser sprangen, bot sich uns ein ganz unwirklich farbenfroher Anblick. Hinter den Drahtzäunen im Wasser drängten sich Tausende der farbenprächtigen Fische. Doch nicht nur Riffische glotzten uns durch die Drahtmaschen an, sondern auch Raubfische, die hinter dem labyrinthartigen Drahtverhau ihrerseits nach Opfern gesucht hatten. Jetzt war ihnen sichtlich der Appetit vergangen. Sie ahnten vielleicht, daß dies wohl die letzten Stunden ihres Lebens waren. Denn am anderen Tag mußten die Reusen geleert werden, um die Fische aus dem Wasser zu holen und sie für den Transport nach Tahiti vorzubereiten.

Das System dieser Fallen war recht einfach. Einge hundert Meter Drahtzaun waren auf dem Riff bis zu einer Tiefe von vielleicht zwei Metern errichtet worden, der die Fische in einen immer engeren Draht-Gang leitete, bis sie schließlich durch ein Loch mit einem Durchmesser, der für einen Menschen gerade reichen würde, in die letzte Kammer gelangt waren. Taupiri befand sich jetzt in dieser letzten Kammer und rief mich mit der Filmkamera herbei. Er hatte in dieser Kammer einen Hai entdeckt, den er mit der Harpune schnell erledigte. Auch einer riesigen Muräne schoß Taupiri ins Genick, löste sie vom Haken und warf sie über den Zaun, keine zwei Meter von meinem Gesicht entfernt, ins Wasser. Die Muräne riß ihren Rachen auf und zeigte mir ihr offenes Maul, das mit scharfen Zähnen besetzt war. Taupiri lachte brüllend los, als er meine Abwehrbewegungen sah. Ich fand dies gar nicht lustig, denn das Ungetüm schlängelte vor meinem Gesicht herum und schnappte mit dem gräßlichen Maul hin und her. Taupiri versuchte mir zu erklären, daß sie „eigentlich" schon tot sei, denn er habe sie genau ins Genick getroffen, und die Bewegungen seien nur noch Reflexe. Trotzdem war ich heilfroh, als das eineinhalb Meter lange Tier endlich reglos auf den Grund sank.

Geschenkt bekommt man auch in der Südsee nichts, denn offensichtlich mußten die Drahtreusen gründlich gewartet werden. Möglicherweise war daran auch der einfache Eisendraht schuld, der im Salzwasser sicher kein ewiges Leben hatte. Taupiri und seine Söhne schwammen jedenfalls stundenlang am Drahtzaun entlang und reparierten die löchrigen Stellen mit Schnüren und Zangen. Wenn die schadhafte Stelle so tief lag, daß sie nur mit dem Kopf unter Wasser bearbeitet werden konnte, tauchte Taupiri ab, und seine beiden Söhne stellten sich auf seinen Rücken, damit er zwei Hände zum Arbeiten freibekam. Durch die Maske sah ich dann Taupiri, wohlgemerkt ohne Tauchgerät, am Drahtzaun so lange arbeiten, als ob er Kiemen zum Atmen bekommen hätte. Wenn er dann nach einer scheinbaren Ewigkeit auftauchte, rang er nicht etwa nach Luft, sondern redete mit seinen Söhnen so ruhig, als sei er gerade aus dem Schlaf erwacht – „Taupiri, der auf dem Außenriff schläft"!

Jetzt kannten wir schon einigermaßen den Tagesablauf in der Anse Amyot. Es war nicht so, daß die „Männer", also Taupiri und seine Söhne, nur arbeiteten, wenn es ihnen gerade einfiel. Werktags waren sie regelmäßig mit den Fischen beschäftigt, ab und zu fuhren sie auch nach Apataki, um dort Wichtiges abzuholen. Denn Apataki hatte einen Flugplatz, der gelegentlich von Tahiti aus angeflogen wurde. Dorthin wurden auch Post oder ganz wichtige Ausrüstungsgegenstände geschickt. Dann galt es, diese mit dem Außenborderboot (!) abzuholen. Mich schauderte bei diesem Gedanken. Denn das Speedboot mit dem starken Außenborder daran, das war in unseren Augen bei weitem kein hochseetüchtiges Boot. Und unmittelbar nach dem toten Paß begann die echte Hochsee des Pazifiks mit Seegang wie auf dem offenen Meer. Taupiri kümmerte sich um meine Bedenken nicht. Stolz erzählte er, daß er bei gutem Wetter nur ein paar Stunden nach Apataki bräuchte. Und was ist, wenn der Außenborder versagt? Er lachte wie einer, der keine Angst hat.

Blick vom Mast der SARITA *auf den falschen Paß von Toau*

Tatsache ist aber, daß in regelmäßigen Abständen die Zeitungen von Papeete oder von Suva in Fiji darüber berichten, wie im Pazifik kleine Fischerboote mit kaputtem Außenborder nach ein paar Monaten aufgefunden werden. Manchmal überleben die Vermißten dabei sogar. Ich bin mir sicher, daß solche Irrfahrten immer schon stattgefunden haben, also auch damals, als die Polynesier mit kleinen Auslegerkanus unter Segel im Pazifik die paar Dutzend Meilen von einer Insel zur anderen unterwegs waren. Möglicherweise waren die sagenhaften, heute so unerklärlichen „Entdeckungsfahrten" der Polynesier vor tausend Jahren, so zum Beispiel von Tahiti nach Hawaii, nichts anderes als verunglückte Inselhüpferei.

Perlen wurden in der Anse Amyot nicht gezüchtet. Irgendwie wirkte sich dies positiv auf die Stimmung der Leute aus. Etwas zu züchten, also etwas Künstliches herzustellen, noch dazu für japanische Geschäftsleute, war, so schien es, den Menschen von Toau zuwider. Vielleicht hatten sie auch einmal die Fotos von den Tonnen „schwarzer Perlen" in banalen Plastiksäcken gesehen, die an die Syndikate geliefert wurden, und hatten sich Gedanken darüber gemacht, daß der Preis für schwarze Perlen bald nicht mehr (oder schon lange nicht mehr) von der Rarität bestimmt, sondern von clever kalkulierenden „Geschäftsleuten" künstlich „gemacht" wird. Trotzdem strahlten die Augen von Rosette, als sie Carla eine makellos runde dunkelgrüne Perle mit einem Augenzwinkern in die Hand drückte.

Fische aus der Lagune zu holen war etwas ganz anderes. Hier nahm man entgegen, was die Natur freizügig von sich aus anbot. Dies war auch einträglich. Die Ankunft des Fischerbootes stand morgen bevor, wie jeden Monat, wenn ein vielleicht dreißig Meter langer Schoner nach Toau kommt, um die Fische, die Taupiri einen Monat lang in seinen Reusen gesammelt hat, abzuholen.

Am Nachmittag besuchten Taupiri und die ganze Familie die SARITA an der Muring. Wir konnten sie nicht überreden, auch nur kurze Zeit nach unten in den Salon zu gehen, sie wollten im Cockpit sitzenbleiben. Wir spürten, daß sie dachten, der Salon sei das Wohnzimmer, da würden sie zu tief in die Intimsphäre der Gäste eindringen. Vornehme Menschen!

Taupiri begutachtete unser Angelzeug. Aber als wir ihm erzählten, daß dies nicht viel tauge, weil wir nicht genügend gefangen hatten, lächelte er, deutete auf den Paß und meinte: „Dort jagt der Thunfisch, wir holen uns einen!"

Er lud uns in sein Speedboot ein, und kurze Zeit später stoben wir schon mit 60 Stundenkilometern durch den Paß nach draußen. Die Dünung war so hoch, daß wir uns alle festhalten mußten, um nicht aus dem Boot rauszufliegen. Taupiri nahm nur wenig Gas weg, als er begann, vor dem Paß hin- und herzufahren. Er mochte ein großer Fischer sein, aber mit unserer Angelleine mit dem komischen Köder dran würde er nie und nimmer einen Thunfisch fangen können.

Aber Taupiri schien anderer Meinung zu sein. Er deutete auf einen Flecken im Wasser, der zu kochen schien. Wir konnten sie nicht sehen, aber wir wußten, daß die Wasseroberfläche von kleinen Fischen aufgewühlt wurde, die auf der Flucht vor dem räuberischen Thun waren. Sie hatten nur dadurch eine Überlebenschance, daß die Thunfische sie nicht alle auf einmal holen konnten, auch nicht die zahlreichen Tölpel, die über ihnen kreisten. Das ist die grausame Natur. Einige würden überleben, weil ihre Artgenossen in den Mägen der Räuber verschwinden würden.

Aber da war noch Taupiri. Zufrieden saß er mit seinem braungebrannten Bauch, der ihm etwas über die Shorts hing, am Heck, den Gasgriff des Außenborders in der einen Hand und die Angelleine in der anderen. Die Mütze mit dem Solar-Ventilator, die wir eigentlich seinen Söhnen Stelleo und Gaston geschenkt hatten, hatte er sich zum Schutz vor der untergehenden Sonne tief ins Gesicht gezogen. Daß Taupiri die Perlonleine aus der Hand fuhr, lag sicher nicht nur daran, daß er dem Thun durch zupfende Bewegungen einen kleinen Fisch auf der Flucht vortäuschte, sondern daß er, wenn der Fisch beißt, die dünne Leine elastisch machen wollte, damit sie nicht mit der Beute abreißen würde. Plötzlich schrie Taupiri triumphierend auf. Aber dann riß es ihn blitzschnell so nach achtern, daß er sich mit den Zehen am Decksrand neben der Außenborderhalterung einkrallen mußte, um nicht über Bord gerissen zu werden. Er hätte auch loslassen können, doch vertrug es sich nicht mit seinem Stolz, die Angelleine einfach ausrauschen zu lassen und so die Fischleine zu verlieren. Der Fisch an der Angel mußte so mächtig sein, daß selbst Taupiri nicht damit gerechnet hatte. Vielleicht war es sogar sein Freund, der Tigerhai, der seinerseits die gefräßigen Raubfische gejagt hatte. Taupiri hing jedenfalls mit letzter Kraft und in seiner ganzen Körperlänge an der Perlonleine, und seine Arme schienen immer länger und länger zu werden. Dann ein Ruck – und der enttäuschte Gesichtsausdruck von Taupiri sagte alles. Er zeigte uns das durchgebissene Stahlfach: „A real big tuna!"

Ich war ganz froh, denn so wie ich Taupiri inzwischen kennengelernt hatte, hätte er uns diesen kapitalen Fang, eineinhalb Meter lang oder so, sicher geschenkt. Es wäre unhöflich gewesen, das nicht anzunehmen, aber was hätten wir mit einem Zentner Fisch auf der SARITA angefangen?

Die Tölpel von Toau

Vor dem Abschiedsessen hatte Taupiri im Garten hinter dem Haus ein Feuer entzündet. Darauf befand sich ein riesiger rabenschwarzer Kochtopf. Mit einem Pirogen-Paddel rührte Taupiri in einer graubraunen Masse herum. Nach dem Sonnenuntergang servierte er sein Werk, das an den zahlreichen kleinen Knochen als Geflügel zu erkennen war. Den Geschmack kannte ich nicht, er war gewöhnungsbedürftig. Neun Tölpel hatte Taupiri am Morgen auf dem Riff für uns aus der Luft gefangen. „Tölpel sind die erlesenste Delikatesse", meinte er. Ich mußte an den Tölpel in Kauehi denken, der sich für eine halbe Stunde bei uns auf der Reling niedergelassen hatte, und an das Tölpelpärchen auf dem Bimini-Verdeck der SARITA, das mit uns in den toten Paß eingelaufen war. Ich blickte auch hinüber zu dem Platz, wo Taupiris Speedboot im Wasser schaukelte. Davor stand ein Baum mit einem Brett zwischen den Ästen und darauf, gerade in Griffhöhe, saß ein schneeweißes flaumiges Knäuel, das gelegentlich mit den Stummelflügeln schlug. Ein junger Tölpel, der von den Kindern jeden Tag mit Fischen gefüttert werden mußte. Er konnte nämlich noch nicht fliegen. Tölpel brauchen nach der Geburt ein Jahr, bis sie die Geschicklichkeit in der Luft erlangen, die ihre Eltern berühmt gemacht hat und die den Namen „Tölpel" so unverständlich macht. Die Langusten – nicht wenige, ein Dutzend hatte Taupiri in der Nacht am Außenriff gefangen – mundeten dagegen köstlich.

Zum letzten Mal erwachten wir am nächsten Morgen in der Anse Amyot. Statt noch vor dem Frühstück ins glasklar-blaue Wasser des Passes zu springen, fuhren wir zu den Fischreusen, um ein einmaliges Schauspiel mitzuerleben. Taupiri und seine Söhne ernteten die Früchte des Meeres. Denn das Schiff aus Tahiti wurde erwartet, das den Fang nach Papeete transportieren sollte, um dort in den teuren Restaurants die Touristen zufriedenzustellen, die sich solche Fische leisten konnten.

Ein ums andere Mal wurde das Speedboot mit vielen Zentnern zappelnder Fische gefüllt, die in allen Regenbogenfarben glänzten. Diana und Rosette waren schon am Ufer, wo Tausende von Fischen auf den Boden geleert wurden. Mit nackten Beinen stapften die Frauen zwischen den zappelnden Leibern umher und fädelten die Fische, je nach Rasse, mit Palmfasern durch die Kiemen auf. Mehr nach Blumenkränzen als nach Fischen sah das Ergebnis aus. Rosette zeigte mir die einzelnen Arten und erzählte stolz, daß dieser oder jener im Restaurant in Tahiti immerhin zwanzig Dollar kosten würde. Sie würden nur zwei Dollar vom Händler, „nebenbei" Chef des Zollamtes in Tahiti, bekommen. Na ja, sehr viel Geld sei das nicht, wenn man die Restaurantpreise sehe, doch wenn man damit nicht zufrieden sei, würde eine andere Insel mit der Lieferung der Fische beauftragt werden, obgleich natürlich woanders die Fische bei weitem nicht so schön seien, vielleicht sich auch mal ein Fall von Ciguatera einschleichen würde.

Welcher denn der teuerste Fisch sei, wollte ich wissen. Rosette hob einen besonders farbenprächtigen hoch: der Königsfisch. Merkwürdig, dachte ich, das ist ja eine Papageienfischart und Papageienfische, überhaupt Riff-Fische, haben früher – als es noch wenig Touristen gab – nicht als besonders gute Speisefische gegolten. Wie sich doch der Geschmack geändert hat!

Bevor wir endgültig Abschied nahmen, beluden wir unser Beiboot randvoll mit ein paar hundert Konserven, fast dem gesamten Vorrat, den wir auf den Marquesas-Inseln eingekauft hatten. Wir würden uns bald wieder in Geschäften mit Vorräten eindecken können. Für die Menschen von der Anse Amyot aber ist jede Dose eine kleine Kostbarkeit, weil sie keine Möglichkeit haben, Konserven einzukaufen. Wir waren aber ziemlich sicher, daß sich der Inhalt dieser Dosen erst dann wieder auf dem Tisch bei den Taupiris fände, wenn die nächste Yachtbesatzung zum Abendessen in die Snackbar von Anse Amyot eingeladen wird.

Als wir ein paar Stunden später ausliefen, hatten wir nochmals alle kunstvoll geflochtenen Blumenkränze, die uns die Familie Taupiri am Vorabend ins Haar gedrückt hatte, aufgesetzt. Der falsche Paß war diesmal so leise, murmelte nur noch, daß wir noch lange die Lieder vom Strand, wo sich die zwölf Bewohner der Insel mit Keyboard, Gitarre und Ukulele aufgestellt hatten, hören konnten. Carla nahm ihre Blumen und warf sie ins Heckwasser, was nach polynesischem Brauch die Rückkehr an diesen Platz verheißt. Es wird bis dahin nicht viel Zeit vergehen ...

Vor dem Bug unserer Yacht war der Weg nun frei nach Tahiti, den Gesellschaftsinseln mit den berühmten Inselperlen Moorea, Bora Bora, Huahine, Raiatea und Maupiti. Um es mit den Worten Vettermanns noch einmal zu sagen: „Der schönste Segel-Highway der Welt!"

Die Launen des Yanmar

Alle waren ein klein wenig leiser, als wir die Segel mit der ausgerollten Genua setzten. Der Passat war wieder da, und in melancholischer Stimmung nahmen wir den Sundowner in die Hand, um die Nacht zu erwarten. Die ersten Satelliten und Sterne waren schon aufgegangen, als der Wind wegstarb und uns mit kaum spürbarer Dünung alleine ließ. Nur zögernd starteten wir die Maschine, denn allmählich machten wir uns Sorgen um unseren Dieselvorrat. Obwohl ich früher ein geradezu fanatischer Segler gewesen bin, der sich um das Motoren drückte, wo es gerade ging (einmal lagen wir sage und schreibe acht volle Tage in einem Flautenloch mitten auf dem Atlantik), fühle ich mich heute nicht mehr gut, wenn ich manövrierunfähig in der Nacht in der bleiernen See rumtreibe. Ich habe inzwischen so häufig die Erfahrung machen müssen, daß auf hoher See fernab der viel befahrenen Schiffahrtsstraßen in der Großschiffahrt gelegentlich kein Ausguck gehalten wird, daß die Mannschaft nicht selten schlicht betrunken ist, oder daß im besten Fall nur gelegentlich ein Blick auf den Radarschirm geworfen wird. Ehrlich gesagt: Ich habe inzwischen Angst, mich in der Dunkelheit auf mein Vorfahrtsrecht als Segler in der Flaute zu verlassen.

Selbst wenn wir mit dem verbliebenen Sprit gerade noch nach Tahiti kommen würden, müßten wir bei der Einfahrt durch den Paß nach Papeete mit der Maschine fahren, um bei Flaute den Anordnungen des Hafenkapitäns nachkommen zu können. Auch Berufsseeleute haben heute kein Verständnis mehr, wenn ein Segelschiff nicht schnellstens aus der Fahrbahn für die Großen verschwindet. Das war früher anders, denn damals waren viele Berufsseeleute auf

Großseglern ausgebildet worden, kannten sich also im Umgang mit natürlichen Antriebskräften bestens aus, hegten meist noch eine romantische Liebe zu Segelschiffen.

Erst als wir festgestellt hatten, daß an Bord der SARITA noch ein Reservekanister vorhanden war, der im Notfall ausreichend Diesel für die Hafenansteuerung in Tahiti enthielt, drehten wir die flappenden Segel ein und starteten den Motor.

Genau bei 1800 Umdrehungen starb er zuverlässig ab, sprang aber auch ebenso zuverlässig wieder an. Er hatte sich also nicht geändert. Warum auch? Der wegen seiner kernigen (und gelegentlich beleidigenden) Aussprüche legendäre Motorbootjournalist „Hänschen“ Strepp hatte einmal geschrieben: „Maschinen haben keine Launen!“ Das sollten wir Blauwassersegler uns hinter die Ohren schreiben. Es heißt im Klartext: Hinter jedem technischen Problem steht eine Ursache, und es hilft nichts, sich in die eigene Tasche zu lügen. Mit unserem Maschinenproblem taten wir das aber!

Am nächsten Morgen war unser braver Yanmar-Diesel schlecht gelaunt. Bei bleierner Flaute stellte er die Arbeit schon unter 1800 Umdrehungen ein. Es war das gleiche Geräusch, wie sonst üblich, als er abstarb, so als ob man den Gashebel zurückziehen und gleich danach den Stopknopf drücken würde. Alles ganz normal also, bis auf den kleinen Unterschied, daß der Gashebel nach vorne geschoben blieb und niemand den Bowdenzug bewegt hatte.

Alles gute Zureden half nichts. Der Diesel sprang zwar willig an, röhrte ohne Belastung bis zur maximalen Drehzahl, wenn man aber bei eingelegtem Gang den Gashebel bis über die 1500 Umdrehungen hinaus schob, quittierte er seinen Dienst. Allenfalls 1400 Umdrehungen wollte er laufen. Das gab uns bei Windstille eine Geschwindigkeit von knapp unter vier Knoten. Und Tahiti war noch hundert Meilen entfernt. Naja, irgendwie würden wir es bis dorthin wohl schaffen, und dann könnten wir alles in Ordnung bringen lassen: die Batterien, das Ankergeschirr und vor allem die Maschine.

Wir lauschten fortwährend auf den Yanmar, was mich wunderte, denn eigentlich hätte ich mich als Segler doch nicht vor einem Motorausfall fürchten dürfen. Irgendwie wären wir mit dem Problem fertig geworden, aber solange er unter dem Niedergang schnurrte, war ich ganz zufrieden. In der Ferne zeichneten sich zunächst die hohen Berge von Tahiti ab, und als wir näher kamen, konnten wir im Fernglas ganz gut Point Venus mit dem hohen Leuchtturm ausmachen.

42

43

42 Riffgeschützte Berge, alpenhoch, in Tahiti

43 Die Wasserfront in Tahiti – berühmtester Yacht-Liegeplatz der Welt

44 Der strahlende Autor

44

45

46

yacht club
AUSTRIA
PANTAENIUS
MAKLER YACHTVERSICHERUNGEN

47

45 SARITA segelt in die Cooks Bay auf Moorea - meistfotografierte Ankerbucht der Welt

46 Carla und Gene Shelcher (rechts)

47 Peter Talas, Generalsekretär des Yacht Club Austria

48 Anette und Sven, in der Hand der Hauptmotor für seine Yacht

49 Anette und „Elektroboot“ RAROIA

48

49

50

51

50 Das vielbesungene Motu Tapu bewacht den Paß nach Bora Bora

51 Yachtclub von Bora Bora

52 Auf Schnorchelfahrt zum Riff von Moorea

53

54

53 Trauminsel Maupiti

54 Gefährlicher Paß nach Maupiti

55 Regenbogen über Motu Tapu

55

56

57

56 „Bora Bora - the most beautiful island in the world“ (Mitchener)

57 Der Autor verläßt seine frühere Heimat Moorea

An die Wasserfront

Ich war nervös wie jemand, der nach jahrelanger Abwesenheit wieder nach Hause kommt. Fragen schwirrten in meinem Kopf herum. Wie hatte sich alles verändert? Als Carla und ich eineinhalb Jahrzehnte zuvor nach fast vierjährigem Aufenthalt aus Tahiti abgesegelt waren, hatten wir noch schnell zuvor unser Grundstück in Moorea in der Cooks Bay verkauft. Was würde dort jetzt sein? Es war eines der schönsten Grundstücke, die ich kenne, dreißigtausend Quadratmeter mit einem ungeheuren Panoramablick vom Berg aus. Die Augen konnten vom Riff bis tief in die Cooks Bay hinein und weiter zum Dorf Pao Pao schweifen. Unten am Wasser hatte ich damals eine Segelschule eröffnen wollen. Nach drei Jahren hatten wir resigniert. Nicht ein einziger unserer Anträge an die Regierung um Arbeitserlaubnis, Baugenehmigung und so fort wurde beantwortet. Was würde auf diesem Traumgrundstück am Wasser mit dem steilen Berg dahinter jetzt sein? Wahrscheinlich hatte der Käufer, ein Franzose mit einem tahitianischen Strohmann, ein Hotel hochgezogen. Denn angeblich boomte der Tourismus in Tahiti und den benachbarten Inseln.

Auf Tahiti sollte es jetzt Marinas und Charterunternehmen geben. Als wir mit unserer THALASSA II dort gewesen waren, hatte es in Polynesien insgesamt nur 18 Yachten gegeben, die von der Regierung die Erlaubnis zum Verchartern erhalten hatten. Auf Raiatea sollen sich die Großen unter den Vercharterern, wie Moorings, breitgemacht haben. Wir würden sehen.

Ob wir im Hafen überhaupt einen Platz bekommen würden, fragten wir uns. Vorabinformationen hatten wir schon über Kurzwelle von amerikanischen Yachtleuten bekommen. Wir rechneten damit, daß wir mindestens in zweiter Reihe im Hafen von Papeete liegen bleiben könnten. Das würde schon reichen, denn für die notwendigen Arbeiten am Schiff mußten wir im Hafen von Papeete sein. Allein die Übernahme einer neuen Ankerkette machte dies notwendig.

Wasserfront von Tahiti – wahrscheinlich der berühmteste Liegeplatz der Welt für Blauwasseryachten

Im Hafenhandbuch hatten wir gelesen, daß wir zum Einfahren in den Paß nach Papeete-Hafen eine Genehmigung vom Hafenkapitän wegen des Fähr- und Flugzeugverkehrs brauchen würden.

Das verstand ich nicht, denn was sollte da schon für ein Fährverkehr herrschen? Die KEKE III, die nach Moorea bis genau an „unser" Grundstück in einer halben Stunde hinüberbraust, macht mit ihren MTU-Motoren nicht mehr als 20 Knoten. Und das mit der Fliegerei konnte ich erst recht nicht verstehen, schließlich hatte ich vor 15 Jahren in Tahiti Fliegen gelernt. Es gibt keine andere Landebahn wie die vom Flugplatz Faaa, von der ich so oft in meinem Leben gestartet bin. Deshalb wußte ich genau, daß auf der „Nullvier", also in Richtung 40 Grad, jeder Flieger leicht soviel Höhe erreichen würde, daß er selbst mit hohen Masten eines Segelschiffes keine Probleme bekäme. Bis auf die PanAm-Maschine, die damals auf ihrem Weg nach Los Angeles nach ein paar hundert Metern in den Paß gefallen ist.

Je näher wir auf den Paß zumotorten, desto aufgeregter wurde ich, denn kurz vor dem Paß kreuzten wir unseren Auslaufkurs von vor eineinhalb Jahrzehnten, als Carla und ich auf der THALASSA II Papeete verlassen hatten, um direkt in die Brüllenden Vierziger und zum Kap Hoorn zu segeln. Ich konnte mich noch ganz genau an meine Gedanken von damals beim Auslaufen erinnern. „Würden wir jemals wieder nach Tahiti zurückkommen, würden wir Kap Hoorn schaffen?" Dies lag nun schon lange zurück, vieles war inzwischen passiert, und jetzt wartete auf uns kein aufregendes Segelabenteuer, sondern Segeln in seiner schönsten Form, Südseesegeln eben.

Der Hafenkapitän funkte uns auf Kanal 72 die Genehmigung zum Einlaufen. Als wir 1972 zum ersten Mal nach Tahiti gekommen waren, war uns ein – kostenloses – Lotsenboot nach draußen entgegengekommen und hatte einen Kapitän in weißer Uniform auf unsere nur 10 Meter lange THALASSA übergesetzt, der uns mit unseren lächerlichen eineinhalb Metern Tiefgang sicher durch eine Einfahrt brachte, die so breit war, daß die größten Passagierdampfer der Welt, wie die HANSEATIC oder die QUEEN ELIZABETH II ohne weiteres hätten einlaufen können, und in der praktisch niemals eine Strömung zu spüren ist. Ich wußte dies genau, denn schließlich war ich sicher schon hundertmal nach Papeete gelaufen.

Als wir nach Backbord drehten und die von den beiden Baken vorgegebene Richtlinie verließen, sah ich, daß sich seit unserem letzten Aufenthalt in Papeete kaum etwas verändert hatte. Das moderne Postgebäude, wo früher die Yachties ihre Post von zu Hause voller Erwartung nach langer Zeit der Ungewißheit in Empfang genommen hatten, stand immer noch an der gleichen Stelle, und kein neues Gebäude überragte es. „Ist hier alles überlaufen?" fragte ich mich. Die Antwort, die mir der Blick in das innere Hafenbecken gab, war überraschend. Ich sah den Platz, an dem ich Wolfgang Hausner auf seiner TABOO zum ersten Male getroffen hatte, und die Stelle an der Betonpier, an der wir Eric Tabarly auf seiner PEN DUICK III besucht hatten. Ich blickte auf das Eck an der Mole, wo jahrelang die JOSHUA von Moitessier gelegen hatte, und machte unseren Liegeplatz von 1972 aus, wo ich mit Hilfe von Bernard tauchenderweise das Ruder der THALASSA reparierte. Sogar die Stelle, wo Moitessier aus Protest gegen den Bau der Teerstraße (vergeblich) Bananenstauden angepflanzt hatte, entdeckte ich. Es hatte sich gar nichts verändert.

Ruderwettbewerbe werden von den Tahitianern bitter ernst genommen

Sogar die dicken Abwasserrohre liefen noch wie früher in den Hafen hinein, und gleich daneben sprangen die Polynesierbuben ins Wasser. Dauerlieger gab es immer noch, wie an den langen Bärten am Unterwasserschiff zu erkennen war, nur waren neue hinzugekommen, die alten verschwunden. Und der Lärm von der Ufer- und Hauptstraße war noch immer so infernalisch wie früher. Und wieder fragte ich mich, was um alles in der Welt bringt einen Yachty dazu, in die Südsee zu segeln und sich dann in diesen stinkenden und dröhnenden Hafen zu legen, manchmal monatelang? Eine weitere Frage gibt die Antwort: Gibt es einen berühmteren Yachtliegeplatz auf der Welt als an der Wasserfront in Tahiti?

Aber etwas hatte sich zum Positiven verändert: Es waren mehr

Liegeplätze als früher da. Hatten wir erst Vorsaison? Nein, im Gegenteil. Wie uns der Hafenkapitän über Kanal 72 erzählt hatte, sollte schon übermorgen die Parade sein, die großen Feste begannen. Waren wir hier früher immer in Zweierreihen vor Anker und vierzig Metern Heckleine gelegen, so konnten wir uns nun in Ruhe einen Liegeplatz aussuchen. Nur an die Pier durften wir nicht, weil dahinter schon die Tribünen für den großen Aufmarsch aufgebaut waren, und Yachten mit ihren hohen Masten nicht die Sicht der Ehrengäste beeinträchtigen durften.

Gut, ich wußte, daß es hier in Tahiti eine Marina gibt, die sicher ein paar hundert Yachten aufnehmen würde, aber überraschend war es doch, daß die Südsee leer wie eh und je war. Also an alle, die sich mit ihrer Weltumsegleridee von Miesmachern („Die Südsee ist auch schon überlaufen!") den Schneid abkaufen lassen wollen: Nichts wie los, im Paradies ist noch jede Menge Platz!

„Paradies"? Papeete war die gleiche stinkende, lärmende Stadt geblieben. Nach dem ersten Anlanden im Schwell des schmutzigen Hafenwassers war es noch schwieriger geworden, durch den hekti-

Jahrelang lag hier Bernard Moitessier mit seiner JOSHUA *und schrieb das berühmte Segelepos „Der verschenkte Sieg"*

schen Auto- und Motorradverkehr auf die andere Straßenseite zu kommen. So gütige Menschen die Polynesier auch sein mögen, als Fußgänger hat man in der Hauptstadt Tahitis den Eindruck, es würde jedem Autofahrer eine Prämie gezahlt, der einen Fußgänger erlegt. Unverletzt schaffte ich die Straßenüberquerung. Mein erstes Ziel war das „Akajou", ein recht teures Bistro, in dem man früher sicher sein konnte, Bekannte zu treffen, sei es Earl Schenck von der ELEUTHERIA, der sich als alter Mann nach dem Tod seiner Frau noch eine 16jährige putzige Polynesierin angelacht hatte, sogar nochmal Vater geworden war, der alte Depp. Oder Rodo, der letzte Polynesier, der sich noch als einziger auf die sagenhaften Navigationskünste seiner Vorfahren verstand. Oder Gene Shelcher, die fühere Ehefrau des irakischen Ölministers, die nach dem Tod ihres Mannes ein kleines Malatelier in den Bergen von Moorea eingerichtet hatte und einmal die Woche nach Papeete rüberkam. Oder Fred Debels, der kurz nach dem Krieg als Crew auf der belgischen Yacht von Annie van de Wiele nach Tahiti gekommen war, eine Polynesierin geheiratet und sich in Moorea niedergelassen hatte. Oder Erwin Christian, der aus Schlesien stammte und auf Bora Bora eine hübsche Polynesierin mit unverkennbarem asiatischen Einschlag geheiratet hatte. Er war als „der" Landschaftsfotograf der Südsee schlechthin zu Weltruhm gelangt. Oder die deutsche Konsulin, Frau Weinmann, die immer ein offenes Ohr für die Nöte der deutschen und österreichischen Yachtleute hatte und uns bei Kauf und Verkauf unseres Grundstücks geholfen hatte. Oder, oder, oder …

Wenn wir früher von Moorea wöchentlich nach Papeete geflogen waren, um dort einzukaufen, war es ausgeschlossen, am Akajou vorüberzugehen. Aber alle Passanten, die ich jetzt danach fragte, schüttelten nur den Kopf. Das Akajou war nicht mehr!

Ich hatte schon häufig die Erfahrung gemacht, daß nirgendwo sonst so schnell vergessen wird wie in Polynesien. Man lebt dort nur für den Augenblick. Vielleicht ist dies eine Erklärung, warum früher keine geschriebene Sprache Tahitis existierte, warum so wenig über die Vergangenheit dieser Inseln bekannt ist. Man kennt gerade noch die letzten Namen der tahitianischen Könige und Königinnen, aber wären nicht James Cook und nachher William

Bligh gewesen – die Geschichte Polynesiens vor dem 20. Jahrhundert wäre fast im Dunkeln geblieben. Die tahitianische Sprache kennt bezeichnenderweise keine präzise Übersetzung für das Wort „unvergeßlich“.

Der Traum vom Fliegen

Am nächsten Tag erwarteten wir den Besuch von Peter und Renate. Peter ist Generalsekretär beim „Yacht Club Austria“. Dazu muß ich schon etwas erklären:

Vor ein paar Jahren war mir die Ehre, und wie ich zwischenzeitlich weiß, auch die Last zuteil geworden, zum Präsidenten (mit dem schönen Titel „Commodore“) des Yacht Club Austria gewählt zu werden. Jeder wird sich wohl fragen, was ein Bayer an der Spitze eines österreichischen Yachtclubs mit über viertausend Mitgliedern zu suchen hat? Darauf gibt es viele Antworten.

Zwei biete ich an. Erstens hat der YCA auch eine „Crew Bayern“ – so heißen bei uns die örtlichen Zweigstellen mit ein paar hundert Mitgliedern. Vor allem aber handelt es sich bei den Österreichern um ein liebenswertes Völkchen, in dem nationale Vorurteile keine oder zunächst nur ganz kleine Rollen spielen. Wenige Ausnahmen, wie zum Beispiel beim Fußball, Autorennen, Skifahren, vielleicht generell im Sport, bestätigen hier nur die Regel. Im Ernst: Die Hochseesegelei ist in Österreich erst seit einem Vierteljahrhundert zu Hause, obwohl die Seefahrt in Österreich eine große Tradition hat. Einst war die österreichische Kriegsmarine größer als die der kriegslüsternen Deutschen. Das waren die seligen Zeiten der k.u.k.-Monarchie, als Österreich ein richtiger Küstenstaat an den Mittelmeergestaden war. Trotzdem: Minderwertigkeitsgefühle gegenüber ihren Nachbarn deutscher Sprache sind bei meinen österreichischen Freunden unübersehbar. Deshalb entwickeln sie auch einen besonderen Ehrgeiz, es den Nordlichtern im Segeln zu zeigen. Und siehe da, nach zwei Jahrzehnten Training in punkto Seemannschaft haben sie nach meiner Meinung (die hatte ich schon vor meiner Zeit als Commodore) Segler aus dem hohen Norden im allgemeinen überholt. Man besuche nur mal Kroatien, heute schlechthin das Heimatrevier der Österreicher (es gibt sogar eine YCA-Crew „Kroatien“), um in den engen Häfen die An- und Ablegemanöver der Segelyachten zu beobachten. Im allgemeinen schneiden die Yachten mit der rot-weiß-roten Flagge am Heck glänzend ab. Ich wünsche unseren Küstenseglern aus dem Norden einmal dieses Erlebnis. Sie werden vor allem über die Bootsgrößen staunen, die dort unten am Mittelmeer von österreichischen Urlaubsseglern bewegt werden. Wenn bei uns an der Küste der Schnitt bei neun bis zehn Metern liegt, dann halten die Alpensegler 12 bis 15 Meter für normal.

Wie alle, die Angst davor haben, sich vor ihren Nachbarn zu blamieren, haben meine österreichischen Freunde das Niveau ihrer Führerscheine so hoch geschraubt, daß wohl jedes Hochschulstudium leichter ist, als den österreichischen Segelführerschein für den Fahrtenbereich 4 (das ist die weltweite Befähigung) zu erwerben. Ich jedenfalls bin froh, mich einer solchen Prüfung nicht mehr unterziehen zu müssen. Sicher würde ich da durchfallen. Wahrscheinlich in Gesetzeskunde!

Dank der durch den YCA gebotenen Ausbildung ist der Leistungsstandard seiner Mitglieder im Hochseesegeln unvergleichlich hoch. Dies schlägt sich auch in der Tatsache nieder, daß der YCA eine ganze Reihe von Weltumseglern hervorgebracht hat.*

Also jetzt wird es vielleicht verständlich, wie stolz ich darüber bin, diesen 4000 Seglern und Motorbootfahrern vorstehen zu dürfen. Mit dieser Zahl wäre der YCA der zweitgrößte Verein dieser Art in Europa. Erst recht dann, wenn man den CRUISING CLUB SUISSE mit seinen 6000 Mitgliedern dazurechnet. Zwischen beiden Clubs besteht nämlich ein Freundschaftsvertrag, was zur Folge hat, daß jedes Mitglied im YCA gleichzeitig auch im CCS Mitglied ist.

Klar, daß sich auch die sportlichen Veranstaltungen des YCA sehen lassen können. So veranstaltet der YCA jährlich den „Austria

* Allen Mitgliedern steht dieser riesige Erfahrungsschatz offen. Wer sich für den YCA näher interessiert, wende sich an das Generalsekretariat des YACHT CLUB AUSTRIA in A-4020 Linz, Lederergasse 88, Telefon 0043 732 781086, Fax 0043 732 771345.

Cup“, eine Regattaveranstaltung, die ihresgleichen im Mittelmeer sucht. Nahezu hundert Hochseeyachten kämpfen dort um den ansehnlichen Cup. Sogar die (aus meiner Sicht) nordlastige YACHT konnte da nicht mehr umhin, Notiz davon zu nehmen und entsandte zur Berichterstattung meinen Freund Christoph Schumann. Und ebenda hatte Christoph bei einigen Achterln Rotwein (doppelt) seine Idee vom „Skipper des Jahres“ entwickelt, die hier in Polynesien ihr Ende fand.

Bis zur Ankunft von Renate und Peter blieb noch Zeit für einen Besuch in Faaa, so heißt der Flugplatz von Papeete. Ich nahm mir einen Truck. Dieses Verkehrssystem von Polynesien hat noch jeden Besucher fasziniert. Die Trucks halten überall im dichtesten Verkehr, um auch nur einen Mitfahrer aufzunehmen. Genauso ist es beim Aussteigen. Der Fahrgast drückt auf einen Klingelknopf über der hölzernen Sitzbank, und schon nickt vorne der Fahrer zum Zeichen, daß er sofort anhalten wird. Vor dem Aussteigen drückt man noch der Beifahrerin, meist die Frau des polynesischen Chauffeurs, ein paar Münzen in die Hand. Das war es, und schon erreichte ich den Flughafen. Nichts hatte sich verändert. Über dem Schild „International Arrivals“ war immer noch zu lesen: „Liebe Besucher: In Polynsesien ist es nicht üblich, Trinkgeld zu geben!“

Ich schlenderte durch die große Ankunftshalle und weiter am Met-Office und am Terminal für die halbstündigen Flüge nach Moorea vorbei. Gleich darauf stand ich im kleinen Büro des „Aero-Clubs Tahiti“, das ich schon so häufig am frühen Morgen betreten hatte, um Flugunterricht zu nehmen oder aber, später, eine Maschine für einen Flug durch die polynesische Inselwelt zu chartern. Über die Sekretärin hinweg sah ich durch die Tür zum Hangar die F-ODIV stehen, ein winziger Piper-Zweisitzer vom Typ „Tomahawk“, mit der ich nicht nur vor eineinhalb Jahrzehnten meine ersten Flugstunden absolviert hatte, sondern mit der ich zum ersten Mal alleine in der Luft war. Inzwischen waren weit mehr als tausend Flugstunden und mehrere Atlantiküberquerungen im einmotorigen Miniflieger vergangen.

Der Präsident des Aero-Clubs, ein kleiner Chinese, kam zufällig vorbei und freute sich, daß es ein ehemaliger Schüler seines Clubs fliegerisch so weit gebracht hatte. Ich fragte nach den Fluglehrern von damals, nach anderen Schülern, die ich gekannt hatte. Und nach der „Hotel Tango“, der FODHT, einer viersitzigen Piper, mit der ich zum ersten Male in die Tuamotus geflogen war. Aber da bekam der Präsident einen ganz traurigen Gesichtsausdruck.

Im Aero-Club von Tahiti-Faaa – links der Präsident, rechts Pierre mit Sekretärin

Er erzählte: An einem Sonntagnachmittag waren zwei der vier Maschinen des Clubs in der Luft nahe dem Flugplatz. Der Fluglotse, wahrscheinlich war es ein sprachliches Mißverständnis, gab beiden Maschinen, darunter eben der FODHT, die Anweisung, zu einem ganz bestimmten Punkt zu fliegen. Sie trafen sich dort mit katastrophalem Ergebnis: Beide Maschinen zerschellten, und vier Menschen verloren ihr Leben.

Obwohl dieses Unglück schon ein paar Jahre zurücklag, und ich die Menschen gar nicht kannte, schockte mich diese Geschichte. So häufig schon bin ich in der Fliegerei mit tödlichen Unfällen konfrontiert worden, auch mit Opfern aus dem eigenen Bekanntenkreis, daß ich die Behauptung, Fliegen sei sicherer als Autofahren, einfach nicht unterstreichen kann. Das mag in der Verkehrsfliegerei, in der professionellen Fliegerei, seine Gültigkeit haben, jedoch nicht, wenn Amateure ihre Pflichtstunden herunterfliegen. Ich halte die Fliegerei für erheblich schwieriger und deshalb auch für gefährlicher als Autofahren. 24 Stunden muß ein Privatpilot in zwei Jahren fliegen, um seinen Schein zu erhalten. Ich frage mich manchmal, ob sich zu mir einer ins Auto bei 250 Stundenkilometer auf der Autobahn setzen würde, wenn ich ihm erzählte, daß ich immerhin im Jahr 12 Stunden Auto fahre?

Der Präsident wies darauf hin, daß seit dieser Geschichte nur noch Piloten mit Clubmaschinen alleine fliegen dürften, die fließend Französisch sprechen. Das traf, obwohl ich jahrelang in dieser Gegend gelebt hatte, auf mich nun wirklich nicht zu, so daß ich mich fügen mußte, obgleich es schon etwas paradox war, denn schließlich hatte ich an diesem Flugplatz von Papeete das Fliegen gelernt und war viele Stunden alleine durch die Gegend geflogen. Außerdem war ich mir sicher, daß kein amerikanischer Pilot der großen Jumbos, die täglich aus Los Angeles Tahiti anflogen, auch nur ein Wort Französisch konnte.

Gut, dann sollte eben der Fluglehrer des Clubs, Pierre, ein erfahrener Buschpilot, bei unseren Luftausflügen über die polynesische Inselwelt dabei sein. Jeder vernünftige Flieger empfindet die Mitnahme eines „Safety Pilot", eines Sicherheitspiloten, als Vorteil, vor allem dann, wenn man im Ausland fliegt, wo es tatsächlich auf den kleineren Plätzen zu Kommunikationsproblemen mit den Fluglotsen kommen kann. Denn nur an den internationalen Plätzen und im kontrollierten Luftraum wird Englisch gesprochen. An den kleineren deutschen Plätzen wird der Funkverkehr auch in Deutsch und nicht in Englisch durchgeführt, warum sollte man dann in Bora Bora Englisch und nicht Französisch oder Tahitianisch sprechen?

Auf der SARITA tat sich derzeit nichts. Es war Gerhard am Freitagnachmittag nicht mehr gelungen, einen Mechaniker für die Maschine aufzutreiben. Aber einen Trost brachte er von seinem Spaziergang durch Papeete mit: Eine neue Yanmar-Maschine hätten sie da, die würde auch „nur" 22000,–DM kosten. Na ja, im äußersten Notfall …

Ich erinnerte mich an die Zeit, als ich zur Vorbereitung unserer ersten Weltreise ein paar Tage im Herstellerwerk unserer damaligen Schiffsmaschine zugebracht hatte. Als ich einen Mechaniker danach gefragt hatte, auf welche Maschinenreparatur ich mich besonders vorbereiten sollte, hatte er gemeint: „Das weiß ich nicht, an einer Dieselmaschine kann eigentlich nichts kaputt gehen!“ Warum aber mochte unser Yanmar nicht mehr? Fünftausend Stunden hatte er in etwa auf dem Buckel, viel im Vergleich zu einem Automotor, gar nichts für einen Lkw-Dieselmotor, der klaglos siebenstellige Kilometerleistungen vollbringen muß.

Nachts kamen Renate und Peter an. Sie brachten gute und schlechte Nachrichten mit. Schlechte Nachrichten kamen von meinem geliebten Yacht Club Austria. Ein Arbeitsgerichtsprozeß mit einer Angestellten stand an. Nicht gerade lustig, wenn man in der Südsee sitzt und sich jetzt plötzlich mit solchen Problemen rumschlagen muß. Eigentlich bin ich Beamter geworden, um derartigen Problemen, die sonst nur Firmenchefs ereilen, aus dem Wege zu gehen. Aber jede Münze hat eben zwei Seiten, und die schöne überwiegt bei weitem. Vor allem aber brachten Peter und Renate Schwarzbrot und Geselchtes mit. In Papeete gibt es praktisch alles, auf was man Appetit hat, doch Schmankerl aus der Alpenwelt sind nicht erhältlich.

Carla und ich halfen Peter und Renate beim Akklimatisieren. Wir fanden heraus, daß im Maeva Beach Hotel eine „Floor Dance Show“ mit Festessen lief. Es ist nicht so leicht, in Polynesien etwas typisch Tahitianisches, Folklore eben, zu erleben. Meistens wird das nur in den Hotels angeboten. Es wäre falsch, das als Touristennepp abzutun. Denn erstens gibt es in Tahiti keinen Massentourismus, und zweitens ist Polynesien dünn besiedelt. Tahitianer, die gut singen und tanzen können, sind nicht so zahlreich, daß jedes Dorf so eine Attraktion bieten kann. Deshalb gelingt es eigentlich nur den großen Hotels, derartige Shows zu organisieren. Mindestens die Hälfte aller Zuschauer sind dementsprechend Einheimische.

Der Besucher würde sich Illusionen machen, wenn er erwartete, in jedem Dorf zum berühmten „Schwein im Erdofen“ eingeladen zu werden. Das könnten sich die Einwohner dort gar nicht leisten, denn ein Schwein ist eine seltene Delikatesse, die vielleicht für eine Hochzeit zubereitet wird, bestimmt aber nicht für gelegentliche Besucher. Tahiti bietet sich den Touristen so, wie es ist, und nicht so, wie es die Touristen erwarten. Deshalb werden diese kleinen Feste auch nicht nur für die Besucher arrangiert.

Das war schon immer so, wie uns alte Stiche zeigen, auf denen der Empfang von James Cook dargestellt ist. Wenn heute Touristen mit Tänzen und Gesängen erfreut werden, bietet sich das gleiche Bild wie damals, mit dem einzigen Unterschied, daß die Besucher keine englischen Uniformen mehr tragen, sondern meist T-Shirts und Jeans.

Halt – noch einen Unterschied gibt es: James Cook hat recht zurückhaltend berichtet, daß ihm zu Ehren auch ein Menschenopfer gebracht wurde, ein Straßenräuber mußte dran glauben. James Cook drückte sich nicht ganz deutlich aus, aber seine Aufzeichnungen lassen der Phantasie nicht viel Spielraum: Auch er hat aus Höflichkeit vom angebotenen Fleisch gekostet. Heutzutage wird nur noch Schwein gereicht, das, gut verpackt in große Blätter und Säcke, stundenlang unter heißem Sand gegart wurde. Übrigens nannten die Polynesier die Besucher auch „long pig", also Langschwein ...

Das einzige, was mir bei diesen Festen noch nie gefallen hat: Bei den hinreißenden Tänzen der Polynesier ist es irgendwann nicht mehr zu vermeiden, daß sich die Tahitianer aus dem Zuschauerkreis Tanzpartner heraussuchen, ob die wollen oder nicht. Waren die Tänze vorher hinreißend ästhetisch und von mitreißendem Rhythmus, entartet der europäische Beitrag zum blöden Gehopse. Man sagt, daß die Autorität von William Bligh endgültig untergraben war, als er bei einem Fest mit den englischen Seeleuten von einer schönen Tahitianerin zum Tamure-Tanzen aufgefordert wurde, was beim hölzernen Kapitän Bligh nur im Gelächter der rauhen Seeleute enden konnte. Ich gebe es ehrlich zu, daß ich immer, wenn die Tahiti-Girls ausschwärmen, um aus dem Publikum Tänzer auf die Tanzfläche zu zerren, entweder zum Himmel starre, um einen ganz bestimmten Stern zu suchen oder, weniger elegant, dringend auf die Toilette muß. Die ahnungslose Renate dagegen wurde von einem braungebrannten polynesischen Jüngling mit schwarzem Haar und ebenmäßigem Gesicht kalt erwischt und mußte Tamure tanzen, ob sie wollte oder nicht. Sie hat sich jedoch bestens aus der Affäre gezogen.

Mit dem Elektroboot um die Welt

Am Nachmittag holten uns Anette und Sven von der Raroia mit ihrem Schlauchboot an der Pier ab, um uns ihr Schiff zu zeigen. Von der Raroia hatte ich schon vorher in einer amerikanischen Yachtzeitschrift gelesen. Es ist selten, daß die amerikanische Segelwelt von einer deutschen Fahrtenyacht Notiz nimmt, doch die Raroia war etwas Besonderes. Ihre Besatzung auch.

Weit draußen vor dem Maeva Beach Hotel lag das kleine Boot, dort, wo die Fahrrinne hinter dem Riff schon wieder hellgrün wurde. Das zeigte, daß diese Kielyacht recht wenig Tiefgang hatte. Eineinhalb Meter höchstens, schätzte ich. Schmal war sie auch, kurz sowieso. Keine 10 Meter war sie lang, wie mir ihr Eigner Sven mit deutlichem ostdeutschem Dialekt erklärte. Die Raroia war aus Eisen gebaut, was für ein Schiff von dieser Länge heute ungewöhnlich ist. Die Geschichte Svens und seiner Anette könnten sich bei uns viele hinter die Ohren schreiben, die über die Trostlosigkeit in Deutschland jammern:

Die beiden stammten aus der ehemaligen DDR, wo Sven als Elektrotechniker und Anette als „Wartungsmechaniker für Datentechnik und Büromaschinen" gearbeitet hatten. Zu deutsch: Sie reparierte Schreibmaschinen. Nach der Wende mußte Sven erneut ein Examen ablegen, weil seine früheren Prüfungen nicht anerkannt wurden. Anette begann zu studieren. Jetzt waren beide fertige Elektroingenieure. Dieser Umstand ist erwähnenswert, weil er in ihrem Segelleben eine große Rolle spielen sollte. Mit ihren Ersparnissen, genau für 6000 Mark Westgeld, kauften sie sich das alte stählerne Segelschiff, das in der DDR sogar mal eine Meisterschaftsregatta gewinnen konnte, was wohl nur deshalb möglich war, weil ausschließlich Schiffe „made in DDR“ am Start sein durften. Schiffe, mit denen Privatpersonen auf dem Meer herumfahren konnten, waren ja wirklich suspekt und deshalb nicht gerade weit verbreitet.

Die RAROIA, die damals noch nicht so hieß, war mit einem altersschwachen Trabant-Motor ausgestattet, der selbst dem anspruchslosen Paar für größere Fahrten ungeeignet erschien. An eine Weltumseglung hatten sie ohnehin nicht gedacht, früher nur davon geträumt. Noch in der DDR hatte Sven ein Buch in die Hand bekommen, das eine entscheidende Rolle im Leben der beiden spielen sollte. Literatur, die Fernweh erzeugte, war in der DDR aus guten Gründen nicht gerade verbreitet, deshalb sog es Sven in sich hinein. Das billige Heftchen hieß „Kontiki“. Fast jeder kennt diese Geschichte, in der sich Thor Heyerdahl mit einem Balsafloß über den Pazifik treiben läßt und schließlich auf einer Insel in den Tuamotus, ihr Name war Raroia, strandet. Nach Raroia wollte auch Sven eines Tages kommen. Jetzt hatte er ein Schiff, geeignet für die Meere, und eine Mannschaft dazu. Klar, daß sich so einer nicht von einem kaputten Motor abhalten läßt, sein Ziel aus den Augen zu verlieren.

Ihr Beruf als Elektroingenieure stellte nun Sven und Anette die Frage: „Warum eigentlich kein Elektromotor?“ Der wäre jedenfalls um vieles preiswerter als ein Dieselmotor für ihre kleine Segelyacht. Ich hätte mich mit diesem Problem niemals auseinandergesetzt, keinen Gedanken daran verschwendet. Denn wenn dies praktikabel wäre, müßte es jede Menge Yachten mit Elektroantrieb geben. Ich hatte aber vorher noch nie eine getroffen. Jetzt saßen Carla und ich in der kleinen Kajüte der RAROIA, aßen Kuchen, den Anette gebakken hatte (nicht elektrisch), und Sven hatte in der Hand einen solchen Elektromotor, der sein Schiff fast lautlos (wie er mir mal schnell demonstrierte) antrieb. Erstmalig war ich auf einer Yacht mit einer Ersatz-Hauptmaschine. Sie hatte Form und Größe eines flachen, geschlossenen Kochtopfes und wog vielleicht 10 Kilogramm. Die dazugehörigen Gel-Blei-Batterien allerdings hätten sieben Zentner auf die Waage gebracht.

Es führt zu weit, hier das genaue technische Konzept dieses Antriebs und der Stromversorgung zu erklären. Mehr als 50 Seemeilen Reichweite sind bei vollgeladenen Batterien nicht drin, und die Ladung stammt von einem Windgenerator. Also sicher nicht jedermanns Sache, schon gar nicht, wenn es mit der Seemannschaft nicht stimmt. Aber Sven mit seinen dreißig Jahren und Anette, 26 Jahre jung, befanden sich nun schon im dritten Jahr auf Weltumseglung und mit einem finanziellen Hintergrund, der bei manch anderem Existenzängste aufkommen ließe, speziell in unserem Sozialstaat mit doppeltem Netz.

Sven verdiente zu ihren Ersparnissen mit Elektroreparaturen auf anderen Yachten etwas hinzu. 15 bis 20 Dollar berechnete er, „natürlich nur bei Erfolg, denn sonst ist das doch Betrug". Aber lieber sei es ihm, meinte er, wenn man nichts bezahlen, sondern etwas tauschen würde, das passe doch besser zur Segelkameradschaft. Vier Jahre sollte die Weltumseglung der beiden dauern. Wenn sie eines Tages nach Deutschland zurückkommen, ob sie dann wohl das Gefühl haben, hier etwas versäumt zu haben?

Felszinnen in der Südsee

Am Sonntag standen Peter und ich schon um fünf Uhr morgens auf. Wir wollten um sechs Uhr ins Gebirge Tahitis fliegen. Um diese Zeit besteht die einzige Chance, die Bergspitzen zu sehen, denn später kommt der Wolkenflaum und legt sich regelmäßig über das Gebirge.

Pierre war schon da, und wir zogen gemeinsam die „Piper Arrow“ aus dem Hangar. Der Flieger war schon 30 Jahre alt, aber das besagt nichts über seine Qualität und vor allem Sicherheit. Denn alle Flug-

Alpenhohe Berge blicken auf die Lagunen von Tahiti und Moorea

zeuge in der Welt unterliegen strengsten Wartungsvorschriften, und so kann der Charterer immer davon ausgehen, daß die gecharterte Maschine in technisch einwandfreiem Zustand ist, freilich die Seriosität des Vercharterers vorausgesetzt. Das war beim Aero-Club von Tahiti gar keine Frage. Wenn mit Kleinflugzeugen etwas passiert, dann ist fast immer ein Pilotenfehler die Ursache des Unglücks. Ich habe es auch einmal erleben müssen, daß durch meinen Fehler fast Menschen zu Schaden gekommen sind, aber davon später.

Die Landebahn von Tahiti beginnt und endet im Meer. Sie ist die einzige Verbindung zu den fünf Kontinenten

Wie immer bei Starts am frühen Morgen war die Luft extrem ruhig, und so schienen wir trotz des lauten Motorengeräusches über die drei Kilometer lange Startbahn von Tahiti zu schweben. Dann ging es über dem Riff an der Küste entlang, die noch im Morgenschatten lag. Ich hatte die Berge von Tahiti bisher ganz selten völlig frei gesehen, und deshalb war ich noch nie ins Gebirge geflogen, obwohl ich über Tahiti einige hundertmal in der Luft gewesen bin. Peter auf dem Rücksitz konnte es nicht glauben, in der Südsee und gleichzeitig in einer Art Alpenlandschaft herumzuschweben. Der Vergleich mit unseren heimatlichen Bergen ist nicht weit hergeholt.

Denn deren Höhe, vom Tal aus gesehen, ist ungefähr die gleiche wie die Berge Tahitis, die bis zweieinhalbtausend Meter hoch in den Himmel ragen, direkt von der Meeresoberfläche aus.

An Steilheit stehen die Granitkolosse in der Südsee den Dolomiten in nichts nach, obwohl sie etwas lieblicher, fast pelzbesetzt wirken. Blanke Felsen sind selten, meist sind die Gipfel noch begrünt. Gelegentlich fanden wir oben regelrechte Löcher in den Bergen, wir konnten tatsächlich durch den Gipfel durchblicken. Die Versuchung stieg in einem hoch: Man könnte doch mit dem Flugzeug …

Gut, daß wir in Begleitung des erfahrenen Piloten Pierre waren. Der hatte nicht nur in den Büschen Afrikas jahrzehntelang Dienst getan, sondern auch schon 500 Flugstunden (viele Privatpiloten erreichen diese Stundenzahl in ihrem Leben gar nicht) im Gebirge zugebracht und wußte deshalb sehr wohl, auf welcher Seite der Wand mit Aufwinden und wo mit gefährlichen Abwinden zu rechnen war. Er konnte gut abschätzen, ob wir in ein Tal, das sich gegen Ende verjüngte, einfliegen konnten, ob am Ende des Tals, wo es für eine Umkehr zu eng geworden war, die Steigleistung der Maschine ausreichen würde, um nach oben über den Bergsattel zu entkommen. Pierre flog uns so nahe an die Abgründe heran, daß wir oben auf den Gipfeln die Palmen zählen konnten. An den Wänden sahen wir gelegentlich den Schatten unserer kleinen Einmot.

Die Natur bot faszinierende Bilder. Früh am Morgen waren die Schatten der Berge noch so hart und kontrastreich, daß man gelegentlich nicht zwischen Bergen oder nur Schatten davon unterscheiden konnte. Wir sahen Gebirge im Gebirge, unwirkliche Felsmassive, gigantische Gesteinsbrocken, am Fundament schmaler als oben die Felsplattform. Ganz so, als ob irgendwann in grauer Vorzeit ein Riese mit seinem Felsspielzeug keine Lust mehr gehabt und alles einfach umgeschmissen hatte.

Dann krochen über die Felskanten weiße Flaumdecken hoch und begannen, die Felszacken zum Himmel zu überziehen. Pierre beugte sich zu mir rüber und schrie mir ins Ohr: „Das gibt viel Wind, laß uns hier verschwinden!“ Der Höhenmesser zeigte 9000 Fuß, und so stellte ich die Landeklappen wieder auf Null (wir hatten sie aus Sicherheitsgründen gesetzt, um langsamer fliegen zu können) und setzte die Motorleistung für den Descent. Wir schwebten die paar Minuten nach Moorea, der Schwesterinsel von Tahiti, hinüber, von der viele meinen, sie sei die schönste Insel der Welt. Gilt dies schon vom Wasser aus, dann erst recht, wenn man sich in der berühmten Cooks Bay oder in der Opunohu Bay befindet. Es wird alles übertroffen, wenn man zwischen den steilen Zinnen hindurchfliegt. Auch hier wieder ein markantes Loch im Berggipfel, das war der Tigertooth-Berg, und tatsächlich ähnelte er dem Reißzahn eines Tigers.

Die Sonne stand jetzt schon etwas höher, so daß das Riff von unten heraufleuchtete und uns wie magisch anzog. Im Steilflug stürzten wir die Cooks Bay hinunter. Ich mußte auf die Nadel meines Speedometers achten, denn die näherte sich der lebensgefährlichen roten Never-Exceed-Linie, und so hatte ich keine Sekunde Zeit, schnell einen Blick auf unser früheres Grundstück auf der rechten Seite der Bucht zu werfen. Kurze Zeit später hatte uns das Gebirge von Moorea ausgespuckt, und wir schwebten nach einer Rechtskurve auf die Bahn von Tahiti, hinter dem Riffgürtel, zurück.

Mit einem Tiefdecker wie der „Piper Arrow" ist die Chance für eine erfolgreiche Notwasserung bei Maschinenausfall besser. Notlandeplätze an Land gibt es kaum

Als Peter und ich wie betäubt von dieser atemberaubenden Landschaftskulisse aus dem Flieger stiegen, war es noch recht kühl, keine dreißig Grad im Schatten, weil die Sonne immer noch niedrig stand. Ich hatte fliegerisch schon einiges erlebt, aber noch keinen so schönen Flug. Auch Peter war ganz verwirrt, denn unter Südseeflügen stellt man sich gemeinhin viel Meer, Sandstrände und smaragdgrüne Tauchgründe aus der Luft vor, keine Hochgebirgsmassive. Aber ich beruhigte Peter und stellte ihm in Aussicht, nach unserem Segeltörn durch „die schönsten Inseln dieser Welt“ noch zusätzlich einen richtigen Südseeflug zu machen, nach Huahine, Raiatea und vielleicht auch nach Bora Bora.

Ich bestellte gleich die Maschine, mit der wir jetzt geflogen waren, nämlich die FODUY. Denn der Aero-Club von Tahiti hat seit dem tragischen Unfall nur noch wenige Flugzeuge, die so ausgerüstet sind, daß man über das offene Wasser fliegen darf. Es ist ohnehin aus europäischer Sicht ein ganz ungewöhnliches Flugrevier, denn immer wenn es über Tahiti hinausgeht, ist ein Flug über das offene Meer angesagt, ohne jede Notlandegelegenheit an Land. Dort gibt es nur Riffe oder enge Straßen, dichtbewachsen mit Palmen. Ich kenne genügend Piloten, die unter diesen Umständen mit einmotorigen Flugzeugen überhaupt nicht fliegen würden. Denn immer setzt man sein Leben auf einen einzigen Motor!

Heimkehr

Die Feste waren im Gange. Wahrscheinlich wußte kein Tahitianer, warum er eigentlich feierte. Das war ihm auch völlig gleichgültig. Selbst wenn man ihm erzählt hätte, daß die Feiern anläßlich des Ausbruchs der Französischen Revolution vor mehr als 200 Jahren stattfinden, wäre es ihm egal gewesen: Hauptsache, es wurde gefeiert! Den ganzen Tag fanden Umzüge und Tanzereien statt. Die Ruderwettbewerbe im Hafenbecken von Papeete verliefen wenige Meter vor unserer Ankerkette. Unzählige Mannschaften waren am

Ein Highlight bei jeder Kreuzfahrt ist Papeete, der Hafen von Tahiti

Start, selbst ein Studententeam aus Amerika versuchte mit seinen Stechpaddeln mit den kräftigen polynesischen Burschen Schritt zu halten, was ihnen weniger gelang als einer amerikanischen Universitätsmannschaft vor einigen Jahren. Die waren in ihrem geliehenen Auslegerboot so schnell gewesen, daß sie den Lokalmatadoren davonfuhren. Das hätten sie besser unterlassen, denn für die weiteren Läufe stand plötzlich kein Leihboot mehr zur Verfügung. Mögen die Tahitianer alle liebenswürdigen Eigenschaften der Welt in sich vereinigen, aber gute Verlierer sind sie nicht.

Am Montag sollte nun der Mechaniker für die Maschine kommen, aber er kam nicht. Er ließ sich auch am Dienstag und am Mittwoch nicht blicken. Auch der Fahrtensegler hat nicht uneingeschränkt Zeit, und so begannen wir wieder an die Launen von Maschinen zu glauben. Wir logen uns in die eigene Tasche, die Zeit rann uns nämlich davon. Ich hatte Peter vom Problem mit der Maschine erzählt. Er fuhr das Anlegemanöver am Tankstellensteg. Es kam, wie es vorherzusehen war. Als er im Rückwärtsgang zur Pier motoren und die Fahrt mit einem kurzen Schub nach vorne aus dem Schiff nehmen wollte, starb die Maschine ab. Die harte Betonkante

Mit dem Banana-Boot auf Schnorchelfahrt in der Cooks Bay in Moorea

verfehlte das Badeheck der SARITA nur knapp. Dann motorten wir langsam zur Schwesterinsel Moorea.

Carla und ich waren aufgeregt. Was war mit unserem Grundstück geworden? Als wir am Außenriff von Moorea so dicht entlang motorten, daß manchmal hellgrüne Flecken vom Grund hochschimmerten, kam als erstes der Berg in Sicht, der bis zur obersten Spitze uns gehört hatte. War er mit Villen zugepflastert worden? Schließlich war damals fast für jeden Tag der Ausbruch des Massentourismus auf Polynesien erwartet worden. Aber als der ganze Hang vor uns lag, wurde uns klar, daß in den letzten eineinhalb Jahrzehnten überhaupt nichts geschehen war. Nach wie vor war der Berg über und über mit Gestrüpp bewachsen und auch der Fleck, den ich in einem mutigen Moment mit der Baumsäge tagelang leergerodet hatte, war zugewachsen; hier hatte die Natur sich die paar hundert Quadratmeter wieder geholt. Nur eine riesige Bake stand jetzt am Berg, die zusammen mit einer zweiten auf dem Riff eine Linie durch den Paß bildete und so die großen Passagierdampfer in die Cooks Bay lotste.

Unten, auf unserem ehemaligen Grundstück, stand ein Dutzend Bugalows. Sie machten schon keinen neuen Eindruck mehr, obwohl sie erst ein paar Jahre alt sein konnten. Ich entdeckte ein Schild, da stand etwas von einem „Club“ drauf, was aber nichts besagt, denn in der Südsee heißt jede Ansammlung von mehr als zwei Hütten für die Touristen „Club sowieso“. Das wichtigste aber war, daß die Hütten offensichtlich leerstanden. Dabei war Hochsaison! Mein erster Gedanke war: „Da hast du nichts versäumt, daß du nicht in der Südsee geblieben bist“, ja, irgendwie war ich zufrieden. Denn es wurde mir bewußt, daß ich damals die einzig richtige Entscheidung getroffen hatte, als wir wieder nach Europa in unser „normales“ Leben zurückgesegelt waren. Peter und Renate als Urlauber fanden die Landschaft der Cooks Bay – Werbeslogan: „meistfotografierte Bucht der Welt“ – wunderschön.

Yachten gab es in der Bucht ebenfalls. Neben ein paar Dauerliegern, man erkannte es an der Muring statt dem Anker, waren vielleicht fünf Besucheryachten da, soviel wie früher auch, obgleich Platz für fünfhundert gewesen wäre. Wir blickten von unserem Ankerplatz hinten am Dorf Pao Pao auf das kleine Hotel zur Linken.

Früher hieß es „Aimeo“, jetzt „Bali Hai Club“. Es stand, wie wir hörten, zum Verkauf. Gäste sahen wir keine. Karl Vettermann hatte das Hotel in seinem Buch „Hollingers Lagune“, der Cooks Bay, mit viel Leben ausgestattet, jetzt wirkte es vereinsamt. Am Abend fuhren wir mit dem Beiboot zu einem kleinen Fischlokal, direkt am Wasser. Wir fragten nach Gene Shelcher. Die Tahitianerin, die uns bediente, versprach uns, sie anzutelefonieren.
Gene und ein Telefon? Als wir sie zum letzten Mal besucht hatten, gab es in ihrer Hütte, tief im Wald, nicht einmal elektrisches Licht. Und statt einer UV-Lampe gegen die Mücken, die überfallartig um

Ein Muß für jede Weltumsegleryacht: Moorea

vier Uhr nachmittags auftauchen, wurde Gin aus der Flasche gereicht. Nicht zum Einreiben, sondern um sich gegen die juckenden Stiche zu betäuben.

Am anderen Tag holte uns Gene in ihrem Landrover ab. Gene und ein Auto? Ja, Gene war umgezogen. Sie konnte es, wie sie erzählte, nicht mehr ertragen, daß ihr Pferd jedesmal in Panik geriet, wenn es Gasflaschen über die kaum passierbare Straße transportieren sollte. Aber sonst hatte sich Gene nicht verändert.

Ihr sonnengegerbtes Gesicht war energisch geblieben, aber nicht älter geworden. Und sie war umgezogen in ein schönes Haus mit direktem Blick auf den Tigertooth. Sie wohnte jetzt an einer richtigen Straße, die jedenfalls in einem so guten Zustand war, daß es der Landrover gerade schaffte. Im Haus wimmelte es von Katzen und Hunden, lauter „Survivors“, also Überlebenskünstler, wie Gene sie nannte, denn es waren ausschließlich Findlinge. Das Haus war ein einziges großes Atelier mit Dutzenden von Genes Bildern. Sie strahlte. Offensichtlich gingen ihre Bilder mit lokalen Motiven immer noch sehr gut. Die Tahitianer seien ihre treueste Kundschaft, und sie würden gut zahlen, betonte die Witwe des irakischen Ölministers.

Die Ölgemälde zeigten tahitianische Motive, nichts Abstraktes. Alle Bilder hatten einen Schuß Humor, mal war es eine schwangere Braut, mal ein angetrunkener Tahitianer. Die Bilder gefielen mir, obwohl ich nichts von Malerei verstehe. Möglicherweise habe ich Gene deshalb nach Paul Gauguin gefragt, der ja in Europa schlechthin als der Maler Tahitis gilt. Aber an dem ließ Gene kein gutes Haar. Ja, als Kolorist sei er sensationell gewesen. Aber, oh je, seine Bilder! Nicht mal die Anatomie der Arme würde stimmen! Und menschlich gesehen sei er ekelhaft gewesen. Nicht nur äußerlich mit den großen Geschwüren an den Beinen. Der Dreckskerl sei nur hinter den kleinen Mädchen auf den Marquesas hergewesen. Ich wurde nachdenklich. War dies vielleicht der Grund, warum auf den Marquesas-Inseln niemand Gauguin mit Namen nennt? Vielleicht stimmt es gar nicht, daß sie „den berühmten Maler“ nicht kennen. Wollen sie ihn nicht mehr kennen?

Genes Gemälde brachten ihr leicht soviel Geld, daß sie gelegentlich dem Inselkoller entgehen konnte. Das war ihr Rezept: immer soviel Geld griffbereit haben, um von heute auf morgen ins Ausland, nach London zum Beispiel, fliegen zu können. Sie begründete ihren Drang, ab und zu vom Aussteigen aussteigen zu müssen, auch mit der Gesundheit. Das Klima in den Tropen sei schwer zu ertragen. Man müsse von Zeit zu Zeit in kältere Gegenden, damit die vielen Lebewesen im Blut, die in der Hitze der Tropen herrlich gedeihen, absterben würden.

Gene hatte ein abenteuerliches Leben hinter sich, da kommt man vielleicht auf solche Gedanken. In ihrem Lebenslauf fand sich sogar eine „Segelepoche“ mit Ulf. Der schwedische Einhandsegler Ulf hatte uns schon vor einem Vierteljahrhundert in Durban erzählt, daß er gelegentlich von einer Kunstmalerin Besuch bekomme. Jetzt saßen wir der „Kunstmalerin“ gegenüber. Sie lachte, als wir feststellten, daß ihre Segelepisode und die „Kunstmalerin“ ein und dieselbe Geschichte waren. Ulf war inzwischen gestorben. Tot hatten sie ihn in seinem Schiff aufgefunden. Niemals kam heraus, was ihm wirklich zugestoßen war. Gene erinnerte daran, daß sie Ulf schon einmal das Leben gerettet hatte. Auch diese Geschichte kannten wir von der anderen Seite, Ulf hatte sie in einem größeren Kreis von Yachties bei einem Roundtable-Gespräch für die YACHT zum besten gegeben: „Ich hatte ein Mädchen an Bord, das keine Ahnung vom Segeln hatte. Die Yacht lief vor Passatsegeln, die ohnehin tödlich bei einem Mann-über-Bord-Manöver sind, weil es eine Ewigkeit dauert, bis man sie unten hat. Eines Nachts fiel ich beim Pinkeln über die Reling. Unterm Vollmond sah ich, wie mein Schiff sich unter den Zwillingsfocks entfernte. Ich sah es über den Horizont davonsegeln ...“

Gene lachte: „Ich hatte tatsächlich keine Ahnung, wie ich diese beiden Segel runterholen sollte. Ich geriet in Panik und wußte nicht, was ich tun sollte. Es war ein Wunder, daß ich irgendwie das Schiff anhalten konnte und Ulf nach vielen Stunden an Bord gekrochen kam. Es war überhaupt komisch mit Ulf. Als er in seine schwedische Heimat zurückkehrte, war er ein gefeierter Einhandsegler. Ehrlich, er war es auch, denn an Bord stand ich eigentlich nur im Weg, konnte beim Segeln nicht mithelfen. Trotzdem durften die Leute natürlich nicht wissen, daß ich streckenweise mit an Bord war. Als nun Einhandsegler Ulf Lichtbildervorträge in Schweden hielt, begleitete ich ihn, mußte mich aber immer verstecken.“

Das richtige Südsee-Feeling

Nachmittags liefen wir aus der Cooks Bay raus, segelten gleich beim nächsten Paß in die Opunohu Bay wieder hinein. Ich konnte Moorea nicht verlassen, ohne Renate und Peter den Ankerplatz zu zeigen, dessen Bild wohl die meisten Yachtleute auf eine Weltumseglung gelockt hatte. Ich wußte noch genau, wann ich zum ersten Mal das Foto von Eric Hiskock in der Robinsons Cove, der hintersten Ecke dieser Bucht, gesehen hatte. Die Achterleinen von seiner WANDERER III zu den Palmen waren schlechthin das Symbol für romantisches Fahrtensegeln. Wir wollten dieses Foto mit der SARITA wiederholen, doch der Platz war schon von einer kanadischen Yacht besetzt. So drehten wir ein paar Kreise und liefen wieder nach draußen aufs offene Meer. Kurs Huahine lag an. Die Abfahrtszeit hatten wir so gewählt, daß wir morgens in Huahine einlaufen könnten.

Wie erwartet, hatten wir guten Wind. Die SARITA lief manchmal acht Knoten, hätte sicher auch schneller sein können, aber wir wollten erst bei Tageslicht am Riff sein. Außerdem lief eine hohe Dünung hinter uns her. Renate erwischte es bald, mir war auch nicht besonders gut. So waren wir froh, als wir mit dem ersten Licht am Riff waren und schließlich nach Huahine einliefen. Von vielen Insidern wird diese Insel am meisten geliebt. Sie ist die bescheidenste der berühmten Gesellschaftsinseln. Keine hohen Berge wie in Tahiti, Bora Bora oder Moorea ragen gegen den Himmel. So kommen die Ankerplätze früher ins Sonnenlicht, und es regnet weniger, weil nicht so viele Wolken an den niedrigen Gipfeln hängenbleiben. Hinter dem Riff ist das Wasser so tief, daß man wie in einem breiten Fluß fast um die ganze Insel herumfahren kann. Zahlreiche Ankerplätze bieten sich bei jedem Wetter an. Platz wäre für tausend Schiffe, ein paar Dutzend verteilen sich hinter dem Riff. Nur „in der Stadt“ gibt es manchmal etwas Gedränge. Vor dem Dorf ist das Ankern verboten, weil alle paar Tage größere Schiffe kommen und den Platz vor der Pier zum Drehen brauchen. Dafür kann man gelegentlich schnell mal an die Pier, um Wasser mit dem Schlauch überzunehmen oder einzukaufen. Will man unbedingt am Dorf bleiben, so geht man vor dem „Bali Hai“ vor Anker, so wie die meisten Besucheryachten. Wenn dort 10 bis 15 Yachten liegen, kann es etwas eng werden. Der Ankergrund ist schlecht, so daß viel Kette gesteckt werden muß und dementsprechend der Schwojkreis groß ist.

Drei bemerkenswerte Yachten sahen wir vor dem Hotel liegen, einen wunderbaren Schoner mit leicht nach achtern geneigten Masten, wie man ihn heute nur noch selten sieht, die Ketsch KAPDUVA, unverkennbar ein Hongkong-Clipper, und einen riesiger Katamaran mit vielen Leuten drauf und österreichischer Flagge am Heck, unschwer als Charteryacht zu erkennen. Die Segler waren erst ein paar Tage unterwegs und dementsprechend noch etwas verunsichert. Eine der Damen, mit deutlichem Sonnenbrand auf der Nase, meinte, das richtige Südsee-Feeling habe sich noch nicht eingestellt. Ich fragte zurück, was sie darunter verstehe und wußte im gleichen Moment, daß sie mir keine Antwort geben würde. Wie oft hatte ich das von Südseebesuchern schon gehört, wie oft habe ich enttäuschte Touristen getroffen!

Der Reiz „der Südsee“ liegt vor allem darin, daß sie vom Massentourismus ziemlich unbeleckt ist. Die Kehrseite davon ist die fehlende Infrastruktur für Touristen. Ganz schlimm trifft es diejenigen Besucher, die wenig Zeit, dafür einige Regentage mitbringen. Nette Freunde, die uns einmal in Moorea besucht hatten und in eine richtige Regenperiode geraten waren, reisten nach einer Woche mit den Worten ab: „Moorea wünsche ich meinem ärgsten Feind nicht!“

Auf den Gesellschaftsinseln (Tahiti vielleicht ausgenommen) gibt es eben keine zünftigen Touristenschuppen; Diskos, auch der Zeitungsstand mit der BILD-Zeitung fehlen. „Gemütliche Kneipen“ kennt der Polynesier nicht und braucht sie auch nicht, denn wenn er feiert, dann geschieht das unter einer Palme mit Gitarre,

Ukulele sowie Unmengen von Hinano-Bier. Wenn also der Besucher auf die Hilfe von Animateuren angewiesen ist, um so richtig in Urlaubsstimmung zu kommen, dann sollte er besser in den Club Med nach Bora Bora oder Moorea gehen, vielleicht kommt dann das richtige Südseegefühl auf. Mit Südsee hat dies aber nichts zu tun. Südseezauber läßt sich nicht für zwei Wochen bestellen wie Halbpension. Der kommt von selber und zwar zu dem, der ihn sich verdient, nicht zu dem, der ihn krampfhaft sucht. Zu manchen nie, andere sind von der ersten Stunde gefangen und kehren immer wieder nach Polynesien zurück.

Das versuchte ich den Charterern also klarzumachen. Sie erzählten verständnisvoll, daß sie noch drei Wochen Zeit hätten. Sie hatten eine gute Chance, einen tollen Segelurlaub zu erleben, denn das Dreieck Huahine, Raiatea und Bora Bora ist nicht groß, notfalls in vier Tagen abzusegeln, bietet aber Hunderte von traumhaften Ankerplätzen, jedoch ohne Kneipe am Strand. Bei drei Wochen Zeit könnten sie auch nach Moorea segeln, schlug ich vor. Die hundert Meilen könnten hart werden, denn vielleicht ginge es gegenan. Der Skipper, ein Münchner, schüttelte den Kopf: „Nach Moorea werden wir nicht segeln, da ist das Wasser so schlecht!“

Das war neu für mich. „Wer hat Ihnen denn den Schmarrn erzählt?“ Die Antwort, das sei eine Auskunft des Vercharterers, ließ mich schmunzeln. Klar war es der Charterfirma lieber, der Kat treibt sich, meist unter Motor, in den geschützten Riffgewässern von Raiatea und Tahaa herum, als daß er zwei bis drei Tage gegen starken Wind und hohe Dünung nach Moorea anbolzt. Immerhin hatte die THALASSA II sich bei dieser Strecke auch einmal den starken Klüver zerfetzt. Trotzdem fand ich die Warnung des Vercharterers vor dem schlechten Wasser in Moorea (Pestgefahr?) doch etwas zu dramatisch. Der Hinweis auf die Seekrankheit bei diesem Gewalttörn hätte doch auch genügt.

Der Anblick des hölzernen Schoners, meiner Schätzung nach gebaut in den dreißiger Jahren, war allen vertraut, die schon einmal ein Foto von der Reede von Huahine gesehen hatten. Sogar auf einem deutschen Segelbuchprospekt kann man diesen unverkennbaren Zweimaster auf pastellblauem Wasser liegen sehen. Ich wußte zumindest, wem er früher einmal gehört hatte. Direkt am Strand, genau zwischen dem Dorf (und „Hauptstadt“ von Huahine) und dem Hotel Bali Hai stand nämlich immer noch die Hütte, die Carla und ich als die schönste Snackbar der Welt bezeichnet hatten, weil es dort so gute Hamburger gegeben hatte. Die Bar wurde vor vielen Jahren von einer hübschen Polynesierin und ihrem Mann, einem Amerikaner, betrieben. Das Haus stand jetzt leer, kein Barbetrieb spielte sich dort mehr ab. Aber die Yacht dieses Amerikaners, eben der Schoner, lag noch auf der Ankerreede. Uns war diese Snackbar auch deshalb noch so gut in Erinnerung, weil die Wirtin sich gelegentlich ihren Gästen zu sehr widmete. Spät am Abend, als die Lichter in der Snackbar längst erloschen waren, rumste es im Rumpf des Schoners, und deutliche Schreie einer Frau hallten über die Ankerreede. Aber ob das Schiff immer noch dem gleichen Eigner wie früher gehörte, war nicht zu erkennen. Es machte einen unbewohnten, etwas heruntergekommenen Eindruck, und es war nicht zu übersehen, daß das Geld nicht mehr zum Unterhalt dieses einst wunderschönen Schiffes reichte.

KAPDUVA, *die sich Steve und Esther in Hongkong für die Weltumseglung bauen ließen*

Die KAPDUVA, den Hongkong-Clipper, kannten wir gut. 1972 hatten wir ihn im Hafen von Hellville, der Hauptstadt von Nosse Be, einer Insel nördlich von Madagaskar, getroffen. Vor allem lernten wir damals ihre Eigner Esther und Steve kennen, mit denen wir später noch auf vielen Plätzen zusammen waren. Steve war ein Seemann aus Stahl, der mit dem Rahsegler KRONPRINZESSIN CECILIE, auf der er im zarten Alter von 14 Jahren angeheuert hatte, in den dreißiger Jahren um Kap Hoorn segelte. Als sich der Seemann im Ruhestand die KAPDUVA in Hongkong bauen ließ, war es für ihn selbstverständlich, daß ein Segelschiff eben so gehandhabt wird, wie er es bei seinen Fahrten ums Kap Hoorn gelernt hatte. Deshalb besaß die KAPDUVA bei ihrer Weltumseglung weder ein Radiogerät noch eine Selbststeueranlage.

Ein Jahrzehnt später hatten wir die KAPDUVA wieder getroffen, als wir in die Cooks Bay in Moorea eingelaufen waren. Aber Steve und Esther waren nicht mehr an Bord. Man hatte Steve nach Kanada heimgeflogen, weil sein Herz ein paar Bypässe benötigte. Das Ergebnis der Operation hatte Steve tief befriedigt. Schließlich war er jetzt wieder in der Lage, selber in den Mast seiner KAPDUVA zu klettern, um die regelmäßigen Lackierarbeiten vorzunehmen. Außerdem konnten Esther und Steve die KAPDUVA wieder ins heimatliche Kanada segeln.

Dann hatte für Steve und Esther die Zeit begonnen, wo sie einsehen mußten, daß auch Seeleute aus Stahl von einem 15 Meter langen Holzschiff überfordert würden, wenn sie sich den Achtzigern näherten. Wir hatten Esther und Steve einmal in Avignon getroffen, als sie sich gerade auf dem Weg zum Treffen der Kap Horniers befanden. Mit viel Traurigkeit hatten sie uns erzählt, daß die KAPDUVA nunmehr zum Verkauf stünde. Sie würde aber nicht an jeden abgegeben, ein echter Seemann müsse es schon sein.

Ich wußte, was mich erwartete, als ich jetzt mit dem Beiboot rüber zur KAPDUVA motorte. Da stand er am Heck, Peter, der neue Besitzer, neben ihm, mit fröhlichen Augen, zwei kleine Kinder in ihren nassen Badehosen. „Come on board!" ließ ich mir nicht zweimal sagen. „Ja, Steve ist vor ein paar Monaten gestorben. Er war schon lange am Ende seiner Kräfte", sagte der neue Eigner dieses schönen Schiffes. Und dann erzählte er, und das hätte Steve sicher gefreut: „Es ist ein tolles Schiff, ich werde es im Geiste von Esther und Steve weitersegeln. Kurz vor seinem Tod holten wir Steve an Bord und segelten mit ihm nochmals vor den Hafen. Er war schon schwach, konnte die Schoten nicht mehr dichtholen. Aber er beobachtete mich und meine Kinder ganz genau, checkte aus den Augenwinkeln jeden Knoten, jeden Kopfschlag, den wir machten, strich mit den Fingern über den Lack, den ich wenige Tage zuvor aufgebracht hatte. Nachdem wir angelegt hatten, unter Segel natürlich, und ich Steve von Bord trug, da sagte er nur ganz leise, daß seine KAPDUVA in guten Händen sei!"

Was er denn vorhabe, fragte ich Peter, ob er um die Welt segeln wolle. Peter lächelte freundlich: „Wir", ja, er sprach auch für seine kleinen Kinder, „wir wissen es noch nicht, wir segeln solange nach Westen, wie es uns gefällt, wir haben nämlich sehr viel Zeit!"

Ich konnte mir die Frage nicht verkneifen: „Was ist mit der Mutter der Kinder?"

Peter schüttelte den Kopf, lachte, und es war ihm gar nicht peinlich: „No wife, no problem!"

Absturz

In Huahine war es einmal gewesen, als wir eine Gruppe „paying guests“ an Bord hatten, die genau das erlebt hatten, nach dem die österreichische Charterseglerin auf dem Katamaran suchte. Segelt man innerhalb des Riffs an der Insel entlang, dann ist zunächst die gut betonnte „Wasserstraße“ mit mehr als 20 Metern Tiefe so breit, daß man auch ohne jedes Risiko kreuzen könnte. Sodann nähert sich das Riff immer mehr dem Land, bis nach fünf oder sechs Meilen, wenn man die Brandung direkt vor sich sieht, das Riff die Wasserstraße schließt. Es ist aber nicht so, daß man plötzlich mit der Yacht vor dem Riff liegt, sondern dazwischen ist noch ein wunderschöner Schnorchelplatz, mindestens eine Meile vor dem Wall aus Korallenköpfen, der die Lagune von der offenen See trennt. Auf dieser riesigen Wasserfläche vor dem Riff finden sich so viele Korallenköpfe, daß es mit dem Beiboot schon schwer genug wäre, den Weg zum Außenriff zu suchen, mit einer Yacht würde man in diesem Labyrinth hängenbleiben, selbst wenn zwischen den Korallen der Sandboden noch tief genug wäre. Das ist der (!) Platz zum Schnorcheln. Es würde Wochen dauern, jeden Kopf zu besuchen, und so beschränkt man sich auf zwei oder drei Köpfe, weiß schon nach ein paar Stunden, welche Fische dort wohnen, kennt den Zitronenpufferfisch bei der Koralle Nummer sieben, der einem schon nach ein paar Tagen so zutraulich auf ein paar Zentimeter entgegenkommt, daß man ihn aus nächster Nähe filmen kann

An diesem Traumplatz ist es leicht, mit dem Beiboot anzulanden, denn es gibt, abgeschirmt durch das weite Korallenfeld, keine Brandung, dafür aber richtigen Sandstrand. Das ist in der Südsee eine

Rarität, was verwundert, denn auf fast allen Postkarten laden Palmen und weiße Strände ein. Doch in Wirklichkeit bestehen die Strände fast immer aus zermahlenen Korallenstückchen, die so scharfkantig sind, daß man nicht mal barfuß darauf gehen, geschweige denn liegen kann. Wenn, selten genug, ein Hotel einen Sandstrand vor den Hütten hat, dann ist dieser meistens künstlich aufgeschüttet, muß viel gepflegt werden, denn mit jeder Welle auf den Strand werden ein paar Kilo Sand weggetragen.

Das also war einer jener Traumplätze, die auch in der riesigen Südsee als Geheimtip unter den örtlichen Yachties gehandelt werden und an denen man als Insider mit unbeschränkter Zeit liegen könnte. Urlaubern dagegen, die nach dem „typischen Südseegefühl" suchen, wäre dies viel zu langweilig, denn, wie gesagt, Hafenkneipen ... Fehlanzeige!

Aber eines Tages waren wir mit österreichischen zahlenden Gästen, mit Helga, Beppi, Herbert, Franzl und Günter, an diesem Platz gewesen, und zu meiner Verblüffung sagten die schon am Ende des zweiten Tages: „Einen schöneren Platz können wir uns nicht vorstellen, wir möchten den restlichen Urlaub hier verbringen." Was geschah. Sie sind vom Südsee-Feeling überfallen worden. Helga, Beppi und Herbert, längst unsere Freunde, sind noch einige Male in die Südsee, an diesen Platz, zurückgekehrt.

Selbstverständlich wollten wir mit Renate und Peter zu diesem Traumplatz, und so machten wir uns schon früh fertig, um innerhalb des Riffs die paar Meilen mit der SARITA zu motoren. Wir nahmen nicht mal das Sonnensegel runter, denn wegen der neunzig Minuten würde es sich nicht rentieren, die Segel zu setzen. Außerdem war ohnehin kein Wind. Gerhard startete die Maschine. Unser braver Yanmar mit seinen Launen sprang wie gewohnt an und, anders als sonst, starb sofort wieder ab. Er wartete also nicht, bis wir ihn über (nunmehr) 1500 Umdrehungen forderten. Ja, er quittierte seinen Dienst ohne Gang, also ohne Last. Außerdem hatte das Keuchen beim Absterben etwas Endgültiges.

Es schmerzte nun, dem orgelnden Anlasser zuzuhören, wie er aus den Batterien den letzten Saft heraussaugte. Dann wurden die Batterien umgeschaltet, kurzgeschlossen, nachgemessen. Bald stank es nach Diesel im Schiff, neue Filtereinsätze wurden fieberhaft unter den Kojen gesucht und die Besatzung der SARITA in zwei Teile geteilt. Der eine Teil, er hatte es besser, saß draußen und bediente auf Zuruf den Starter, der andere Teil, der vor dem Ablegen unter Deck noch das Frühstücksgeschirr wegräumen wollte, war unten – ohne Chance, auf normalem Weg an die frische Luft zu kommen, denn die Niedergangstreppe lag im Salon, und der grauschwarze Yanmar unter dem Cockpit starrte schweigend vor sich hin.

Jeder Skipper, der es schon mal erlebt hat, kennt das ungute Gefühl, das sich einstellt, wenn der „hundert Prozent zuverlässige" Diesel, aus welchen Gründen auch immer, nicht mehr einsatzbereit ist. Ich erinnerte mich an einen Checkflug mit einem einmotorigen Flugzeug, als der Prüfer mir, ohne daß ich es bemerkte, den Tank abgedreht hatte und mitten in einer Steilkurve, für mich völlig überraschend, der Motor abstarb. Etwas spitz hatte der Checkpilot damals gefragt: „Jetzt haben Sie ein Problem, was machen Sie?"

Genau das gleiche Gefühl hatte ich in diesem Moment auch, nur daß ich damals beim Fliegen nach einer Schrecksekunde die Lösung gefunden hatte. Jetzt fiel mir gar nichts ein. Eines wußte ich nur zu gut: In Huahine gab es nicht eine einzige Werkstatt, gewiß keinen Mechaniker und schon gar keine Yanmar-Ersatzteile. Außerdem lagen wir an einem Ankerplatz, der zwar bei schönem Wetter nicht gerade schlecht, doch sicher kein „Abrahams Schoß" war. Nach Tahiti zurücksegeln? Das war eine Lösung, obwohl niemand am Schiff die geringste Lust dazu hatte, denn vor dem Wind war es schon ein happiger Törn, randscharf an der Seekrankheit entlang. Außerdem war die Strecke von Huahine nach Tahiti nicht das Problem. Die erste und die letzte Meile wären das Abenteuer gewesen, wobei der Paß von Papeete breit genug wäre, um dort auch reinzukreuzen, Wind vorausgesetzt.

Die eigentliche Schwierigkeit wäre das „Absegeln" in Huahine. Das fing schon mit dem Ankeraufgehen an, denn die Ankerwinde braucht viel Saft, der üblicherweise von der Lichtmaschine kommt. Nur von der Batterie betrieben, wird sie recht langsam, würden wir ewig durchs Ankerfeld treiben, sicher zur großen Freude der anderen Yachtleute. Genau hinter uns lag der wunderschöne amerikanische Schoner aus Holz. Der Ami würde sich sauber aufführen, wenn wir ihm ein Loch in den Rumpf seines Schiffes rammen würden. Ich mußte an die Schreie seiner hübschen Vahine denken.

Also war an ein Wegsegeln von diesem Ankerplatz gar nicht zu denken. Wir brauchten eine starke Yacht, die uns nach draußen schleppen würde, das wiederum ging nur bei Flaute einigermaßen sicher.

Hinterher ist man ja sooo klug. Diese Situation war vorhersehbar gewesen, mußte irgendwann kommen. Motoren haben keine Launen und Motorpannen Ursachen! Uns war klar: Der Südseetörn war zu Ende. Für Carla und mich war dies nicht ganz so tragisch, wir hatten bis Bora Bora geplant und waren kurz davor eben hängengeblieben. Bei Peter und Renate war dies ganz anders. Ihr Südseetörn hatte eben erst begonnen, sie waren am Anfang ihrer Traumreise. „Laßt uns an Land gehen", schlug ich vor.

Vom Beiboot sahen wir die schöne SARITA vor Anker liegen, so wie die anderen Yachten auch. Aber im Gegensatz zu diesen war sie jetzt kein richtiges Segelschiff mehr. Ja, in den gescheiten Büchern ist immer so einleuchtend beschrieben, wie Segelschiffe gehandhabt werden, bei den Manövern, selbst beim Mann-über-Bord-Manöver wird so getan, als ob die Yachten gar keinen Motor im Bauch hätten. Und jetzt hatten wir das Gefühl, daß wir dazu verdammt waren, für immer auf diesem Ankerplatz zu bleiben. Fare, Hauptstadt von Huahine, war jetzt auch kein hübsches Südseedorf mehr, sondern ein kleines Nest am Ende der Welt, in dem wir festsaßen. Sicher, wir hätten wegfliegen können. Aber die SARITA sollte weiter nach Westen segeln, in einem Jahr sollte sie wieder in der Türkei in einer der Charterbasen von Kurt Ecker sein. Wie sollten wir Kurt das erklären? Wir hatten nicht nur uns in die Tasche gelogen!

Wie erwartet, gab es in Huahine nicht einen einzigen Mechaniker. Ich mußte an den Yanmar-Diesel im Schaufenster des Schiffshändlers in Papeete denken: „Zweiundzwanzigtausend Mark!"

Atomversuche

Mittags saßen wir alle trübsinnig im Cockpit, mit einer gekühlten Hinano-Bierdose in der Hand. Noch war der Kühlschrank kalt. Ratlos blickten wir uns an. Da sah ich achteraus, daß sich vom amerikanischen Schoner ein Beiboot löste. Der Mann riß am Außenborder, und dröhnend fuhr das Dingi los, keine zwanzig Meter an der SARITA vorbei. Es schoß mir durch den Kopf: „Wenn dies der Ami von damals ist, dann ist er schon mindestens zwanzig Jahre in Huahine, kennt sich aus und spricht englisch. Dann wäre er in Huahine

Eine der Möglichkeiten, als Weltumsegler unterwegs Geld zu verdienen

der einzige, der uns hier weiterbringen kann, der hier alle Möglichkeiten kennt. Das muß unser Mann sein!" Ich winkte zu ihm hinüber, er grüßte zurück und fuhr weiter. Ich winkte heftiger, er grüßte herzlicher zurück. Endlich begriff er, und das Dingi drehte auf uns zu.

Als er sich im Beiboot aufrichtete, sich an der Reling festhielt und uns allen grüßend zunickte, fiel ich gleich mit der Tür ins Haus: „Verstehst du was von Motoren?" Seine Antwort war ein knappes „Yes", und er sagte es so wie einer, der sich schon der Tragweite bewußt ist. „Unsere Maschine ist im Eimer!"

Gary kletterte an Bord, setzte sich zu uns ins Cockpit. Beflissen wurde ihm von jeder Seite eine Bierdose gereicht. Geduldig hörte er sich die Krankengeschichte unseres Motors an. Dann zuckte er mit den Achseln: „Vielleicht der Turbocharger? Der macht bei Yanmar gelegentlich Ärger, wenn die Maschine zuviel im Leerlauf ohne Last läuft." Ja, dachte ich, der Turbocharger könnte es sein. Dabei hatte ich gar keine Ahnung, was an einem Turbolader kaputtgehen sollte. Aber das war halt so eine Art Strohhalm. Ich fühlte mich bestätigt in meinem Vorurteil gegen aufgeladene Dieselmotoren. Denn der eigentliche Sinn solcher Zusatzaggregate ist, dem Motor mehr Sauerstoff zuzuführen, zum Beispiel, wenn Flugzeuge mit Kolbenmotoren in großen Höhen, in sauerstoffarmer Luft, herumfliegen wollen. Ein Schiff ist immer auf Meereshöhe, also entfällt dieses Argument. Bleibt noch die Gewichtsersparnis, die bei einigen zehn Tonnen Gesamtgewicht lächerlich ist. Da sieht man, wohin man mit solchen Motoren kommt.

Gary trank sein Hinano aus und stellte klar: „Wenn ich bei euch arbeite, kostet es 20 Dollar die Stunde. Ich fange jetzt an!" Selten habe ich einen Menschen so schuften sehen. Sechs Stunden lang, ohne eine Minute Pause, baute Gary, von Gerhard assistiert, schweißtriefend in der Höhle unter dem Niedergang den Turbolader ab, reinigte ihn und schraubte ihn wieder an. Herzklopfend drückte ich den Anlasser. Es klang genauso kläglich wie morgens, als wir schnell in unsere „Traumbucht" motoren wollten. Gary kassierte und ging.

Wir überlegten, ob wir nicht den Versuch machen sollten, die SARITA mindestens nach Raiatea zu segeln, dort wäre eine Charterbasis von Moorings und damit vielleicht eine Reparaturmöglichkeit. Aber das eigentliche Problem war nicht das Segeln über die offene See, sondern durch das Riff in Huahine und in Raiatea zu kommen. Und die Pässe in Raiatea sind wesentlich ekelhafter als der Paß in Papeete.

Die SARITA war, ohne Rücksicht auf Kosten, für die Weltumsegelung ausgerüstet worden. So war auch ein nagelneuer Ersatzanlasser an Bord, denn soviel Pferdestärken lassen sich nicht, auch mit allen Tricks der Welt, per Hand starten. Gerhard wechselte den alten Anlasser aus. Ha, das klang schon anders als das Röcheln am Morgen. Kräftig zog der Anlasser die Maschine durch, bis, wir kannten den Sound jetzt schon, das Orgeln in ein müdes Grunzen überging. Ende!

Am nächsten Morgen, nach dem Frühstück, erschien Gary und arbeitete den ganzen Tag wie ein Besessener. Allmählich verteilte sich der brave Yanmar in seinen Einzelteilen über die ganze SARITA. Der Salon glich eher einer Kfz-Werkstatt. Die SARITA konnte nur noch über die vorderen Luken aufgesucht werden, oder man stieg über schwitzende Leiber hinweg. Am Abend stellt Gary die vernichtende Diagnose: „Kaputte Zylinderkopfdichtung!“ Ich verstehe wenig von Dieselmotoren, aber das klang nicht nur schlimm, das war das Ende des Törns. Arme Renate und Peter! Da waren sie um die Welt geflogen, um 60 Meilen zu segeln. Ein Traumurlaub! Gary kassierte und ging.

Am nächsten Morgen, noch bevor Gary erschienen war, griff ich nach einer Flasche Wasser, füllte den Reservekanister mit einem Öl-Benzin-Gemisch und verstaute ihn im Schlauchboot. Dann fuhren Carla, Peter, Renate und ich los, um die Bucht zu besuchen, wo einen das „typische Südseegefühl“ überfallen soll. Aber es ist ein Unterschied, ob man mit einer großen Yacht oder einem kleinen Beiboot schnell mal fünf Meilen motort. Nach der halben Strecke kamen wir an einem wunderschönen Grundstück vorbei, wo ein Mann stand und uns zuwinkte. Wir ließen uns nicht zweimal bitten und zogen das Beiboot an den Strand. Der Garten gehörte zu einer kleinen, sehr hübschen Ferienanlage. Aber es war nicht ein einziger Gast da. Der Polynesier führte uns über sein Grundstück. Zweihundertfünzig Meter Wasserfront maß es. In Polynesien rechnet man die Grundstücksgrößen häufig nur nach der Länge am Wasser, denn das Land dahinter wurde früher als wertlos angesehen und somit auch nicht gerechnet. Es gehörte einfach zu den Metern am Wasser, gleichgültig wie weit das Land dahinter zum Berggipfel gereicht hatte. Der Mann kam gleich zur Sache. Wir könnten das ganze Grundstück mit den Häusern kaufen. Für eineinhalb Millionen Dollar sei es unser.

Wie einfach er sich das vorstellte. Mein Blick fiel auf eine riesige Abstellfläche, auf der ein paar Dutzend Jet-Ski-Scooter vor sich hinrosteten. Das sind jene verdammten Dinger, die auf den friedlichen Ankerplätzen den Yachtleuten durch ihr entnervendes Surren die Ruhe rauben. Wann immer so ein Motorrad auf dem Wasser in ein paar Metern Abstand vom Heck meiner Yacht vorbeirauschte, spürte ich meine Hand nach einer schweren Winschkurbel zucken, um die Raser damit zu bewerfen. So war ich nicht traurig, daß diese schrecklichen Gefährte hier dutzendweise vergammelten.

Der alte Polynesier schon: „Mein Sohn wollte hier ein Touristenzentrum aufmachen, sehen Sie, es ist der schönste Platz in Huahine für so etwas. Er nahm Kredite auf, um die Häuser, die Geräte zu finanzieren. Jetzt sind wir bankrott. Mein Sohn ist in Huahine geboren, gehört einem alten polynesischen Geschlecht an. Wir haben alles verloren. Mein Sohn ist weg, ist nach Australien, wo er in einer Fabrik arbeitet. Und das alles wegen der Atomversuche!“

„Ja, aber die finden doch seit einem Vierteljahrhundert statt, hunderte Mal?“ fragte ich nach einer Erklärung. „Nein, das war nicht das Problem, es waren die Proteste, die uns so geschadet haben. Vorher ist da nie etwas Aufregendes passiert. Erst als schon sicher war, daß die Tests beendet würden, fiel es der Weltpresse ein, die Atomtests in Mururoa zum Thema Nummer eins zu machen. Bei den vorangegangenen hundert Atomversuchen interessierte sich kaum jemand dafür. Jetzt aber kamen aus aller Welt Journalisten und Politiker, auch aus Deutschland, vor allem aber aus Japan, segelten ein bißchen vor Mururoa hin und her, funkten entrüstete Berichte nach Hause, weinten auch gelegentlich in die Fernsehkameras und setzten sich wieder in den Jet, der sie nach ein paar Tagen nach Hause brachte. Die Tests wurden programmgemäß zu Ende geführt, und der Tourismus war kaputt. Denn nunmehr war bis in die letzten Winkel der Welt gedrungen, daß Mururoa bald auseinanderfalle, daß das Meer radioaktiv verseucht sei. Vor allem in Japan und Deutschland hatten die Berichte verheerende Folgen: Früher waren die Hotels ausgebucht mit japanischen Pärchen, die hier ihre Traumflitterwochen verbrachten. Jetzt glaubt jede japanische Braut, sie würde mißgestaltete Kinder zur Welt bringen, wenn sie in den polynesischen Gewässern schwimmen würde. Eure Politiker und Journalisten haben der Öffentlichkeit demonstriert, was für hohe moralische Maßstäbe sie haben und uns dabei ruiniert!" Ich sah die Tränen in den Augen dieses gebrochenen Mannes und konnte ihm nichts erwidern.

Die Medien! Ich mußte daran denken, wie manche Journalisten sich ein Bild von örtlichen Gegebenheiten machen können, wenn sie für ein paar Stunden mal schnell mit dem Flieger vorbeischauen. Da stellen sie gerade in Polynesien fest, daß 20000 Einwohner von Papeete in Slums leben, was mir völlig neu ist, denn ich kenne in Tahiti, in Französisch-Polynesien, keine Slums. Freilich leben Polynesier in einfachen Hütten, dem Klima, das keine Kälte kennt, angemessen. Das deutsche Reihenhaus wäre dort so lächerlich wie eine Hütte aus Bananenstauden in Berlin. Vor die Wahl gestellt, würde ich in Tahiti lieber in einem solchen „Slum" leben als in einer Plattensiedlung im reichen Deutschland.

Besonders gut kann ich mich an einen Artikel aus der Zeitschrift für geographische Schöngeister GEO erinnern, wo ein Reporter unter der Überschrift „Polynesien – Stiefkind der französischen Zivilisation" darüber jammert, daß die Franzosen Polynesien nicht mit einer „nennenswerten, Arbeitsplätze schaffenden Industrie" (GEO 6/90, Seite 145) ausgestattet hätten. Da möchte ich den gleichen Schreiberling mal erleben, wenn an der Traumlagune von Huahine ein Auto- oder Chemiewerk für zehntausend Arbeitnehmer entstehen würde – mit benachbarter hochgeschossiger Arbeitersiedlung und Riesen-Abwasserrohren ins Meer, so wie an Rhein und Ruhr.

Wir motorten weiter und erreichten nach einer weiteren Stunde den Platz, von dem ich Renate und Peter vorgeschwärmt hatte. Offensichtlich hatte sich in den letzten Jahren herumgesprochen, wie wunderschön dieser Ankerplatz ist, denn es war dort ein kleines Hotel mit Steg und Restaurant entstanden. Wenn in Polynesien von einem „Hotel“ die Rede ist, dann sind damit meist eingeschossige Holzbauten mit ein paar Bungalows gemeint. Hotelpaläste wie an den spanischen Küsten sucht man in Polynesien vergeblich. Das garantiert schon eine geniale Bauvorschrift: „Kein Gebäude darf die Palmen überragen!“

Vor dem kleinen gemütlichen Restaurant mit Badesteg lagen zwei oder drei Yachten. Das Wasser war glasklar, und so konnte man beim Maitai den Fischen zusehen, wie sie um die Korallenköpfe herumschwammen. Sogar den Zitronen-Pufferfisch glaubten wir wiederzutreffen. Das „Hotel“ mit den wenigen Gästen hatte den Charakter dieses Platzes nicht verändert. Warum sollten sich da nicht ein paar Menschen mehr an der Natur erfreuen?

Auf der Rückfahrt streikte ein paar Mal der Außenborder, was uns nicht besonders beunruhigte. Hätte er endgültig geschwiegen, hätten wir halt das Beiboot auf die Uferstraße getragen und wären per Anhalter nach Fare zurückgefahren. In Polynesien hält jedes Auto, wenn auf der Straße jemand winkt. Carla hatte einmal als Anhalterin dem Fahrer bedeutet, daß sie Deutsche sei. Seine Augen leuchteten: „Deutsche sind tolle Leute!“ Er machte eine Bewegung, als ob er mit einer Maschinenpistole schießen würde und sagte lachend: „Bum Bum!“ Das waren die Früchte von billigen Filmen über die Nazizeit! Aber haben wir nicht auch merkwürdige Vorurteile Amerikanern gegenüber, wenn wir zuviel Wildwestfilme gesehen haben?

Als wir am späten Nachmittag auf die SARITA zurückkamen, verabschiedete sich Gary gerade. Der Yanmar war fast nicht mehr zu erkennen, war sozusagen atomisiert. Zu erkennen war nur noch der Motorblock, umgeben von Hunderten Maschinenteilen stand er armselig unter dem Cockpitboden. Die Frage, ob er wieder ginge, erübrigte sich somit.

Pünktlich um neun Uhr morgens am nächsten Tag erschien Gary wieder mit einer Selbstverständlichkeit, als ob er bereits fester Angestellter auf der SARITA wäre. Angesichts des Trümmerfeldes im Salon hatte keiner mehr die Hoffnung, daß dieser Motor wieder einmal wie früher dastehen würde, an ein Funktionieren war sowieso nicht zu denken. Birgit wurde gelegentlich losgeschickt, um von den anderen Yachten etwas auszuleihen, mal eine Zange, ein ander

Mal besonders feines Schleifpapier für die Ventile. Wann immer wir mit dem Beiboot durch das Ankerfeld motorten, spürten wir die mitleidigen Blicke der Yachties im Rücken. Am späten Nachmittag des vierten „Yanmar-Tages“ dann die ruhige Stimme Garys: „Jetzt starte mal!“

Das hatten wir schon: Die Maschine orgelte und orgelte – nichts. Entlüften, Startknopf drücken, entlüften, Startknopf drücken und dann eine Zündung. Sie war kaum zu hören gewesen, aber jeder im Schiff hatte sie wahrgenommen. Der Motor hatte ein einziges Mal gezündet, und es gab keinen Grund, warum er das nicht öfter tun sollte. Entlüften, starten!

Dann einmal, zweimal ein Sonderton im Orgeln, dann wieder, und schließlich waren das Anlassergeräusch und das Ventilgeratter gleich laut. Der Anlasser schwieg, der Motor lief, hustete, lief weiter. Ein Wunder! Nur für Gary nicht. Als ob es die selbstverständlichste Sache der Welt war, wischte er sich mit einem Tuch das Öl von den Fingern und erhöhte die Drehzahl. Er sprang nach oben ins Cockpit, legte den Rückwärtsgang ein, drehte bis auf zweitausend Umdrehungen, und der Motor starb nicht ab. Der Motor war so gutgelaunt wie zuletzt in europäischen Gewässern. Gary setzte sich auf die Backskiste und schrie über den offenen Motor hinweg: „Can I have a beer?“

Er meinte, dies sei ein besonders „interessanter Fall“ gewesen, denn nichts habe erkennen lassen, daß die Auslaßventile nicht mehr richtig gearbeitet hätten. Sie seien verkokelt gewesen. Die Maschine sei zu häufig und zu lange ohne Last gelaufen, wie dies beim Batterieladen oder Betreiben der Tiefkühlanlage vor Anker eben vorkomme. Im übrigen hätte er mit Maschinen wenig zu tun. Halt das Übliche, was man lerne, wenn viele Yachten durchkämen.

Beim nächsten Bier wurde Gary gesprächiger. Er erzählte, daß er in den Staaten Ingenieur mit einem interessanten Beruf gewesen sei. Er habe Städte unter Wasser geplant, eine Idee, von der man damals geglaubt hatte, sie würde die Platzprobleme der Menschheit eines Tages lösen. Nur als Gary mit seiner Arbeit fertig gewesen war, habe seine Unterwasserstädte niemand gewollt. So sei er mit diesem Schoner, Baujahr 1921, vor 20 Jahren nach Polynesien gekommen, habe sich in ein Mädchen von hier verliebt, sie geheiratet und mit ihr schließlich die Snackbar drüben am Strand betrieben. Zwei Kinder hätten sie bekommen, einen Jungen und ein Mädchen. Das Girl sei in Hawaii, sie wolle nicht mehr zurück. Jetzt sei er alleine mit seinem Schoner. Nein, er würde ihn nicht mehr segeln, nur jeden Tag nachschauen, daß die Pumpe ordentlich arbeitet, denn das Schiff mache viel Wasser. „So sind sie halt, die Holzschiffe!"

Ich traute mich nicht, Gary nach seiner Zukunft zu fragen. Mir fiel auf, daß er offensichtlich nicht soff. Das paßte nicht in mein Bild von gescheiterten Aussteigern in der Südsee. Wahrscheinlich wollte er nur nicht untergehen. Wie sein alter Schoner.

Scherwinde

Gary hatte Renate und Peter den Urlaub, uns den ganzen Törn, der SARITA wahrscheinlich die Weltumseglung gerettet. Gleich am nächsten Tag segelten wir das kurze Stück nach Raiatea rüber. Es blies mit dreißig Knoten. Alle Pässe von Raiatea sind bestens betonnt. Es ist dort kein Kunststück, durch einen Paß zu segeln, wenn man sich nur auf der von den Baken am Berg vorgegebenen Linie hält. Die Pässe sind weit weniger gefährlich als die Riffdurchbrüche in den Tuamotus. Trotzdem kann es vorkommen, daß ein Paß, wenn stürmischer Wind gegen den Strom steht, unpassierbar wird. Aber das ist schon von weitem zu sehen.

In der weiträumigen Lagune zogen wir die Raudaschl-Genua zur Hälfte auf und rauschten mit fast acht Knoten von Tonne zu Tonne. Als wir am Flugplatz von Raiatea vobeikamen, nahm ich das Glas und konnte den Windsack am Ende der Bahn gut erkennen. Seine Richtung stimmte mit unserer Windrichtung an Bord nicht überein. Offensichtlich bekam der Windsack an der Landebahn gerade den Wind ab, der um die andere Seite des Berges herumblies. „Scherwinde" nennt man das in der Fliegersprache, das habe ich genau in Raiatea vor 15 Jahren gelernt, und das hätte mich und drei meiner Passagiere auch beinahe das Leben gekostet. Diese Geschichte hatte ich bis jetzt für mich behalten, denn ich schneide darin nicht gerade als Held ab, und auch meine damaligen Passagiere haben die Geschichte dankenswerterweise totgeschwiegen:

Wir lagen damals am Maeva Beach-Hotel zusammen mit der deutschen Weltumsegleryacht PUSTEBLUME vor Anker. Meine Flugscheinprüfung hatte ich ein paar Tage zuvor bestanden, und so suchte ich (wegen der hohen Kosten) „Opfer", die mit mir in der Inselwelt Polynesiens herumfliegen würden. Um ein Haar wären aus meinen Passagieren echte Opfer geworden. Heide von der PUSTEBLUME und zwei Freunde, die gerade aus Deutschland angekommen waren, überredete ich zu einem Rundflug durch die Gesellschaftsinseln. Der Flug ließ sich prächtig an. Wir hatten die beiden Tanks in den Tragflächen randvoll gefüllt und sicher auch deshalb mit vier Personen an Bord etwas Übergewicht, was aber bei der riesigen Landebahn Tahitis kein Problem war. Langsam hob die einmotorige „Piper Arrow" ab und schraubte sich in den blauen, wolkenlosen Himmel hinein. Das Wetter war bestens, nur der Wind war böig, wie wir auch an den weißen Schaumkronen unter uns erkennen konnten. Bald hatte ich Bora Bora erreicht und drehte nach Raiatea ab, um dort zum Mittagessen zu landen. Der Fluglotse gab mir den Gegenwind auf der Landebahn mit dreißig Knoten durch, was für ein Flugzeug kein Problem ist, wenn der Wind parallel zur Bahn bläst. Beim Landen wird das Flugzeug so langsam, daß es unmittelbar nach dem Aufsetzen so wenig Geschwindigkeit durch die Luft (!) hat, daß es aufhört zu fliegen. Bei Gegenwind kann man dann sogar „langsamer" landen, die Landestrecke verkürzt sich erheblich.

Der Landeanflug paßte bestens. Als aber das Hauptfahrwerk sachte die Betonpiste berührte, ich den Gashebel bis zum Anschlag zurückzog, wurde der Flieger wie mit einer Geisterhand hochgehoben, und ich fand mich plötzlich mit langsamster Geschwindigkeit mehrere Meter über der Piste wieder. All das war kein besonderes Problem, denn damit umzugehen lernt man bei der Schulung. „Never push!", hatte mir mein französischer Fluglehrer für die Landung eingebleut, und so zog ich mir das Steuerhorn in den Bauch und schob ein wenig Gas nach, um das Sinken etwas zu verlangsamen. Aber das gleiche Spiel wiederholte sich jetzt nicht nur einmal, sondern mehrere Male. Ich konnte förmlich spüren, wie in meinen Passagieren hinter mir die Angst aufstieg.

„Das wird nichts", sagte ich mir und schob den Gashebel bis zum Anschlag durch. „Ich starte durch und fliege nach Faaa zurück!" funkte ich dem Fluglotsen zu. Ich begann zu grübeln, was da los war. Heute, tausend Flugstunden später, weiß ich die Antwort. Vor allem wußte ich, und das gilt auch für das Segeln, daß ein Fehler meist aus einem anderen resultiert. Niemals führt ein Fehler allein zum Unglück, den einen verzeiht das Schicksal immer!

Damals schien mir alles unerklärlich: Nein, ich hatte nicht zu hart aufgesetzt, ich hatte die Piste nur geküßt. Vielleicht war etwas mit dem Fahrgestell nicht in Ordnung? Ja, das mußte es wohl gewesen sein. Jedenfalls war meine Entscheidung, nach Tahiti umzukehren, richtig. Denn dort hatten wir eine 60 Meter breite Landebahn, da konnte nicht viel passieren, wenn ich den Flieger hinschmiß. Ich erklärte das alles meinen Passagieren. Heide nahm das Ganze bewundernswert gelassen auf. Ihre Nachbarin dagegen schlug mit leichtem Zittern in der Stimme vor, auf dem Wasser notzulanden.

Ich erzählte nicht lange von meiner Ausbildung, wo mir eingetrichtert worden war, daß sich das buckligste Stück Land, selbst Wald, besser als das Meer für eine Notlandung eigne. Denn wenn schon nicht die betonharten Wellen für einen Überschlag sorgen würden, würde die Maschine spätestens dann stolpern, wenn das Fahrgestell ins Wasser tauchte. Und falls das Kunststück doch gelänge, die Maschine flach ins Wasser zu bringen, würde sie schon nach ein paar Sekunden absaufen, ohne Rücksicht darauf, ob noch Passagiere drin sind.

Bald hatte ich Funkkontakt mit Tahiti aufgenommen. Ich gab meine Vermutung durch, daß das Fahrgestell nicht in Ordnung sei. Tahiti antwortete mir, daß der Fluglotse in Raiatea nichts besonderes am Fahrgestell bemerkt hätte. Ich solle mal kommen, sie würden schon alles vorbereiten. Vor mir tauchte eine Insel auf, das war sicher Moorea, Tahiti dahinter war noch im Dunst. Die Stimmung im Flugzeug war gedrückt. Jetzt waren wir schon über drei Stunden in der Luft, und das Schlimmste stand uns noch bevor, vielleicht eine Notlandung. Verdammt, wann kommt denn Tahiti in Sicht? Und überhaupt, Moorea ist doch viel gebirgiger? Da bemerkte ich meinen Irrtum. Statt auf Moorea war ich eine halbe Stunde auf Maiao zugeflogen: „Heute läuft schon alles schief!"

Immer ungeduldiger fragten die Fluglotsen vom Tower in Papeete nach mir. Den Fehler mit Maiao behielt ich für mich, denn das war doch zu blamabel. In Tahiti gab es kein Radar, und so konnten sie meinen Flugweg nicht verfolgen. Jetzt bloß keinen Fehler mehr machen! Ich checkte meine Navigation, jetzt paßte alles. Ich schaltete vom rechten Tank auf den linken und machte in meinen Aufzeichnungen den Dreißig-Minuten-Haken für den Tankcheck. Dann endlich tauchte vor uns der Riesenplatz von Papeete auf. Wir hatten immer noch 30 Knoten Gegenwind. Ich konnte die rote Feuerwehr am Pistenrand sehen. Der Fluglotse riet mir, noch eine Runde am Turm vorbeizufliegen. Sie würden das Fahrgestell nochmals checken. Über dem Platz war der Wind böig wie selten. Als ich am Tower vorbeiflog, hatte ich Mühe, die Maschine eben zu halten, so bockig war es. In der engen Kurve um den Tower konnte ich kaum die dreihundert Fuß Höhe halten. Aus dem Tower heraus entdeckten sie nichts am Fahrgestell.

Dann der Endanflug: Es war ein gutes Gefühl, jetzt nach über vier Stunden endlich die 60 Meter breite Landebahn vor sich zu haben, der wir uns wegen des starken Gegenwindes langsam näherten. Ich wußte, ich würde meine Passagiere heil runterbringen. Dessen war ich mir auch noch sicher, als es in der Maschine ziemlich leise wurde. Ich schob den Gashebel, der bereits auf Leerlauf gestanden hatte, voll nach vorne, aber es tat sich nichts mehr. Der Motor stand. Die Bahn war noch nicht unter uns, doch die Maschine schwebte im richtigen Winkel auf die Stelle, wo die Bahn gerade eben begann. Im überschwenglichem Gefühl, es geschafft zu haben, gab ich noch über Funk durch: „Engine Failure!“

Das hätte ich nicht tun sollen. Denn wenige Sekunden nach dem Aufsetzen waren mehrere Fahrzeuge neben und vor der Maschine, und man bat mich höflich, aber bestimmt, die Maschine zu verlassen. Sie sollte untersucht werden. Jetzt erst wurde mir klar, was ich angestellt hatte. Ich hatte einmal vergessen, den Tank umzuschalten und in der Aufregung ausgerechnet einen Tank leergeflogen. Die Tanks wurden später exakt ausgemessen, und man stellte fest, daß im „aktiven“ Tank gerade noch soviel Benzin war, daß es in eine Colaflasche gepaßt hätte. Eigentlich hätte die sogenannte „nicht ausfliegbare Treibstoffmenge“ ein Vielfaches betragen müssen, nur die bockige Luft hatte den Sprit immer wieder in die Leitungen geschüttelt, so daß ich mit diesem Tank die Landebahn von Tahiti erreicht hatte und nicht ein paar hundert Meter zuvor ins Meer gestürzt war – mit tödlichem Ende für alle Passagiere.

Nur der Tatsache, daß im anderen Tank die vorgeschriebenen

fünfundvierzig Minuten Reserve noch enthalten waren, hatte meine Fluglizenz gerettet. Und die merkwürdigen Landeversuche in Raiatea? Eine spätere Auswertung der Windmessungen in Raiatea hatten ergeben, daß genau zu dieser Zeit ungewöhnlich starke Scherwinde, also das Aufeinandertreffen von mehreren Winden mit unterschiedlichen Richtungen, geherrscht hatten.

Bora Bora – Treffpunkt für Weltumsegler

Das Riff von Raiatea ist ungewöhnlich. Denn es umschließt gleich zwei Inseln, Raiatea und Tahaa. Unser Ziel war Tahaa, denn eine ganz bestimmte Bucht war auf unserer ersten Weltumseglung das Highlight, später auch in unseren Lichtbildervorträgen, schlechthin gewesen. Wann immer wir damals nach unserem Traumplatz gefragt wurden, nannten wir diese Bucht in Tahaa. Wolfgang Hausner hatte ich einst davon so vorgeschwärmt, daß er von Bora Bora eigens zurückgesegelt war, um diesen Platz und seine Menschen zu besuchen.

Als wir um die Huk segelten, erkannte ich die Bucht wieder. Nichts hatte sich verändert, kein Hotel war am Strand, nur dort am Ende, wo früher ein paar Hütten einer polynesischen Familie standen, war jetzt ein kleines Haus aus Beton. Die Bucht lag ungefähr eine Meile vom Riff entfernt, und es mündeten einige Süßwasserbäche. In diesen Buchten ist das Wasser bei weitem nicht so klar wie am Riff draußen. Von früher wußte ich, daß die Bucht zwar riesengroß erscheint, daß aber tatsächlich sehr wenig Platz zum Ankern und Schwojen zur Verfügung stand. Ohne Seekarte oder ohne Ortskenntnisse war es dort nicht möglich zu ankern, denn Tiefen von dreißig und einem Meter wechselten in kurzen Abständen. Nach langem Suchen mit Karte, Augen und Echolot fanden wir endlich einen Platz, der uns sicher erschien. Zwar war vom starken Wind hier drinnen hinter den Bergen nichts mehr zu spüren, doch fürchteten wir nächtliche Fallböen. Wenn dann in der Dunkelheit der Anker nicht halten würde, säße man in der Falle, denn in der Nacht wäre man zur Tatenlosigkeit verurteilt.

Von unseren früheren Bekannten war niemand mehr da. In dem Haus, in dem der deutsche Fremdenlegionär mit seiner Vahine gelebt hatte, wohnte offensichtlich jemand anders. Jedenfalls ließ sich niemand blicken. Das kleine Betonhaus auf der anderen Seite der Bucht entpuppte sich als Boutique. Kurzum: Es war nichts los, nur die herrlich grünen Berge und darunter Palmen, nichts als Palmen, bildeten eine sehenswerte Kulisse. Das mag für einige Ruhetage gut sein, aber uns fehlten die Menschen, die liebenswerten Polynesier. Ich konnte die Zweifel in Renates Gesicht erkennen, als ich ihr vorschwärmte, wie schön das hier früher gewesen sei. Auch Carla und ich hatten nichts dagegen, daß wir am nächsten Morgen schon wieder die Anker lichteten. Verlorenes Paradies? Besser gesagt: Wir hatten das Paradies verloren.

Wahrscheinlich ist der kantige Berg von Bora Bora eine der berühmtesten Silhouetten der Welt. Kaum hatten wir die Bucht in Tahaa verlassen, war der markante Felskoloß vor uns, und wir verloren ihn den ganzen Tag nicht mehr aus den Augen. Nur rund 25 Seemeilen waren nach Bora Bora zu segeln, hart am Wind. Alles paßte, die Sonne schien, und mit dem Wind von 20 Knoten konnten wir Bora Bora gerade anlegen. Alle Segel hatten wir aufgezogen. Es war schon erstaunlich, wie gut die Raudaschl-Segel standen, waren sie immerhin schon mehr als um die halbe Welt gesegelt. Mein Clubkamerad im Yacht Club Austria Hubert Raudaschl ist aber nicht nur ein Meister-Segelmacher, sondern vor allem ein Meistersegler, was ich doch für die Nicht-Regattasegler unter den Lesern erwähnen möchte. Er hat mehrere Weltmeisterschaften und olympische Medaillen gewonnen. Vor allem aber ist er einer der Größten in der Sportgeschichte der Menschheit. Er hat nämlich als einziger Mensch (!) an zehn olympischen Spielen teilgenommen, ein Rekord, der wahrscheinlich nie mehr gebrochen werden wird.

Es ist ein großer Unterschied zwischen dem Regattasegeln und dem Blauwassersegeln. Ich will ganz ehrlich sein: Ich habe nur wenig Ahnung, wie man ein Schiff richtig schnell macht. Dafür weiß ich vieles über Navigation und Überlebenstaktiken im Sturm, was für einen Regattasegler, vor allem einen Jollensegler, nicht so wichtig ist. Vor kurzem hatte ich das Vergnügen, mit Hubert Raudaschl bei einer Hochseeregatta mitsegeln zu dürfen. Ich habe mir einige Tricks gemerkt und werde wohl in Zukunft mit meinen Yachten schneller sein. Nullkommazwei bis nullkommadrei Knoten oder so!

Jetzt pendelte der Speedometer der SARITA fast bis an die zehn Knoten heran. Peter saß am Ruder, und er freute sich, mit den Wellen tanzen zu dürfen. Gerhard machte ein langes Gesicht und jammerte, daß wir ihm alles kaputtmachten. Schließlich würde er von Bora Bora weiter nach Westen segeln. Das war uns aber egal, denn einer Hochseeyacht wie der SARITA darf sportliches Segeln nichts ausmachen. Sie war nach einem nicht sehr modernen Riß gebaut, aber gerade dieser Umstand macht sie zu einem der besten Segelschiffe, die ich kenne. Einerseits strahlen ihre ruhigen Schiffsbewegungen viel Sicherheit aus, andererseits ist sie kinderleicht auf Kurs zu halten. Sie ist kein rassiges Rennpferd, aber auch kein gemächlicher Ackergaul. Sie zeigt gelegentlich zweistellige Geschwindigkeiten, ohne daß man das Gefühl hat, gleich würde das Rigg davonfliegen. Wenn wir später wieder auf Weltumseglung gehen, dann werden wir uns einer Yacht vom Schlage der SARITA anvertrauen.

Vom Paß aus segelten wir direkt auf den Yacht Club von Bora Bora zu. Die Gestade der Weltmeere sind gespickt mit Yachtclubs. Ist man im Binnenland aufgewachsen, wundert man sich, was sich da so alles „Yachtclub“ nennt: Im früheren, höchst vornehmen Real Club Nautico in Las Palmas auf den Kanaren beispielsweise sind von den paar tausend Mitgliedern höchstens ein Dutzend schon einmal auf einer Yacht gewesen. Sie schauen meist von den Liegestühlen am herrlichen Pool ihren Jüngsten zu, wie die im Opti im schmutzigen Hafenbecken die Runden drehen. Das Zentrum im Royal Suva Yachtclub in Fiji hingegen war nicht etwa die Startlinie, sondern die Bar, die wegen des billigen Rums den meisten Zulauf hatte. Anders im Royal Cape Yacht Club in Kapstadt! Dort steht die Hochseesegelei ganz an erster Stelle, schließlich muß jeder Extremsegler, der es auf die stürmischen Kaps abgesehen hat, an Kapstadt vorbei. Dann gibt es die ganz verschlafenen Yachtclubs: In Vila, Neue Hebriden, heute Vanuatu, bestand einst der „Yachtclub“ aus einer kleinen Hütte am Ufer mit einem summenden Kühlschrank (welch ein Luxus für den Weltumsegler) und einer Tasse fürs Biergeld. Als später Geld und Bierbestand nicht mehr zusammenpaßten, wurde dieser „Yachtclub“ geschlossen. Schade! Der „Yachtclub Bora Bora“ ist ein wenig von jener Sorte.

Dieser Yachtclub macht auch gar kein Hehl daraus, daß er kein Verein in unserem Sinne ist. Er hat keinen Vorstand, keine Generalversammlung, keine Satzung und schon gar keinen Bootsbestand. Auf dem Schild, das weit in die Lagune von Bora Bora grüßt, steht dementsprechend drauf: „Yachtclub Bar Hotel Restaurant“. Trotzdem hat er einiges zu bieten, auf was andere Clubs stolz wären. Zum Beispiel seine Gästebücher, die wie Schätze gehütet werden. Wenige Gäste schaffen es, sie ausgehändigt zu bekommen. Viele Yachten aus den früheren Tagen der Blauwassersegelei sind darin verewigt, die damals unbekannt, heute Berühmtheiten sind.

Vor allem aber besitzt der Bora Bora Yachtclub rund ein Dutzend Bojen, an die sich die echten Yachtleute hängen dürfen, und zwar kostenlos. Wer ein „echter“ Yachtsmann ist, entschied in unserem Fall ein mürrischer Franzose, der abends im Restaurant mit bemerkenswerter Schnelligkeit als Kellner fungierte. Nach Gutdünken wies er Bojen zu oder bezeichnete sie als „belegt“. Bei dreißig Meter Wassertiefe nicht ankern zu müssen, war einiges wert. Die stärksten Ankerwinschen machen da nur noch müde und entnervend langsam „kliiick – kliiick – kliiick“ und nicht mehr „klickerdiklackerdi“. So opfert man in Bora Bora für eine starke Boje viel. Und das ist hier auch nötig, denn das mit dem „kostenlos“ ist relativ. Selbstverständlich erwartet der Kellner (das ist der, der entscheidet, wer ein „echter Yachty“ ist), daß im Yachtclub gegessen wird. Die Preise, man ahnt es schon, sind etwas über dem Landesstandard, also „sündteuer“. Dafür gibt es im Yachtclub von Bora Bora Mopeds, Waschmaschinen, Duschen, am schwarzen Brett Crew-Angebote und -Gesuche und vor allem Wasser an der „Wasserboje“ kostenlos. Kurz, alles, was der Yachty braucht.

Beim Sundowner an der Bar versuchten wir noch den YCA-Stander zwischen all den anderen farbigen Tüchern aus aller Welt (eines stammte von einer 120-Meter-Segelyacht!) unterzubringen. Das war nicht nötig, denn an der Decke hingen unsere Farben schon. Ansonsten staunten wir wieder einmal über die wenigen

Yachten, die hier herumlagen. Die rund 15 Bojen des Yachtclubs waren zwar alle besetzt, doch außerhalb dieses Bojenfelds befanden sich nur noch drei Yachten. Solange wir noch in Tahiti waren, war ich etwas vorsichtig in meiner Schätzung, ob sich die Besucheryachten in der Südsee etwa vervielfacht hatten. Denn immerhin mußte man damit rechnen, daß das Gros der Fahrtenyachten in Bora Bora sei, denn dort ist theoretisch Platz für tausend Schiffe. Aber jetzt sahen wir, daß auch hier nur wenige Schiffe auf den zahlreichen Ankerplätzen lagen, kaum mehr als früher. Nur größer waren die Yachten geworden.

Unter den Yachten neben dem Bojenfeld war unverkennbar eine „Suncoast“ aus der Schweiz vor Anker. Diese Stahlknickspanter aus Stavoren erfreuten sich vor 20 Jahren großer Beliebtheit, denn für wenig Geld bekamen die Segler von dieser friesischen Werft einfache, aber recht große Schiffe für vergleichsweise wenig Geld. Auch unsere THALASSA II war eine Suncoast 48 der Firma Nord Nederland und wurde einst segelfertig für sage und schreibe 208 000,– DM angeboten. Vielleicht zu billig, denn inzwischen ist Nord Nederland leider pleite gegangen, ein Schicksal vieler Werften. Schiffbau ist nun mal außerordentlich lohnintensiv, und allzugerne ködern die Werften kurzsichtig die Kunden mit der Zusage, alle Extrawünsche zu erfüllen.

Peter und ich fuhren mit dem Beiboot zur Suncoast. Der Skipper Franz, gelernter Tischler, war etwas kurz angebunden und machte keinen sehr glücklichen Eindruck. Er hätte ein paar Probleme mit dem Schiff. Die Scheuerleiste sei zu reparieren. Ich wunderte mich, daß er als Holzfachmann kein Teakdeck auf dem Stahl verlegt hatte. Seine Antwort gefiel mir: „Wenn ich auf Teak rumlaufen möchte, dann zieh ich mir Teaksandalen an!“

Außerdem beklagte er sich, daß er nicht an Süßwasser herankäme. Das wunderte mich, denn Bora Bora ist eigentlich dafür berüchtigt, daß an seinem hohen Berg häufig Wolken hängenbleiben, die dann viel Wasser abregnen. Auf einem so großen Schiff mußte doch die Möglichkeit bestehen, Wasser aufzufangen. Der Skipper erzählte sogar, er sei zur Gemeinde von Bora Bora gegangen und habe dort einen Antrag auf Lieferung von fünfhundert Liter Wasser gestellt – ohne Erfolg! Ich schüttelte den Kopf. Das hörte sich ja an, als ob

Franz in der Südsee die Umständlichkeit europäischer Behörden suchte. Der Grund, warum wir mit unseren Schiffen über die Weltmeere segeln, ist ja eigentlich eine Flucht vor solchen Verhältnissen, wie sie im engen Deutschland oder in der Schweiz herrschen.

Das schönste Strandhotel der Welt

Kurze Zeit später begann es in Strömen zu regnen. Wann immer wir in Bora Bora lagen, hatten wir schlechtes Wetter erlebt. Wir verlegten uns vor das Hotel Bora Bora; gleich neben den berühmten Überwasserbungalows, wo Touristen durch eine Glasscheibe im Boden einen Mini-Einblick in die Unterwasserwelt Polynesiens bekommen sollten, war der lange Steg zu Erwin Christians Haus. Erwin ist wohl der bekannteste Südseefotograf. Zusammen mit seiner Frau besitzt er eine kleine, aber sehr feine Boutique direkt neben dem Hotel Bora Bora. Oft schon hatte ich versucht, Erwin in Bora Bora zu treffen, meistens war der „Aussteiger" geschäftlich unterwegs gewesen. Heute endlich war er zu Hause. Er erzählte die letzten Neuigkeiten der vergangenen zehn Jahre, bestätigte, was jeder, außer den Betrogenen, erwartet hatte. Das Projekt in Huahine, bei dem ein deutscher Geschäftsmann Hunderten von Deutschen ein Paradies in Form einer kleinen Inselparzelle verkaufen wollte, war danebengegangen. Als der Anwalt der Opfer in Polynesien auftauchte, war nichts mehr zu holen.

Vor allem aber beklagte sich Erwin Christian über die Subventionspolitik der Franzosen im Tourismus. Da würden reihenweise französische Geschäftsleute durch großzügige Steuergeschenke angelockt, in Hotels zu investieren. Die Folge wären unzählige Neubauten in Polynesien, auch in Bora Bora, ohne daß sich die geringe Touristenzahl nennenswert vergrößere. Er habe sich deshalb mit seiner Tauchschule und anderen Aktivitäten aus dem Geschäft weitgehend zurückgezogen. Er produziere hauptsächlich nur noch seine prachtvollen Fotobände. Zu diesem Zweck hatte Erwin auch schon zahlreiche Atolle in den Tuamotus besucht. Er sei auch, kurz vor dem bekannten Drama, auf der Insel Faaite gewesen. Alles sei ihm dort merkwürdig vorgekommen. Er habe, obwohl das eigentlich nicht nötig gewesen sei, den Bürgermeister um eine Tauchgenehmigung gefragt, die ihm, unverständlich, verweigert worden sei. Der Friedhof in Faaite sei auch so geheimnisvoll gewesen. Unerklärlich viele Kleinkinder seien dort begraben gewesen. Aber daß dort Menschen umgebracht wurden, damit habe doch niemand rechnen können!

Schlafender Südseeriese – manche Berge scheinen so geschaffen, daß Regenwolken hängen bleiben müssen

Das Hotel Bora Bora gilt als das schönste Strandhotel der Welt. Bei Sonnenschein! Wir nahmen unter tropfenden Strohdächern unseren Maitai und überlegten, wer wohl in der Lage sei, für einen Überwasserbungalow zwölfhundert Mark, für eine Nacht wohlgemerkt, zu zahlen. Wir sahen keinen Hotelgast. An der Bar trafen wir die österreichischen Chartergäste vom Katamaran wieder. Das richtige Südseegefühl habe sich jetzt eingestellt, meinten sie.

In der Dämmerung, es war schon fast dunkel, landete dann noch ein Beiboot. Franz sprang heraus: „Gott sei Dank, daß ich euch noch getroffen habe, es gibt noch ein paar Sachen zu bereden!" Er war vier Meilen weit zum Hotel gerudert, einen Außenborder hatte er nicht. Vier Meilen, sieben Kilometer, sind mit einem Beiboot mit „Holzmotor" eine gewaltige Strecke. Wir waren ganz gerührt. Beim Sundowner versuchten wir, ohne zu belehren, ein paar Erfahrungen von unseren Weltreisen weiterzugeben. Warum Franz soviel Unsicherheit, besser Bescheidenheit, zeigte, war uns nicht ganz klar. Denn immerhin hatte er es bis nach Bora Bora geschafft, und es bestand kein Grund zur Befürchtung, daß er den zweiten Teil der Weltumseglung nicht meistern sollte.

Für die nächtliche Ruderfahrt über die Lagune zu seiner schönen Yacht versorgten wir ihn noch mit Hochprozentigem aus den Vorräten der SARITA. Wir würden es nicht mehr brauchen. Bora Bora war Endstation unserer Segelreise.

Am nächsten Morgen versuchten wir noch ein paar gute Filmaufnahmen von der SARITA zu machen. Ich brauchte einen festen Standplatz für die Kamera, und so ruderten Carla und ich zu ein paar Bungalows, die zum neuen „Blue Lagoon Resort" neben dem viel-

SARITA *in der Lagune von Bora Bora*

besungenen „Motu Tapu“ gehörten. Mit einem Übernachtungspreis von 750,– Dollar war es noch einen Tick teurer als das Hotel Bora Bora. Derweil kreuzte die SARITA vor der Anlage auf und ab.

Wir sahen keinen Menschen. Die nagelneue Hotelanlage machte einen unbewohnten und verlassenen Eindruck, und so banden wir unser Beiboot an einen Holzpfeiler, der in die Korallen gerammt worden war, um den Bungalow zu tragen. Als ich, mit Kamera und Funkgerät in der Hand sowie Stativ auf dem Rücken, den Balkon erklommen hatte, öffnete sich die Tür, und eine junge Frau im Bikini kam heraus. Dahinter stand ein Mann mit breitem, bärbeißigem, Gesicht, den Pareo um die Hüften geschlungnen. Da hatten wir wohl den einzigen Bungalow erwischt, der bewohnt war. So also schauen Menschen aus, die 750,– Dollar für eine Nacht ausgeben können, dachte ich und versuchte mich zu entschuldigen. Aber die beiden schauten mich verständnislos an. Offensichtlich verstanden sie mich nicht. Ich versuchte es mit meinen drei Worten Französisch, aber wieder Fehlanzeige. Schließlich radebrechten die beiden, daß sie rein gar nichts verstehen würden, weil sie Russen seien. Obwohl ich hier doch einige neugierige Fragen gehabt hätte, kam eine Unterhaltung mangels Verständigung nicht auf. Immerhin machten sie mir klar, daß ihnen meine Filmerei egal sei. Zum letzten Mal auf diesem Törn sahen wir die schöne SARITA unter Vollzeug, wie sie mit eleganter Lage eine weiße Bugwelle vor sich herschob. Unser Südseetörn unter Segel war zu Ende.

Heimflug

Zwei Tage später wollten Peter und ich die Piper Archer FODUY, die wir für einen Flug durch die Gesellschaftsinseln bestellt hatten, aus dem Hangar ziehen. Aber sie war nicht mehr da. Ich fragte Pierre, den Buschpiloten, aber der schüttelte den Kopf: „Sie ist kaputt. Gestern wollte ein Pilot von uns mit der FODUY zum Tanken rollen, aber er war betrunken und fuhr sie in den Graben, Totalschaden!"

Einen ganz schönen Verbrauch an Flugzeugen hat der Aero Club von Tahiti, dachte ich. Wir nahmen die FODUO und starteten nach Westen. Wir flogen über Huahine hinweg, wo unser Segeltörn beinahe vorzeitig geendet wäre, und in der Lagune von Bora Bora sahen wir die CLUB MED und die WINDSONG, die beide zusammen neun Masten haben und zu den größten Segelschiffen (für zahlende Gäste) der Welt gehören. Dann bekamen wir die Genehmigung, noch weiter nach Westen, über Bora Bora hinaus, nach Maupiti zu fliegen. Die Menschen dieser Insel meinen, daß ihre Insel die schönste der Welt sei. Sie sind etwas eifersüchtig auf ihre größere Schwesterinsel Bora Bora, von der der große Romancier James Michener geschrieben hat: „The most beautiful island of the world!"

Mit der THALASSA II waren wir zuvor einmal in Maupiti gewesen. Es wird selten von Yachten angelaufen, denn die Lagune kann zur Mausefalle werden. Manchmal ist der Paß nämlich so reißend, daß er unpassierbar wird. Dann heißt es warten, manchmal zwei Wochen lang. Wir umrundeten Maupiti, sahen den engen Paß und waren froh, daß wir da heute nicht durchmußten. Dann drehten wir ab nach Raiatea. Dort wollte ich zum Mittagessen, hatte ich Peter erzählt. In Wirklichkeit hatte ich noch was zu erledigen.

Wir hatten exakt die gleichen Windbedingungen wie damals, als ich die Maschine nicht auf die Bahn bringen konnte, nämlich 30 Knoten. Auch die Landebahnrichtung war die gleiche. Und so wußte ich auch, was kommen würde. Kaum hatten die Räder die Bahn sachte berührt, stieg die Maschine wieder hoch. Beim zweiten, oder war es das dritte Mal, gelang es mir dann, dem Flugzeug das Schweben abzugewöhnen. Verlegen blickte ich zu Pierre auf dem Copilotensitz. „Ich hab schon viel schlechtere Landungen hingelegt!" sagte er. Da war ich aber beruhigt.

Ein Wagen holte uns an dem kleinen Flugplatz ab und brachte uns in ein kleines Restaurant – mitten in einer Marina mit lauter erstklassigen Charteryachten. Sie warteten darauf, durch das schönste Segelrevier der Welt zu fahren. Ebenso wie Carla und ich …

Bobby Schenk bei Delius Klasing:

Exzellenter Navigator, kühner Abenteurer, Millionen Seemeilen Erfahrung

Bobby Schenk hat sein halbes Leben auf dem Wasser verbracht.
Er gilt als größter Fahrtensegler der Welt.
Seine Navigationsbücher sind seit Jahren Standardwerke.
Auch als mitreißender Erzähler ist er bekannt und beliebt.
Seine Erfahrungen und Erlebnisse als Blauwassersegler gibt er in diesen Büchern weiter.
Erhältlich im Buch- und Fachhandel.

ISBN 3-7688-0799-1

ISBN 3-7688-0522-0

ISBN 3-7688-0609-X

ISBN 3-7688-0831-9

ISBN 3-7688-0861-0

ISBN 3-7688-0811-4

ISBN 3-7688-0259-0

ISBN 3-7688-0660-X

DELIUS KLASING

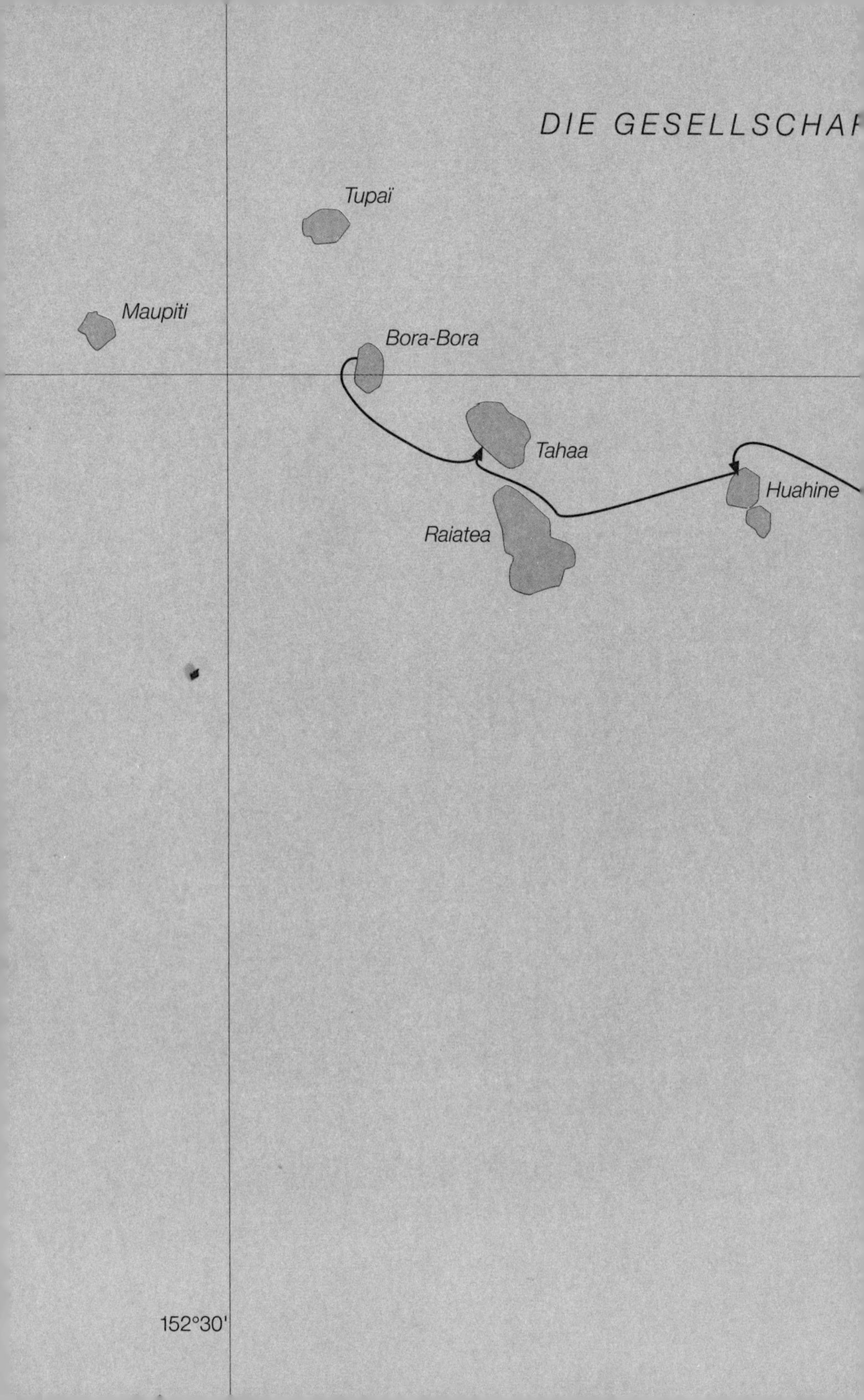
DIE GESELLSCHAF
Tupaï
Maupiti
Bora-Bora
Tahaa
Huahine
Raiatea
152°30'